发现商业模式

|典藏版|

魏炜 朱武祥 ／著

机械工业出版社
CHINA MACHINE PRESS

图书在版编目（CIP）数据

发现商业模式：典藏版 / 魏炜，朱武祥著 . —北京：机械工业出版社，2024.1

ISBN 978-7-111-74722-2

Ⅰ. ①发… Ⅱ. ①魏… ②朱… Ⅲ. ①企业管理 – 商业模式 – 研究 Ⅳ. ① F272

中国国家版本馆 CIP 数据核字（2024）第 001815 号

机械工业出版社（北京市百万庄大街 22 号 邮政编码 100037）
策划编辑：孟宪勐 责任编辑：孟宪勐 杨振英
责任校对：张爱妮 陈立辉 责任印制：郜 敏
三河市宏达印刷有限公司印刷
2024 年 5 月第 1 版第 1 次印刷
170mm×230mm · 18.25 印张 · 3 插页 · 242 千字
标准书号：ISBN 978-7-111-74722-2
定价：99.00 元

电话服务 网络服务
客服电话：010-88361066 机 工 官 网：www.cmpbook.com
010-88379833 机 工 官 博：weibo.com/cmp1952
010-68326294 金 书 网：www.golden-book.com
封底无防伪标均为盗版 机工教育服务网：www.cmpedu.com

再回首，商业模式探索之旅

2004 年一个偶然的机会，我们发现"商业模式"是一个可以令所有企业家兴奋的话题，从此开始了商业模式探索之旅。一开始，我们发现关于商业模式的概念和理论非常混乱，万般无奈之下采取了一个折中的处理办法：一方面，把当时能找到的 30 余个商业模式概念打印出来，放在办公桌旁，有事没事常念念；另一方面，直接寻找那些有趣的商业模式案例，然后把它们讲给周围的企业家听，以至于现在，几乎每天都有几个甚至十几个企业家要求见面交流。

持续且巨大的需求（过去 30 年，中国企业家对某个管理理论的持续关注时间，从来没有超过 3 年！）激励和逼迫我们不断思考：什么模式是好的商业模式，如何设计出一个好的商业模式？功夫不负有心人。两年多后的某一天，我们两人的脑中几乎同时跳出了一个非常有共鸣的"商业模式的定义"：利益相关者的交易结构！很快，"六要素商业模式"模型便诞生了。

非常幸运的是，2006 年年底我们又遇到了《创富志》的主编张信东。在他更高要求的"鞭策"下，我们连续七年一期都没落下地写出了诸多商业模式案例，总结并提炼出了各种商业模式理论所需要的构件。

理论建设是痛苦的。我们要学会"无中生有"，建立自己最擅长的阵地。这既需要一整套逻辑一致的概念，又需要能对各种已知和未知的商业模式进行分类，还需要有分析、解释这些概念和分类之间"因果关系"的能力。尤其当我们发现，数百年前植物学家和动物学家就能把地球上数十万种物种妥妥地分类的时候，偶尔心中也会不由得觉得自己很渺小。但大部分时候，我们能想到的还是愚公移山的故事：只要不停地写，老天总会派人来帮你们这帮人的！

在写作过程中，我们发现商业模式是不分行业的。在一个行业可以成功的商业模式，放在另外一个行业照样可以创造辉煌。我们还发现，同一个行业也可以有很不一样的商业模式，甚至对战略管理中的一个定律进行猜想：一个行业最后仅会剩下三五家垄断型的大企业，本质上这几家企业的商业模式是否肯定是不一样的？

我们发现一家企业的商业模式是不断变化的，有渐变的，也有突变的。我们把渐变的叫作演化，把突变的叫作重构，并写了一本与《发现商业模式》同样畅销的《重构商业模式》。

我们还发现"技术"真的很需要"商业模式"的帮助。同样一项技术，可以在非常不一样的商业模式下运用，相应的企业绩效也许都很不错，但一定有一个能令企业价值最大化的商业模式。反过来，一个好的商业模式也可以引领技术的发展方向，就像美国的很多创新技术都是由商业模式引领的一样。

我们发现商业模式和企业战略是两个不同的概念：同一个商业模式可以用很不一样的战略来驾驭，同一个战略也可以用很不一样的商业模式来实现。我们发现任何组织都是有商业模式的：营利性公司有商业模式，慈善和公益等非营利组织有商业模式，政府组织也有商业模式，甚至个人都有商业模式。我们的《慈善的商业模式》一书，可能是世界上第一本讲公益组织商业模式的图书。

我们还发现同一个行业内，企业的商业模式可以不一样，它们之间同样存在竞争。不是"同物种"间的竞争，而是"不同物种"间的竞争，或由"不同物种"间的竞争演变为"同物种"间的竞争。

在写作过程中，我们还发现商业模式是一个全息结构，商业模式模型的每个要素——定位、业务系统、盈利模式、关键资源能力、企业价值都包含整体的完整信息。这也成了《商业模式的经济解释》一书的主题。当"商业生态"这个词开始流行的时候，我们又发现在商业生态系统（以焦点企业为中心的持续交易的利益相关者形成的聚合体）和商业模式之间还有一个非常重要的对象：共生体，即持续交易的利益相关者和其扮演的角色的集合。一个个相同或不同的共生体（生态系统）的实例组成了行业生态，不同的行业生态又组成了纷繁复杂的商业生态。

转了一大圈，我们发现原来商业模式可以像物理学、几何学和工程学一样来研究。例如，从事某个业务活动的主体是角色，角色类似于原子，共生体类似于分子，角色相同、角色的交易关系不同的共生体与分子中的同分异构体竟然是相同的！商业模式的三大定律、三大原理、六大定理也写在了 2014 年首次出版的《商业模式的经济解释 II》一书中！

在与众多专家、学者和企业交流商业模式的过程中，我们还发现很多差异化的商业模式都来源于盈利模式，也就是收支来源和收支方式的不同。以往我们对定价的认知仅仅是"由供需决定价格高低"这一个维度，现在我们突然发现从商业模式视角看价格，实际上还有另外三个维度：反映收支来源的定向、反映收支方式的定性、反映现金流结构的定时。这三个维度的确定取决于交易价值、交易成本和交易风险决定的价值增值，而并非取决于供需。当我们发现了收支来源和收支方式的完整理论后，中文版《透析盈利模式》就这样出版了。

众所周知，商业模式概念是从战略管理理论中分化出来的，战略、商业模式、共生体三者之间是什么关系？《超越战略：商业模式视角下的竞争优势构建》就试图回答这个问题。我们发现战略是站在企业边界做的决定企业竞争优势的选择，商业模式是站在商业生态系统边界做的决定企业竞争优势的选择，而共生体是站在行业生态系统群的视角做的决定企业竞争优势的选择！一旦看到了这样的图景，能全面、深度、透彻刻画和分析行业竞争格局的三度空间、能区分决策范围的焦点思维和格局思维等概念就产生了。基于此概念的企业（顶层）设计理论随之也能顺理成章地完善起来。

展望未来，一座宏大的商业模式建筑群已经冉冉升起……就在那里！

19 年过去了，蓦然回首，身后的商业模式生态建设工地上早已灯火通明，四处立满了脚手架，主体也已建起了大半。令人欣喜的是，队伍中不但一个人也没落下，而且还增加了很多。向前看，更让人激动不已的是，已经有好几路队伍前来帮忙了！哈，曾经的海市蜃楼就要变成现实了，感恩！

魏炜

2023 年 11 月 1 日

说到商业模式，人们自然会想起管理大师德鲁克的那句名言：当今企业间的竞争，不是产品之间的竞争，而是商业模式之间的竞争。

虽然我没找到这句话出自德鲁克的哪篇文章，但很显然，大家都认为这是他的一贯思想。在 2006 年年底创办《创富志》杂志时，我就把这本杂志定位为"关于商业模式的杂志"。

然而从此，我就不得不思考这个问题：什么是商业模式？

答案很多，哪个正确并不重要。重要的是，能否帮助企业家"创造"商业模式。这才是问题的重点，相信也是这本书出现在您面前的原因。

我最赞同的答案就是："利益相关者的交易结构"。而这个答案，就是本书的作者魏炜和朱武祥两位教授首先提出来的。

我一直很惊奇，魏、朱两位教授何以会得出这个结论。而我对这一答案的理解，也随着对更多实际案例的消化而逐渐深入。

顾名思义，商业自古以来就体现为一系列的"交易"，商业模式也可以理解为一种"关于交易的结构"。但创造商业模式的思维，却要从"利益相关者"这个概念开始。

创造商业模式，要思考三个问题：一是不断思考谁是你的"利益相关者"；二是要分析这些利益相关者"有什么价值可以交换"；三是要设计共赢的"交易结构"。

魏、朱两位教授可以抓住要害，得出这样深刻的结论，我想是因为他们最大的乐趣就是和企业家面对面地讨论商业模式。

自从相识，我就沉浸在他们迸发出的巨大热情之中。这些年课上课下，他们都在谈论商业模式，习惯从商业模式角度看问题。他们的学问来自实际，而他们的热情则在于为企业解决实际问题。

似乎是互联网使谈论"商业模式"成为时尚。它造就了这个剧变的时代，使不同地域的企业，低成本联系起来，各展所长。使得参与交易的"利益相关者"越来越多，并且都有机会获得满意的利益。

然而剧变，已经影响到每一个"传统"行业。

因为一旦用"商业模式"的思维来看待生意，你会发现自己越来越难以归纳在一个"行业"当中，甚至摆脱了公司、企业这些形式的束缚。你需要的，就是构建一个"利益相关者的交易结构"。

所以，谁能创造全新的"利益相关者的交易结构"，谁就更容易成功。这就是"商业模式"在这个时代最独特的魅力。

那么如何构建"利益相关者的交易结构"呢？抓住这一核心精神，"商业模式"的各个要素便依次展现开来：

你的"定位"是什么？建立什么样的"业务系统"？选择哪种"盈利模式"？需要哪些"关键资源能力"？构成怎样的"自由现金流结构"？

沿着这个思路，你会自觉地抓住一种创造"商业模式"的力量。在曾经出版的《创富志》杂志中，我们首先介绍了这一独创的思想，并称之为"魏朱商业模式模型"。

相信这本书，是你真正了解商业模式的开始。但我更愿意看到，这是你创造更好商业模式的开始。

《创富志》杂志出版人　　张信东

2008 年 9 月 5 日

商业模式之美

　　20 世纪 80 年代和 90 年代中期春节联欢晚会不可或缺的著名笑星陈佩斯，近年来转战话剧市场，推出了《托儿》等不少好作品。一直有人认为陈佩斯不上春晚，做舞台喜剧是因为可以赚得更高的收入。但据 2005 年 12 月 14 日《北京娱乐信报》报道，陈佩斯自己解释说："为了做好舞台喜剧，这几年我损失了 2 000 多万元的个人收入。"陈佩斯粗略地算道："我自己走穴一次也能收入十几万，但现在我们一场演出一共才卖十几万，这其中包括演员们的报酬、付给演员所在单位的钱、演员的保险等。为了舞台，这几年我的个人收入损失了 2 000 多万元。我现在的车桑塔纳 2000，已经开了 8 年。我从来不去高档餐厅吃饭，我身上穿的毛衣都是 10 年前买的便宜货。"但 90 年代中期才开始出现在春晚的著名笑星、小品王赵本山从东北二人转的全国推广到《刘老根》《马大帅》系列电视剧的拍摄，在创作和商业上都获得了成功。据说《马大帅 3》仅播出权就卖了 6 000 万元，成为国内最赚钱的电视剧之一。看准春节前的一段时间，是观众最愿意走进电影院的时间，冯小刚开创我国内地"贺岁片"概念，是 7 年贺岁片票房冠军的创造者。巅峰之作《天下无贼》票房高达 1.25 亿元；2008 年的《集结号》更是将票房收入推到了 2.6 亿元的新高峰。

　　同样的努力，结果的差异为什么就那么大呢？撇开艺术创作因素，从商业模式角度看，三位导演的商业模式完全不同。陈佩斯兢兢业业从事剧本创作，个人斥资进行制作和演出，获得有限的剧场票房收入。陈佩斯采用的是传统的商业模式。

赵本山凭借个人的巨大声誉和良好的人缘，拍摄场地当地政府赞助、明星朋友零工资友情演出，以极低的成本完成影片拍摄，最终获得成功。赵本山以个人影响力聚合资源，借助外力以极低的生产成本获得高额的产出回报。

冯小刚则充分利用可能的商业机会，不仅仅是瞄准将观众圈到影院获得的票房收入，例如，在电影《天下无贼》中，以各种形式出现的广告有润滑油、汽车、手机、银行卡，甚至网站、通信运营商；影片首映礼也能由成本支出转为收入贡献。冯小刚实际上是将原有的成本环节转化为收益环节，将利润点遍布在产品生产价值链的各个环节之中。投资人和自己赚得盆满钵溢，广告商和观众也皆大欢喜。

以上现象并非影视行业独有。纵观全世界各行各业，虽然每个行业所处的竞争格局大不相同，但仔细观察你总会发现这个行业中有一些企业与众不同，这些企业往往能获得大大超过行业平均利润水平的收益，即使在竞争激烈的成熟行业也是如此！看看戴尔公司，尽管计算机行业一直面临着竞争激烈的环境，但它总是能够赚取其他同行企业未能达到过的利润水平。折扣零售行业同样一直经历着激烈的价格竞争并且毛利率越来越低，虽然有很多曾经非常优秀的折扣零售店宣布破产，但沃尔玛公司自从 1962 年成立以来，在这个行业获得的销售回报率一直是行业平均水平的两倍以上。航空业是另一个遭受了利润破坏性竞争折磨的行业，但美国西南航空公司自成立以后已经连续 20 多年保持持续盈利和增长。即使在竞争异常激烈的钢铁行业，在 20 世纪 80 年代以来的时间里，几乎所有的垂直一体化的钢铁企业的市场价值都在下跌，但是美国纽克钢铁公司的市场价值却持续飙升，该公司的股票回报率持续保持在全美上市公司的最高水平。汽车行业也是如此，虽然全世界头几家公司如通用、福特等都正在巨额亏损中苦苦挣扎，但丰田公司却在该行业赚取了天文数字的利润……类似的例子比比皆是，到底是什么使得这些公司能够如此持久地获得每个企业都梦寐以求的巨额利润？我们的研究表明：能够让这些企业持久地与众不同的就是这些企业与众不同的商业模式！

不同的商业模式决定了不同的企业结局。如果说战略决定企业的定位及其为客户提供的价值，商业模式则决定如何实现企业的定位、传递期望的价值。

创新已经成为当今企业发展的主题，但并不是只要有技术创新就可以高枕无忧、傲视群雄、独步全球。历史上无数教训告诉我们，仅有技术创新是远远不够的！美国的施乐公司一直在全球企业创新中居领导地位，据统计，从1979年到1998年的19年中，仅从施乐的阿尔托研究中心脱离而新建的公司就有24家，其中公开上市的9家，其2001年的累积市值竟然是东家施乐公司2001年市值的15倍！即使与施乐公司1998年的最高市值相比，也比其高1.4倍，更不用说这些上市公司中有大名鼎鼎的3Com、Adobe等。研究发现，出现这种难以理解的"奇怪"现象的一个极其重要的原因就是施乐阿尔托研究中心研究出来的技术与施乐公司内在的商业模式不符，所以这些项目最终都以各种原因被施乐公司"枪毙"或被大方地送人了。

创新可以分为两类，一类是技术创新，一类是商业模式创新。美国的一项统计表明，在成功的创新中有60%的创新是商业模式的创新。一项新技术的经济价值仅仅是潜在的，直到它能够被以某种形式商业化后才能具体表现出来。同样一项技术，采用不同的商业模式会带来不同的收入！在过去50年里，出现了不少令人惊叹的商业模式。随着资本市场的发展，主动设计商业模式，经过试验成型后，进行复制和升级，这非常重要。

　　人们常惊叹几何之美、自然之美，独特的商业模式同样很美，令人赏心悦目。好的商业模式可以举重若轻，化重为轻。在赢得顾客、吸引投资者和利润创造等方面形成良性循环，使企业经营达到事半功倍的效果，成长速度快，成长效率高。即使业内高手如林，也可以后来居上。而在新兴领域，则可以先发制人，遥遥领先。差的商业模式则使企业经营"事倍功半"，举步维艰。

　　越来越多的企业家在探索商业模式，并且不断有所斩获。我们基于两年多的研究，提出商业模式的一整套概念体系，以便读者全面深入地理解、辨识和解构商业模式。

　　本书所展示的只是成功的商业模式的冰山一角。正如自然界有千姿百态、丰富多彩的物种一样，商业模式就是商业界的"物种"。通过分化、聚合，会形成越来越多的商业模式。

　　我们将继续按照我们提出的商业模式的概念和构成要素，进一步进行商业模式的发现之旅，从商业模式角度对企业"庖丁解牛"，并在《创富志》杂志和后续专著中予以揭示。

下篇 **发现商业模式**

上　篇

透视商业模式

第 1 章

透视商业模式

———

1.1　再看施乐与佳能

1.1.1　施乐的崛起

　　20 世纪 50 年代中期，美国商业复印市场上有两种成熟的复印技术，一种叫光影湿法，另一种叫热干法。这两种复印方法产生的复印品的质量都很低，例如总是把复印品弄得很脏，平均每台复印机每天只能复印 15 ～ 20 张复印件，复印件也不能持久保存，等等。当时复印机厂家盛行的做法是采用"剃须刀—刀片"模式：对复印机设备用成本加上一个适当的价格卖出，目的是吸引更多的客户购买，而对配件和耗材则单独收费，并且通常会在其成本之上加高价以获取高额利润。当时典型的办公用复印机的售价为 300 美元，而市场上 90% 的复印机每个月的复印量都少于 100 张。

　　后来有一个叫切斯特・卡尔森（Chester Carlson）的人发明出了一项在当时可以称得上是令人惊奇的复印新技术，这项被叫作"静电复印术"的新技术的基本原理就是利用静电把色粉印在纸上。用这种技术复印出来的复印件是干的，而且页面既干净又整洁，复印的速度也非常快，每天可以达到数千张，远远高于当时采用前两种技术的复印机。卡尔森找到了当时 Haloid 公司的总裁乔·威尔逊（Joe Wilson），并希望他能够将这项技术商业化。威尔逊认为这种新技术在办公复印市场上具有极大的价值和远大的发展前景，于是两人一起发明了一台利用静电复印技术复印的样机。但后来发现虽然每张复印件的可变成本与其他技术生产的复印件的可变成本（配件成本、耗材成本等）可以保持相同，但每台复印机的生产成本却高达 2 000 美元！如何才能让客户为这种全新但高质量的技术买单呢？

经过一番思考，威尔逊决定为这台被命名为 914 型号的复印机寻找强有力的市场合作伙伴。其条件相当优惠：如果合作伙伴提供制造和营销服务的话，他们将提供这种新的技术作为回报。他们向包括柯达、通用电气、IBM 在内的大公司发出了邀请。有趣的是，IBM 公司还为此专门委托了一家享有盛誉的咨询公司——ADL 公司进行了认真负责并且具有高度专业精神的市场分析。其基本结论是：尽管静电复印技术在很多方面都很先进，但是"以更高的成本获得更好的质量"并不是一个可以取胜的诉求，"因为 914 型号复印机具有很多种功能，所以与其他同类设备相比，要想判断出它通常最适合的用途是非常困难的……也许缺乏特定用途是 914 型号复印机最大的缺陷，也是唯一的缺陷"。前两家公司也独立做出了相似的结论。这三家领导型公司都认为静电复印技术没有多大的商业价值，回绝了该邀请。

但威尔逊凭感觉认为这几家公司的判断是完全错误的，经过努力他最终设计出了一种全新的模式来开发 914 型号复印机的价值：为了克服复印机高昂的价格问题，Haloid 公司于 1959 年 9 月 26 日开始以提供租赁服务的方式将 914 号复印机推向了市场。消费者每个月只需支付 95 美元就能租到一台复印机，在每个月内如果复印的张数不超过 2 000 的话，则不需要再支付任何其他费用，超过 2 000 张以后，每张再支付 4 美分。Haloid 公司（后来不久就改名为施乐公司）则同时提供所有必需的服务和技术支持，如果客户希望中止租约，只需提前 15 天通知公司即可。

　　令人难以置信的事情发生了：用户的办公室一旦安装了 914 型号复印机后，由于复印质量很高而且使用方便（不像湿法复印技术那样会在复印品上弄上脏手印，也不像热干法那样使用的热敏只会慢慢变黄甚至卷曲起来），用户每天——而不是每个月——要复印 2 000 张！同时这种用量还意味着从月租的第二天起，绝大多数复印机每多复印一张，就可以为 Haloid 公司带来额外的收入。在随后的十几年里，这种模式使公司的收入增长率一直保持在 41%，其股权回报率（ROE）也一直长期稳定在 20% 左右。到了 1972 年，原本一家资本规模仅有 3 000 万美元的小公司已经变成了年收入高达 25 亿美元的商业巨头——施乐公司！

　　有意思的是，后来柯达和 IBM 公司也开始进入了这一领域，采用的也是自己生产的高复印数量、高复印速度的复印机，使用的模式也跟施乐类似，但都没有取得很好的成效。例如，IBM 在 20 世纪 70 年代向市场推出了它的第一个型号——IBM 复印机 I 型，直指中等容量和大容量的细分市场并通过 IBM 的销售队伍以出租的方式推销。类似地，柯达公司在 1975 年将它的 Ektaprint100 复印机推向市场，也是瞄准了高容量市场作为施乐产品的物美价廉的替代品。但是，所有这些商业巨头在复印机业务上都没有取得什么进展。复印机市场一直被施乐占据，直到 20 世纪 80 年代日本复印机制造商佳能等进入为止。

1.1.2　佳能的攻击

　　佳能是在 1967 年打算将产品线从照相机延伸到办公设备领域的。然而，当时美国施乐公司的"静电复印专利技术"是阻碍佳能进军办公设备领域的"大山"。从 1959 年发明了世界上第一台复印机开始，施乐在整个 20 世纪 60 年代和 70 年代初，就一直保持着在世界复印机市场的垄断地位，其市场占有率也一度高达 82%，施乐几乎成了"复印"的代名词。为了阻止竞争公司的加入，施乐先后为其研发的复印机申请了 500 多项专利，几乎囊括了复印机的全部部件和所有关键技术环节。当时美国的专利保护有效期为 10 年，施乐复印机关键技术的专利保护期限截至 1976 年。

面对施乐公司强大的实力和几乎无懈可击的专利保护壁垒，一方面，佳能努力在相应的技术基础上有所创新和突破。例如，1968 年，佳能发表了复印机开发的提案后，向施乐提出了"希望在缔结秘密条约的基础上，派遣技术人员参观复印机生产工厂"的请求。请求被接受后，很多佳能的技术人员来到了施乐。同时，施乐也向佳能的考察队伍了解信息，计划将佳能准备申请的专利项目全部提前申请。但是，当时佳能已经拥有了大量的专利权，由于害怕佳能会用这些专利权对自己发起反攻，施乐最后放弃了原来的打算，提出了希望和佳能签订"相互供给条约"。另一方面，佳能又广泛开展对施乐复印机用户的调查，终于发现了一些现有客户对施乐复印机的抱怨，诸如价格昂贵、操作复杂、体积太大、保密性不强等。最后，佳能决定抢先占领小型复印机市场领域。佳能花了三年时间开发出了自己的复印技术，又用三年时间生产出了第一款小型办公和家用复印机产品，并联合理光等公司同时杀进了复印机市场，才总算绕过了施乐设置的进入壁垒。

有趣的是当佳能和理光等日本公司在 1976 年开始生产小型桌面复印机的时候，它们的技术甚至遭到了施乐公司的嘲笑。因为这种小型、廉价的复印机每分钟所能复印的张数不够多，而且不能自动送纸、装订、扩大或缩小复印影像的大小。

但是，为了攻占小型复印机市场，佳能公司采用了与施乐公司完全不同的做法。与施乐紧盯大公司和政府机关并向其提供"高复印质量、高复印数量和较低的月租金水平"复印服务不同，佳能主要面向的客户是小企业和个人用户，向其提供的是价格低廉、使用方便、少量复印、保密性好的复印机。施乐自己制造、配送配置完全的复印机系统，通过自己的直销队伍出租复印机并提供融资服务，而佳能则利用经销商和批发商网络出售复印机，并通过这个网络提供销售服务和可能的融资安排。施乐注重机器的速度，由机械师提供全面的维修服务，佳能则突出自己产品的质量和价格，它设计的产品不需要公司提供专业技师就可以使用。通过把复印机设备中最经常出毛病的零部件都装入一个可更换的模块盒中，佳能公司实现了不需要专业技师经常修理的目的。事实上，佳能公司又重新采用了该行业十几年前曾经有效的"剃须刀—刀片"模式，而不是目前复印机行业内流行的"施乐模式"！

从 1976 年到 1981 年，施乐在复印机市场的市场份额从 82% 直线下降到 35%。后来施乐公司花了十余年时间来应付佳能公司进入家庭办公室和小企业市场所带来的威胁。在其后的市场份额争夺当中，施乐也曾经成功地从佳能手中夺取过部分市场份额，但再也没有动摇过佳能在这个市场中领导者的地位。

1.1.3　施乐中国的突破

1962 年 2 月富士胶卷株式会社和美国施乐公司各出资 50%，创建了富士施乐株式会社；2000 年，施乐公司由于激烈竞争陷入低谷，进而将富士施乐的一部分股份转让，富士的出资比率变成了 75%，美国施乐则变成了 25%。美国施乐和富士施乐在市场范围方面有一个界定，美国施乐负责北美和欧洲市场，富士施乐则负责亚太市场的销售，但是在产品制造和开发方面，富士施乐与美国施乐是合作伙伴，富士施乐向美国施乐提供全球范围的产品开发和生产，同时美国施乐则定位为高端产品。富士施乐还进一步和美国施乐合作，共同开发研制适合亚太地区市场的产品，并和美国施乐成立了一家合资企业。1995 年 1 月 3 日，美国施乐公司在华设立一家投资性公司，成立时的名称为施乐（中国）有限公司，注册资本为3 900 万美元。2000 年 12 月，美国施乐公司以 5.5 亿美元的价格将中国市场转让给富士施乐。翌年 5 月，公司正式更名为富士施乐（中国）有限公司。

在数码复印机市场上，富士施乐是捷足先登者，早在 2001 年就成功推出了融合国际最先进计算机、图像处理和网络技术的 WorkCentre Pro 系

列数码打印 / 复印机，成为中国市场上唯一一家能够全面生产数码复印机的生产企业。此后，富士施乐便停止模拟复印机的新品研发，大力促进模拟复印机用户向数码化转变，据此上可守高端市场，下可攻低端市场。在彩色复印产品方面，富士施乐有非常丰富的产品线——从低端到高端，从办公领域到印艺业，全球还没有第二家企业有这么丰富的产品线。在中国市场上，富士施乐的市场份额已达到 75% 左右，在数码打印和数码印刷设备领域处于垄断地位，颇为春风得意。

虽然家庭打印越来越普及，但是富士施乐一直坚持自己"文件处理专家"的定位，仍然主要是面向办公市场。富士施乐对市场份额的理解与其他企业的理解也稍有不同。复印市场的市场份额一般可以从三个角度来计算：一是营业额上的市场份额，二是文件印量上的份额，三是销售机器的台数。对富士施乐来说，市场份额的第一位，主要指的是在营业额、打印和复印量方面的占有率，而销售机器的台数并不是其最主要的指标。

富士施乐的彩色数码印刷复印产品在中国采取的做法是以类似发展加盟连锁的办法在中国各地将大量原来做打字和复印业务的公司发展为自己的合作伙伴——数码快印店。但与连锁加盟不同的是，加盟店并不共享同一品牌，服务内容和规范也无统一规定，合作的主要内容是由富士施乐将其数码印刷产品以租赁方式交给这些合作伙伴使用，租赁的时间也非常灵活，可以是一年、三年甚至五年；设备价格从几十万到 200 万不等，又在中国推出了总价 400 多万的产品。这些数码快印店除了要每年支付相当于产品价格 20% 以上的本金和利息外，还要根据印制的张数支付维修服务、配件、耗材等费用。例如，复印一张彩色纸需要交给施乐 0.7 ～ 0.8 元的服务费。一台数码快印设备前几年每个月的印张数可以达到 2 万～ 3 万张，后来随着需求的迅速扩大，一台设备平均每个月的印制量已经增加了近 1 倍。此外，富士施乐还为这些快印店提供自己生产的高档彩色复印纸，由于其质量极高，所以价格也是同类产品的 3 ～ 5 倍。对于一般复印纸，快印店可以选择富士施乐指定的厂家的产品。

这些数码快印店都是通过富士施乐的直销人员开发的，融资租赁服务则是通过两家专业的租赁公司提供。随着大中型公司和政府办公用彩色打印需求的迅速增加，富士施乐已开始将数码彩印设备租赁给这些大客户直接使用。

富士施乐的优势是在直销方面的经验和能力，尤其是对大客户的服务，另外是产品的质量和可靠性。在日本市场，富士施乐的产品已连续多年获得客户满意度第一名的好成绩。

1.2　雀巢的蒸馏咖啡[○]

雀巢特制咖啡有限公司的故事不失为一个理解商业模式内涵的经典案例。

雀巢公司曾经开发了一个让顾客在自己家中就可以制作出一杯新鲜蒸馏咖啡的系统。该系统由一枚咖啡胶囊和一架仪器两部分组成。咖啡胶囊含有 5 克烘烤过的咖啡并用铝膜封口；仪器则由 4 个零件组成：一个把手、一个盛水的容器、一个气泵和一个电子加热系统。该系统使用也很简单：将咖啡胶囊放入把手，插入机身，在此过程中咖啡胶囊的顶端被刺穿，按下按钮，加压过的水蒸气就会透过胶囊，这样，一杯泛着乳沫的优质蒸馏咖啡就完成了。这样创意鲜明、系统构造和用法也很简单的系统本该有巨大的市场应用前景，但在如何商业化的道路上，雀巢公司却走了一条曲折的道路。

最开始，雀巢成立了一个叫奈斯布莱索的子公司专门负责这项业务。奈斯布莱索在 1986 年进入市场，采取的商业模式可以概括为：定位于办公、酒店等中高档市场，构筑从原料（咖啡胶囊）、机器（特制咖啡机）到渠道终端的一体化完整业务链条。首先，奈斯布莱索公司与瑞士的经销商索伯尔建立了一个合资企业。作为资源整合者，这个合资企业从另一家瑞士公司特密克斯购买煮咖啡的机器，从雀巢购买咖啡胶囊，然后将所有的东西作为一个整体销售给办公室和酒店。同时，由奈斯布莱索支持合资企业的销售、市场营销工作，并负责保养维修机器。

直到 1988 年，蒸馏咖啡项目都还没有启动起来，雀巢总部考虑冻结这个项目。此时，让包罗·盖勒德参与了该项目。盖勒德曾是奈斯布莱索公司的业务经理，在改名后的雀巢特制咖啡有限公司担任首席执行官。这个任命在无意中改变了该项目的命运。1988 ~ 2000 年，盖勒德通过引入新的商业模式，扭转了蒸馏咖啡项目惨淡的经营局面，把这个项目变成了雀巢旗下一个盈利可观、日益壮大的业务单位。

盖勒德从定位出发重新审视这个项目。他认为咖啡方面的运作应与机器方面的运作分离，以前一个盈利环节完全可以根据能力集聚的不同拆分为两个独立的盈利点。这就改变了以前从原料到终端全部参与的做法，而专注于具备优势且能够持续盈利的环节，同时充分借助外部力量，共享蒸馏咖啡这种新产品带来的收益。

为此，盖德勒大刀阔斧地引入了几项有力的改革措施。

在机器方面，盖勒德让奈斯布莱索从咖啡设备的机器生产中完全解放出来，而把机器授权给经过精心挑选过的生产商生产并投放到市场。这些生产商包括克鲁普斯、松下、特密克斯以及飞利浦等世界著名的小家电生产商。生产商把奈斯布莱索机器卖给诸如哈洛德、老佛爷和布鲁明代尔百货这样的著名零售商。在奈斯布莱索的指导和控制下，零售商负责推销、展示，并向终端用户出售机器。此外，克鲁普斯、松下、特密克斯和飞利浦等机器生产商还负责机器的维修和保养。

在一直专注的咖啡方面，公司则中止了与索伯尔的合作，转而由奈斯布莱索有限公司（后来的雀巢特制咖啡有限公司）直接负责咖啡胶囊的市场推广和产品供应。在新模式下，蒸馏咖啡的目标客户也从办公室转为一般家庭。需要配合咖啡机使用且经常消耗的咖啡胶囊通过"俱乐部"的形式供应。一旦顾客购买了任何一个生产厂商生产的蒸馏咖啡机，就会自动成为奈斯布莱索俱乐部的成员。需要订购咖啡胶囊时，顾客只需给俱乐部打个电话或发个传真，胶囊就会在 24 小时内送至顾客家中。

到 2000 年，俱乐部每天已能收到 7 000 份订单！

1.3　什么是商业模式

1.3.1　商业模式的定义

近几年，从主流媒体到网络媒体、从创业精英到风投基金，"商业模式"这一字眼已成为探讨新经济的焦点概念。企业界和投资界日益意识到，商业模式是资本市场甄别企业优劣的关键点，也是企业获得成功的基石。但什么是商业模式？

有些人认为，商业模式就是企业赚钱的方式（Geoffrey Colvin，2001）；有些人则将商业模式描述为"清楚说明一个公司如何通过价值链定位赚钱"（Rappa，2002）；也有人把商业模式描述为在一个公司的消费者、联盟、供应商之间识别产品流、信息流、货币流和参与者主要利益的角色和关系（Weil 和 Vital, 2002）；还有人认为互联网商业模式是公司利用互联网在长期内获利的方法，它是一个系统，包括各组成部分、连接环节以及动力机制（Allan Afuah，2003）。Richardson and Allen（2006）认为，商业模式有三个层次，一是战略层面，二是营运层面，三是经济层面，对于商业模式的把握需要问六个问题：①怎样创造价值；②为谁创造价值；③竞争力和优势来源；④与竞争对手的差异；⑤怎样赚钱；⑥时间、空间和规模的目标等。

在大多数关于商业模式，尤其是与网络经济相关的探讨时，商业模式被直观、狭义地等同于盈利模式，即企业如何盈利。实际上，盈利模式仅仅是企业商业模式中的一个构成部分。

我们认为，**商业模式本质上就是利益相关者的交易结构**。企业的利益相关者包括外部利益相关者和内部利益相关者两类，外部利益相关者指企业的顾客、供应商、其他各种合作伙伴等；内部利益相关者指企业的股东、企业家、员工等。商业模式解决的是企业战略制定前的战略问题，同时也是连接客户价值和企业价值的桥梁。商业模式为企业的各种利益相关者，如供应商、顾客、其他合作伙伴、企业内的部门和员工等提供了一个将各方交易活动相互联结的纽带。一个好的商业模式最终总是能够体现为获得资本和产品市场认同的独特企业价值。

我们认为，完整的商业模式体系包括定位、业务系统、关键资源能力、盈利模式、自由现金流结构和企业价值六个方面。这六个方面相互影响，构成有机的商业模式体系。

以下我们逐一解释。

1.3.2　商业模式的构成

1. 定位

一个企业要想在市场中赢得胜利，首先必须明确自身的定位。定位就是企业应该做什么，它决定了企业应该提供什么特征的产品和服务来实现客户的价值。定位是企业战略选择的结果，也是商业模式体系中其他有机部分的起点。雀巢奈斯布莱索项目前期提供的是蒸馏咖啡的全套解决方案，目标客户也定位在办公室和饭店这些商用领域，后期则改成了以个人和家庭用户为中心，只提供蒸馏咖啡机的"耗材"——蒸馏咖啡胶囊。

关于定位已有大量的文献和理论，最具代表性的应属波特、特劳特和科特勒分别对定位的不同理解。在波特的战略理论体系中，十分强调定位的重要性，关于竞争战略的低成本和差异化本身就是企业对于未来发展态势的刻画。波特认为战略就是在竞争中做出取舍，战略的本质就是选择不做哪些事情，没有取舍，就没有选择的必要，也就没有制定战略的必要。20世纪90年代，波特曾经批评日本企业普遍缺乏战略，实际上是指日本企业过分关注运营效益的提升，尤其是在达到生产率边界后仍然忽视企业的方向选择，大量企业的战略趋同。所以，在波特的战略体系中，定位实际上就是企业选择应该做什么，这个定位的内涵是关注企业在公司层面如何发展。

相对波特对于定位即战略选择的理解，特劳特关于"定位"的概念则聚焦在企业具体的产品服务层面。特劳特在具体产品营销方面强调利用社会消费心理学塑造获得消费者心理认同的独特产品地位，利用消费者已有的观念构筑差异化的产品形象，也就是如何在目标受众的头脑中占据一席之地的方法。

科特勒在其营销理论中提出了著名的STP工具，也就是细分市场——Segmentation；确定目标市场——Targeting；定位，对于供给进行独特设计以在目标消费者心目中占据特定位置——Positioning的三部曲。在这里，定位包括了该如何设计产品的特色，该如何定价等。很明显，定位实际上也就成为营销的核心工作。

我们认为，定位是在战略层面和执行层面建立更直接和具体的联系，即企业的定位直接体现在商业模式所需要实现的顾客价值上，强调的是商业模式构建的目的。企业对于自身的定位直接影响（而非决定）到企业需要构筑何种"物种"的商业模式。与战略中的定位略微有些差异的是战略中的定位将决定战略的成败，而商业模式中的定位更多地作为整个商业模式的一个支撑点，因为同样的定位可以有不一样的商业模式，同样的商业模式也可以实现不一样的定位。此外，商业模式中的定位更多地可以用来帮助理解企业的状态，这个状态包括提供什么样的产品和服务、进入什么样的市场、深入行业价值链的哪些环节、选择哪些经营活动、与哪些合作伙伴建立合作关系、怎样分配利益等。在商业模式的定位中，选择不做什么与选择做什么同样重要，同时，这也关系到企业如何构建业务系统、确定盈利模式、分布资源能力、设计现金流结构等商业模式体系中的其他部分。

施乐公司通过较低的月租金为政府和企业市场的客户提供高质量、高速度的复印机；佳能则是通过低成本的方式让个人和小企业客户都能买得起并能方便地使用复印机；同样是高质量、高速度的数码打印、复印机，富士施乐则将其提供给了作为生产设备使用的数码快印店而非最终用户，在这里，数码快印店成了将小客户需求聚集成大客户需求的中介。如果再看看雀巢的奈斯布莱索仅仅靠提供咖啡胶囊这一"耗材"就能成功，读者应该可以发现定位对于一个企业是多么的重要和关键了。

2. 业务系统

业务系统是指企业达成定位所需要的业务环节、各合作伙伴扮演的角色以及利益相关者合作与交易的方式和内容。我们可以从行业价值链和企业内部价值链以及合作伙伴的角色两个层面来理解业务系统的构造。蒸馏咖啡项目一开始采用的业务系统集成性比较高：机器和咖啡的生产商仅负责生产，其他业务如整套机器的营销、售后服务等都是由奈斯布莱索公司负责。而后期其业务系统发生了极大的变化：奈斯布莱索仅仅通过俱乐部形式负责咖啡胶囊的品牌管理和销售，至于机器的生产、销售、渠道建设、维护等都交给了合作伙伴处理。

业务系统是商业模式的核心。高效运营的业务系统不仅仅是赢得企业竞争优势的必要条件，同时也有可能成为企业竞争优势本身。一个高效的业务系统需要根据企业的定位识别相关的活动并将其整合为一个系统，然后再根据企业的资源能力分配利益相关者的角色，确定与企业相关价值链活动的关系和结构。围绕企业定位所建立起来的这样一个内外部各方利益相关者相互合作的业务系统将形成一个价值网络，该价值网络明确了客户、供应商和其他合作伙伴在影响企业通过商业模式而获得价值的过程中所扮演的角色。

施乐公司的业务系统是一个高度集成化的业务系统，无论是整机还是配件、耗材，都是由施乐公司自己研发生产并直接销售给最终客户，自己负责维修和技术支持服务，给客户的融资也是由施乐公司完成的；相比来说，富士施乐的业务系统就有大量的活动交给了合作伙伴来处理，数码快印店负责给直接客户提供服务，大部分耗材也交给了指定的第三方，融资也不完全是自己来做，甚至高端产品的研发也是交给了有股权关系的美国施乐来做。佳能则根据自己的定位设计了一个完全不同但又比较常见的业务系统：自己负责研发和生产，而由经销商负责销售、融资和技术支持。

3. 关键资源能力

业务系统决定了企业所要进行的活动，而要完成这些活动，企业需要掌握和使用一整套复杂的有形和无形资产、技术和能力，我们称之为"关键资源和能力"。

关键资源和能力是让业务系统运转所需要的重要的资源和能力。任何一种商业模式构建的重点工作之一就是明确企业商业模式有效运作所需的资源能力，如何才能获取和建立这些资源和能力。

施乐公司业务系统所需要的资源和能力与佳能公司完全不同，其分布也很不一样。例如，为了开发高档复印机，施乐公司需要有研究高端复印机的人力资源和强大的技术开发能力。但同样是研发复印机，施乐的这种资源和能力并不一定能研究出构造简单、成本低廉适合低端客户需求的复印机。施乐需要具备复印机维修和技术支持方面的人力资源和能力，而佳能则把此资源和能力放在了经销商处，自己只要具备培训、指导和相应的管理能力就可以了。施乐为了给客户融资，自己需要拥有大量的资金和租赁管理能力，佳能则完全不需要这些；同样是生产，相对数量较少的高端复印机的生产组织能力与需要大量生产低端复印机的生产组织能力也是大相径庭的；就是高端复印机产品零部件的采购资源和能力也与低端复印机的截然不同！

任何一种商业模式构建的重点工作之一就是了解企业所需要的重要的资源能力有哪些、它们是如何分布的以及如何才能获取和建立这些资源和能力。不是所有的资源和能力都是同等珍贵，也不是每一种资源和能力都是企业所需要的，只有和定位、业务系统、盈利模式、现金流结构相契合、能互相强化的资源能力才是企业真正需要的。雀巢蒸馏咖啡前期商业模式的业务系统中需要的直接销售能力在后期模式中就完全不需要；富士施乐的直销能力，如合作伙伴数码快印店的选址、店家选择、合作伙伴之间的竞争和店面的盈利管理能力与施乐在直销中需要的能力也完全不同。

4. 盈利模式

盈利模式指企业如何获得收入、分配成本、赚取利润。盈利模式是在给定业务系统中各价值链所有权和价值链结构已确定的前提下，企业利益相关者之间利益分配格局中企业利益的表现。良好的盈利模式不仅能够为企业带来收益，更能为企业编制一张稳定共赢的价值网。

各种客户怎样支付、支付多少，所创造的价值应当在企业、客户、供应商、合作伙伴之间如何分配，是企业收入结构所要回答的问题。奈斯布莱索公司前期的盈利模式是通过销售咖啡机获取一定的机器利润，然后再通过持续的蒸馏咖啡胶囊的销售获取利润，也就是所谓的"剃须刀—刀片"模式；而后期的盈利模式则相对简化为以咖啡胶囊销售而带来的利润为主，许可咖啡机生产获取的收益为辅。

一个企业可以使用多种收益和成本分配机制。例如，同样是新闻媒体，电视台与报纸对客户的收费方式就不完全一样。电视台的收入主要是向广告客户收取的广告费、赞助费等，而报纸则除了向广告客户收费外，还可以从读者客户中收取报纸费用。一个好的盈利模式往往可以产生多种收入来源，传统的盈利模式往往是企业提供什么样的产品和服务就针对这种产品和服务向客户收费，现代企业的盈利模式则变化极大，经常出现的盈利模式是企业提供的产品和服务不收费并且是永远不收费，吸引来的顾客产生的价值则由其他利益相关者支付。例如，客户使用互联网上的搜索引擎不需支付费用，但被搜索到的产品和服务的提供商却需要支付费用。同样的业务系统的盈利模式也可能不一样，例如网络游戏就有收费、免费和向玩家付费三种方式。

成本结构是和企业提供的产品和服务、业务系统及其资源能力分布紧密相关的。传统盈利模式的成本结构往往和收入结构一一对应，而现代盈利模式中的成本结构和收入结构则不一定完全对应。同样是制造销售手机，那些通过专卖店、零售终端销售手机的企业，其销售成本结构主要是销售部门的办公与管理费用、销售人员的工资奖金费用等。而通过与运营商提供的服务捆绑，直接给用户送手机的制造商的销售成本结构则完全不一样。

施乐公司的收入来源于设备出租产生的租赁收入和客户因使用复印机而持续消耗配件、耗材等的收入，其成本则来源于提供整套复印机和配件、耗材等的设计、制造、直销等活动；佳能的收入主要来源于复印机产品的销售以及耗材的持续消耗，其成本结构中的销售费用与施乐公司就不一样；富士施乐的收入由设备租赁收入和与复印输出张数多少有关的收入组成，一般的纸张耗材的成本则不在其成本结构中，因为大部分纸张是数码快印店从第三方购买的，而不像施乐公司那样由自己的生产企业提供。

5. 自由现金流结构

自由现金流结构是企业经营过程中产生的现金收入扣除现金投资后的状况，其贴现值反映了采用该商业模式的企业的投资价值。不同的现金流结构反映企业在定位、业务系统、关键资源能力以及盈利模式等方面的差异，体现企业商业模式的不同特征，并影响企业成长速度的快慢，决定企业投资价值的高低、企业投资价值递增速度以及受资本市场青睐程度。

雀巢蒸馏咖啡项目一开始提供的是蒸馏咖啡的全套解决方案，采用的业务系统集成性比较高，需要的投资规模大，现金收入减去现金投资后的自由现金流以及资本收益反而比较低。后期仅仅负责咖啡胶囊的品牌管理和销售，咖啡机的生产、销售、渠道建设、维护等都交给了合作伙伴。虽然现金收入规模缩小，但更缩小了自身的现金投资规模，降低经营成本，提高经营效率和资本收益，自由现金流和投资价值反而因此增加。

以租赁方式使用厂房（办公室）、设备的企业与自己购买厂房（办公室）、设备的企业的现金流结构不同。

施乐的现金流入中设备的价款是分期获取的，而佳能则是一次性收取整台设备的收入，由此造成两者现金流出结构的差异：随着客户数量的增加，施乐首先会有大量的净现金流出，而佳能对现金的需求则相对比较平缓，因为其在产品成本中投入的资金已经通过销售收回了。富士施乐现金流入部分中设备的租赁收入与施乐类似，但由于租赁设备的资金来源并非由富士施乐提供，所以其现金流结构与施乐也不完全相同，其初始现金流出并不会很大。但其耗材和配件部分与施乐完全不同：施乐提供耗材和配件的同时收取远高于其成本的收入，而富士施乐则不提供耗材，只需按照复印张数获取现金流入。

6. 企业价值

企业价值，即企业的投资价值，是企业预期未来可以产生的自由现金流的贴现值。

如果说定位是商业模式的起点，那么企业的投资价值就是商业模式的归宿，是评判商业模式优劣的标准。企业的投资价值由其成长空间、成长能力、成长效率和成长速度决定。好的商业模式可以做到事半功倍，即投入产出效率高、效果好，包括投资少、运营成本低、收入的持续成长能力强。

企业的定位影响企业的成长空间，业务系统、关键资源能力影响企业的成长能力和效率，加上盈利模式，就会影响企业的自由现金流结构，即影响企业的投资规模、运营成本支付与收益持续成长能力和速度，进而影响企业的投资价值以及企业价值实现的效率和速度。投资价值实现的效率可以用企业价值/资产规模、企业价值/净资产规模来评价；投资价值实现的速度可以用企业价值递增速度和达到更大规模层次所花费的时间来评价。例如，企业价值从1亿元，到百亿元、千亿元、万亿元所需要的时间。同样一个机会，同样的市场、顾客需求、新技术、新产品、独特的资源或能力、独有的社会资本等，采用不同商业模式产生的企业价值规模、价值实现的效率、价值递增的速度和价值达到更大规模所需要的时间大相径庭。例如，2007年12月26日上市的金风科技，2006年营业额仅15.3

亿元，净资产8亿元，净利润3.2亿元，但根据2007年12月26日收盘价计算，其股票市值超过600亿元。

1990年上市的思科公司，到1995年钱伯斯刚任思科CEO时，思科股票市值90亿美元；1998年，销售收入84亿美元，净利润13亿美元，股票市值1 000亿美元；1999年，销售收入121亿美元，净利润20.2亿美元，股票市值4 500亿美元；2000年，销售收入189亿美元，净利润26亿美元，股票市值5 310亿美元。

我们可以设想一下，如果施乐当年将其创造的新型复印机以成本加成模式卖出去的话，施乐的企业价值、价值实现的效率和价值增长的速度必将大打折扣。

雀巢奈斯布莱索公司商业模式的前后变化详见表1-1。施乐、佳能和富士施乐的商业模式要素比较见表1-2。

表 1-1　雀巢奈斯布莱索公司商业模式的前后变化

	1988 年前	1988 年后
定位	把办公室和饭店作为目标客户，提供完整的蒸馏咖啡系统（蒸馏咖啡机和咖啡胶囊）	将个人和家庭作为目标客户，仅提供咖啡胶囊
业务系统	从特密克斯购买蒸馏咖啡机，从雀巢购买咖啡胶囊，借助索伯尔的渠道直接面向客户销售并负责其他营销工作及保养维修机器的工作	蒸馏咖啡机由多家被授权企业生产并通过零售商销售，由这些生产企业负责机器的维修和保养。通过俱乐部方式组织咖啡胶囊的经销商，顾客通过电话、传真等方式从俱乐部订购咖啡胶囊
关键资源能力	直销体系的建设、管理和运营能力；售后服务能力	咖啡胶囊的品牌管理能力、俱乐部式服务需要的组织管理能力
盈利模式	从最终客户处获取的蒸馏咖啡机收入、蒸馏咖啡胶囊持续销售的收入；蒸馏咖啡机和蒸馏咖啡的成本、直销成本	从最终客户处获取的咖啡胶囊销售收入、从机器制造商处获取的机器授权生产收入；购入蒸馏咖啡的成本
现金流结构	初始较高的负现金流，有了一定客户基础后则会产生正的稳定现金流（如果该模式成功的话）	平稳的现金流，且初始投入不会很大
企业价值	低	高

表 1-2 施乐、佳能和富士施乐的商业模式要素比较

	施乐公司	佳能公司	富士施乐（中国）
定位	公司和政府市场，出租高档次的复印设备，提供配件、耗材、技术支持等	个人和小企业市场，销售中低档次的复印件，提供配件、耗材	各种为最终用户提供复印服务的数码快印店，出租高档次的数码复印设备，提供配件、技术支持及部分耗材
业务系统	自己完成复印机、耗材的设计、生产、直销、融资、服务等所有工作	自己仅负责设计、制造产品，通过外部渠道完成分销、提供服务、技术支持和融资安排等工作	自己负责设计、制造产品和部分耗材，为直接客户——数码快印店提供技术支持和服务，通过租赁公司完成融资，通过数码快印店提供客户服务等工作
关键资源能力	开发和生产整个高档复印机系统的能力，包括配件的能力，金融资源、直销能力、技术支持能力	开发和生产中低档复印机、配件和耗材的能力，渠道建设和管理能力	开发和生产高档复印机系统的能力，开发和管理"加盟店"的能力以及技术支持能力
盈利模式	对设备设置适度的利润水平、租赁收入，对配件收取高利润	控制复印机"外壳设备"的成本，对模块化配件收取高利润——"剃须刀—刀片"模型	对设备设置较高的利润水平，按张获取高额利润
自由现金流结构	高初始投入、高固定成本	低初始投入、低固定成本	适中的初始投入、适中的固定成本
企业价值	高	高	很高

本书从定位、业务系统、盈利模式、关键资源能力、自由现金流结构以及企业价值六个角度解析企业的商业模式，无论对传统行业还是现代信息技术下的新兴行业都适用。

商业模式的这六个要素是互相作用、互相决定的：相同的企业定位可以通过不一样的业务系统实现；同样的业务系统也可以有不同的关键资源能力、不同的盈利模式和不一样的现金流结构。例如，业务系统相同的家电企业，有些企业可能擅长制造，有些可能擅长研发，有些则可能更擅长渠道建设；同样是门户网站，有些是收费的，而有些则不直接收费，等等。商业模式的构成要素中只要有一个要素不同，就意味着不同的商业模

式。一个能对企业各个利益相关者有贡献的商业模式需要企业家反复推敲、实验、调整和实践这六个方面才能产生。

1.4 商业模式与管理模式有什么不同

管理模式包括战略、组织结构、管理控制、企业文化、人力资源管理和业绩。管理模式反映了企业的执行机制，其关系详见图1-1。

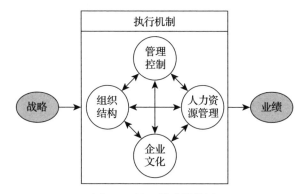

图 1-1 管理模式结构图

战略决定企业的发展方向，是企业实现其长远目标的方法和途径。

组织结构是按照战略的要求，确定企业由哪些部门和岗位组成，部门与岗位的目标、职责和职权是什么，以及相互关系是怎样界定的。

管理控制指的是企业中的管理流程以及相应的制度和方法，常见的如战略规划流程、经营计划流程、预算管理流程、新产品开发流程、销售管理流程等。

企业文化是企业内部员工共同的价值观和行为准则。

人力资源管理，则是那些与人力资源的招聘、培养、选拔、考核和激励等相关的工作。

战略通过组织结构、管理控制、企业文化和人力资源管理来实现，业绩是战略实现的结果。

管理模式和商业模式分别从两个互异但却互补的层面，完整地描述了企业的运营。由于定位是战略的核心内容之一，所以事实上，商业模式和管理模式从两个不同的角度，保证了战略的实现。魏朱商业模式见图1-2。

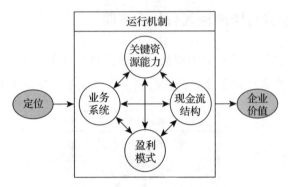

图 1-2　魏朱商业模式结构图

商业模式是企业的基础结构，类似于一艘战舰的构造：不同种类战舰的发动机、船舱、夹板、炮塔、导弹等的结构和配置是不相同的，它在舰队中的位置和功能也是不同的。

而管理模式类似于驾驶战舰的舰队官兵：舰队的最高长官，既需要组织分配好官兵的工作，制定出相应的管理控制流程，并建立官兵的选拔、培养和激励等制度，也需要有能够凝聚舰队战斗力的舰队文化。

管理模式看重的是企业长远目标的确定和业绩的达成；商业模式则是在满足顾客需求、为顾客创造价值和实现企业价值最大化之间构造出一座桥梁。

管理模式强调的是组织和组织中人的执行力，因为组织结构、企业文化、管理控制和人力资源管理都是和人直接相关的。而商业模式则告诉人们，企业是怎样运转起来的，反映的是企业的运行机制。因为业务系统、盈利模式、关键资源能力和现金流结构，与组织中有什么样的人并无直接关系。好的商业模式的一个非常重要的特征是，平均水平的人员素质和管理能力，也可以创造出上佳的业绩！

1.5 本书采用的图例说明

为了让读者更深刻地理解企业的商业模式，也为了方便我们行文的表述，在本书，我们采取了统一的图例系统示意企业的业务系统，详见图1-3。

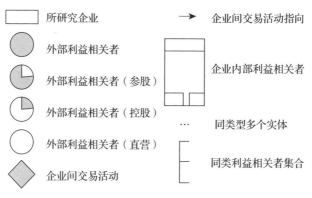

图1-3 业务系统图例

我们不妨把雀巢咖啡机商业模式改变前后的业务系统画出来，让大家体会一下。先看商业模式改变之前的，见图1-4。

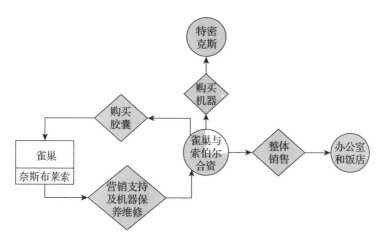

图1-4 雀巢咖啡机商业模式改变之前的业务系统

再看商业模式改变之后的，见图1-5。

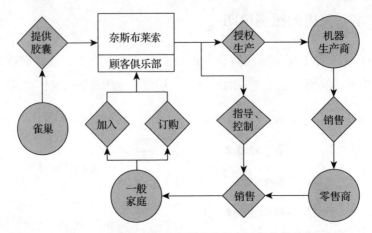

图 1-5　雀巢咖啡机商业模式改变之后的业务系统

　　怎么样？采用示意图之后的业务系统和商业模式是不是更容易理解了？在本书，我们将自始至终采取这套符号系统来阐述业务系统。

第 2 章

定　位

——

2.1　企业可以怎样定位

企业战略的核心命题就在于选定一个企业可以据为己有的位置，而定位是战略的核心，同时也是构建一个企业优秀的商业模式的起点。定位需要回答的问题主要有三个：企业的业务是什么？目标客户是谁？应该向他们提供什么样特征的产品或服务？

对企业的业务进行定义是创造一个杰出定位的最重要的一步，因为业务定义会对企业所收集到的信息起过滤作用，它将告诉企业的决策层哪些机会应该抓住，哪些应该放弃。一家企业通过业务的定义可以界定出谁是自己的客户和竞争者、谁是自己的合作伙伴、自己应该拥有什么样的资源和能力。

反复探究"我们究竟处于什么行业"是回答企业的业务是什么的一个非常好的开始。有以下四种方法可以帮助企业定义好自己的业务。最常见的方法是按照企业所销售的产品或服务来定义自己的业务，施乐公司处于复印机行业，丰田公司处于汽车制造行业，美国西南航空公司处于航空服务业。第二种方法强调针对某类客户群的某些或所有需求定义企业的业务。通用电气的整体解决方案提供商定位，东软的软件供应商定位就属此类。第三种方法是依据企业所处的行业价值链环节确定其业务，例如品牌制造商、供应商、零售商等。第四种方法是按照企业的关键资源能力及其组合来定义其业务，例如麦当劳做特许加盟，迪士尼做品牌授权。

定位需要解决的第二个问题是锁定目标客户。识别和确定企业的目标客户意味着企业必须考虑服务于哪个地理区域和客户细分。

任何客户群都可以有无数的划分方法，考虑划分的原因是为了创造性地"重新划分"已有的客户群，以发现别人没想到的新划分。

识别可能的客户需要创造性的方法。第一种方法是彻底地质疑现有的关于谁是客户的思维定式，这可以通过问"我们产品满足的是客户的什么需求"并探寻企业现在没有服务但有类似需求的客户来达到。你需要超越目前所卖的产品或服务去思考，需要识别产品所隐含的功能。

第二种方法是从不同的角度开始思考。具体方法是首先确定一个合适的客户标准，其次是用这个标准识别谁是目标客户，最后就是通过问"我们应该如何做才能吸引这些客户"来确定企业的目标客户。

第三种方法是根据企业的资源和能力来选择客户。这种方法成功的关键是要找到需求和企业的独特资源能力相匹配的客户。

定位需要解决的第三个问题是企业应该向目标客户提供什么样特征的产品或服务。任何企业都不可能把所有的客户作为自己的服务对象，也不可能向一个客户提供所有的产品和服务。定位需要解决的是在企业所有可提供的产品或服务中，应该将哪一种作为重点。

2.2　有什么样的资源能力：从飞马旅行社说起[⊖]

在这个创新的年代，却屡屡上演创意缺乏的闹剧。于是，大家都挤在一起，价格战、广告战层出不穷，大家似乎都以为每个行业只有一种通用的商业模式，"自古华山一条路"，却不知实际上只要条件的一点点变化，

⊖　改编自战略实践。

商业模式中任何一个细节的变动，就可以导致商业模式的变化和升级。

本章讨论的是商业模式中的定位问题，那么我们就从飞马旅行社所面临的行业格局和挑战说起，看它是如何通过正确的定位走出困境的。读者也可以从这个例子中看到，不同的定位如何激发出不同的商业模式。

英国飞马旅行社是一家利用自有船只为游客提供到爱琴海群岛旅游服务的旅游公司。自20世纪50年代成立以来，飞马在这个领域的绝大部分时间都占据着市场首位。然而，20世纪90年代初，这个格局产生了变化，飞马的市场份额逐渐被两家竞争者蚕食。这是什么样的竞争对手呢？

第一家是一家意大利公司，它的卖点在于低价——同样的服务，更低的价格。通过详细的调研，飞马公司发现这个竞争者之所以价格如此便宜是因为它的船不但载人还给诸岛运送食品和建筑材料等。这个竞争者在进入爱琴海诸岛旅游市场以前在意大利做运输业务。很自然，它把游岛也定义成了运输业务，于是采取"人、物混装，一船两用"的定位，很轻易就把价格降下来了。不必说，这个定位意味着该竞争者的船和飞马相比速度会慢一些，班次也会相对少一些。然而，在其所有的广告宣传里，这个意大利竞争者强调了其低价而对所有这些相关的弱点却避而不谈。

第二家是一家新成立的希腊公司，与上面的意大利公司强调低价不同，它的卖点在于产品——"更大""更好"的产品。首先，在线路上，它从爱琴海诸岛拓展到整个东地中海，包括埃及、以色列和塞浦路斯。其次，在服务上，它也提供了更具异国情调的游岛体验。它把公司的业务定位为"提供整个东地中海的游览服务"。这个定义使这家公司购买了不同种类的船，采用了服务于对这些游线感兴趣的度假者的定位。

看到对手都是来者不善，飞马公司忧心忡忡。为了走出困境，飞马公司不惜重金邀请了一家有名的咨询公司为其出谋划策。经过一番调查研究之后，咨询公司提出了两个建议：第一，买更大的船，为游客提供比第二个竞争者更多的游览项目；第二，尽可能降低运营费用，将降低的费用转为更低的价格使游客受惠，而使其能与意大利对手竞争。显而易见，这是一个试图达到"1+1>2"的策略：把两个对手的策略加在一起，"以其人之道还治其人之身"。

出人意料的是，在之后的四年里，飞马旅行社遵循咨询公司的建议，却并未出现任何进展。于是，1995年初，飞马公司不得不决定放弃此定位而转向另一个定位：瞄准主要想游览希腊群岛的游客，使他们在这些岛上的经历尽可能令人兴奋。这个决定让公司经理们卖掉了他们的大船转而购入更小、更现代的型号；引入船上的娱乐项目，包括雇用受过训练的历史学者解说所游览的每一个岛上的历史及提供每个岛的特色菜。从随后两年的财务结果看，这个定位成功了！

飞马公司的新定位为什么可以成功，而前面那个为什么就会失败呢？在这里，"知己知彼，扬长避短"是关键。飞马公司的经理们一开始就应问的问题是："我们擅长的是什么？我们具有什么独特的资源和能力可让我们取得相对于竞争对手的优势？"问过这些问题后，他们认识到飞马公司经营爱琴海游线多年，积累了大量的关于各岛的风俗、历史和最佳的航渡路线（诸如最佳路线依赖于不同的季节）的知识。这半个世纪的运营经验才是飞马的优势所在。

飞马公司依照这个思路认识到：将游客快速地从一个岛运送到另一个岛只是度假体验的第一层次，飞马公司可以做许多其他的事情来增强游客的度假体验，如提供历史解说、品尝当地菜肴，从而使整个定位升级。公司也将其新的定义传送给游客，告诉他们"是的，X公司是便宜，Y公司是更大，然而你可与我们一起沉浸在岛群的文化和历史之中，享用我们35年的群岛导游经验"。

定位一明确，许多其他措施也就随之而出。例如，强调"体验"而非"旅程"的决定使飞马公司盯住了一个新的客户群，采取了一种完全不同的营销宣传，雇用了完全不同的人员。根据重新定义的业务便可采取相应的行动改造原来的商业模式。一旦采用了某种定位，该设计什么样的运行机制也就一目了然了。

回过头来再看咨询公司的方案就会发现其建议的定位存在很大的问题。首先，建议的关键点都是两个对手的优势所在，比如意大利公司原本就是做运输起家的，结合游览和运输的成本优势牢不可破；其次，更致命的是，这个建议丝毫没有考虑到飞马的自身特点和优势。纯粹是简单的"拿来主义"，"以己之短攻敌之长"，这样的策略在商场上自然难以奏效。

飞马公司的案例是一个根据公司自身资源能力选择定位的好范本。但需要注意的是我们并没有说飞马的定位是最准确的，也没有说飞马的商业模式在它们当中是最好的。事实上，在这个案例中，三家旅行社都是赢家，它们的成功都在于找到了适合自己的定位，把自己的比较优势发挥到极致，同时避免了自己的短处。

在这个瞬息万变的世界，机会本来就是无处不在的，所以，不管是传统行业还是高科技行业，无论是朝阳产业还是夕阳产业，都有很多的缝隙可以让你去发展和壮大。一个行业可以有多种业务定位，相同行业也可以有不同的商业模式。适合你的才是最好的。

"条条大道通罗马""知己知彼，扬长避短"，这就是飞马旅行社给我们的启示。

下面将通过几个案例分析，来看看企业是如何找到业务定位的。

2.3 客户的真正需求是什么：如家

如家曾经是商业领域中最耀眼的明星之一。从上市前到上市后受到无数商家和媒体一路的大力追捧，很多人都对"如家现象"产生了浓厚的兴趣，不少专家、学者也从各种角度对其进行了充分的剖析和解读。今天，我们也不妨分析一下"如家现象"。我们从如家的创建说起。

如家酒店组建于 2002 年 6 月，从创建到开出第 100 家连锁酒店，拥有 11 000 间以上的客房，如家仅仅用了 4 年零 2 个月的时间。截至 2007 年 3 月 31 日，如家共有 145 家酒店投入运营，还有 48 家酒店正在建设之中，所属酒店覆盖了中国 100 万以上人口、GDP 超过 1 000 亿元的 120 个城市中的 53 个。2003、2004、2005 和 2006 年的客房入住率分别为 72.4%、86.8%、89.8% 和 90%。

那么，如家为什么会成功？如家的成功可以给我们一个什么启示？通过仔细的分析，我们发现：准确的定位是关键。

定位是商业模式创新的起点，往往也是革新旧的商业模式的突破口。如家的定位正是从革新旧模式寻找新定位开始的。

首先，从现有格局开始寻找市场定位。在如家之前，中国的酒店大致格局是：高档的酒店干净、豪华，但是不经济；经济酒店，甚至很多三星级酒店，却不安全、不卫生。这是很大一部分消费者对这个市场基本需求的落差。如家透过数量供给过剩的表面看到了质量供给不足的本质，将自己定位在价格敏感程度相对较高，又要求卫生安全的中低档市场，相当于二、三星级的规格。在此基础上，如家借鉴了国外经济型酒店的经验，引入经济型酒店的商业模式来服务目标市场。

其次，反向思考，锁定目标客户。一般商务酒店都把目标客户锁定在高级商务人士，理由也是很充分的：第一，这些人经常出差，对酒店的需求较大；第二，这些人的消费能力强，因此附加值也比较高。如家却看到了问题的另外一方面。根据国家旅游局的统计，休闲旅游和商务活动已占到了城镇居民出行目的的绝大部分比例。这些流动的人群，正是酒店的财源。而在商务活动中，中小企业的蓬勃发展引起了如家的注意：这部分人由于企业预算的约束，偏好经济的价位，但同时也要求方便卫生的住宿、一致的产品以及周到的服务。需求与此相重合的客户群还有随着国内自助游和休闲市场的升温而日益庞大的休闲游客群：从 2000 年开始，中国国内旅游总人次超过了 60% 的全国总人口，已经基本上达到了大众旅游的标准。发展到今天，中小商务人士占到了如家客源的 75%，而中国经济型饭店的平均水平是 37%，如家的备受青睐得益于产品的顾客导向和品牌忠诚度的打造。

最后，针对目标客户，把产品定位在关注客户的核心要求上。酒店经常采用的定位设计是在给定的行业标准之下，通过进一步的市场分割和营销手段来保持和扩大其客户群，因此它关注的是顾客评价的差异；其相应的竞争逻辑便是通过提供比对手多一些的服务来提高价值。表现在中国的酒店市场上便是，星级酒店致力于提供"食、宿、购、娱"全方位服务，而大量的社会旅馆、青年旅馆为了给顾客带来经济实惠，在所有环节都缩减开支，住宿环境非常恶劣。

如家引入了国外经济型酒店的产品形态，摆脱了这种竞争思维，在顾客所关心的特性中寻找有效的共性而非差异，跳出现有的规则、惯例、行业传统的框架，有所为，有所不为，有所多为，有所少为，以满足顾客的核心需求。

经济型酒店起源于20世纪30年代的美国，在国外已发展成一种成熟的业态，其体量占酒店业总数的70%。中心概念就是功能的有限性，即只提供基本的住宿服务，去除了其他非必需的服务，从而大幅度削减了成本。在国外，经济型酒店被称为"B & B"，也就是只提供床（bed）和早餐（breakfast），而会议、休闲娱乐等功能则尽可能压缩或免去。

通过调查，如家发现入住的客户最关心酒店的卫生，其次是床。如家加强了客房的卫生标准，提供"二星级的价钱，三星级的棉织品，四星级的床"。

为了推行"适度生活、自然自在"的品牌理念，如家在房间细节上下了很多工夫。如家的客房墙面以淡粉色、淡黄色为主色调，搭配碎花的床单、枕套，摆设简洁精致的现代家具，还有可折叠的行李架以节省空间，淋浴隔间使用推拉门而不是简陋的塑料布，在卫生间配备两种颜色的毛巾牙具，避免两位客人同时入住时的麻烦。如家虽然专注，但并不妨碍它以顾客需求为导向。它别具匠心地提供书刊阅读、宽带上网，并同一些互补性产品的知名品牌进行"异业联盟"，方便商务人士的商旅生活，如受到宾客极度欢迎的租车服务便是一例。

为服务目标顾客，如家一般选址于经贸、旅游比较发达的城市，在城市中的选址又讲究交通的便利性，如靠近地铁站、公交车站的商务、贸易、居住区以及成本相对较低的商圈边缘等，为客人出门办事提供方便。

对于传统星级酒店的过度服务，如家则加以削减甚至完全放弃。

为评定星级，酒店需要满足房间设施、公共场所、客房服务、食品饮料供应等相应的标准。而如今越来越多的商务旅行人士和自助游客，更关心充足的睡眠、方便的地理位置和经济的价格。如家针对这部分顾客，剔除了传统星级酒店过多的豪华装饰，取消了门童，舍弃投资巨大、利用率低的康乐中心、桑拿、KTV、酒吧等娱乐设施。他们认为虽然会因此失去一部分顾客，但由此提高的性价比可以吸引更多的目标客户。

在保证服务质量的前提下，如家在一些非关键的环节也尽可能少为。

如家不追求豪华宽阔的大堂，但要求非常整洁；星级酒店用中央空调，如家则用分体式空调，冬天则使用暖气；如家甚至将星级酒店主要收入来源之一的餐厅也大大简化，只占地 50 ～ 100 平方米，且不对外服务，把更多的空间变成客房；高星级酒店的客房员工比是 1 ：1 ～ 1 ：2，由于如家舍弃了多余的服务设施和管理人员，一般是每 100 间客房设30 ～ 35 名员工。

化繁为简、重点突出的产品策略给如家带来了很大的成本优势：每间房间的投资基本上控制在 5 万元左右（不包括租金），人工成本也比同业节约了 2/3 ～ 5/6。更重要的是，它为目标顾客提供了更加合适和令他们满意的服务。

从上面的例子我们可以看出，业务定位对于现有商业模式的革新、经营理念定位、产品定位以及解决发展过程中的种种问题等方面都有着不可替代的指导作用。业务定位是商业模式的起点，也是商业模式成败的关键所在。

2.4　制造大国的软件需求是什么：东软

东软是另外一个故事。前面我们讲过，业务定位可以从现有的商业模式中寻找革新的机会。同样，业务定位可以有另外一个思路，就是分析竞争对手的资源和优势，对比自身，找出自己拥有的比较优势。这样一来，往往会发现别有洞天，豁然开朗，正所谓"山重水复疑无路，柳暗花明又一村"。

东软集团是中国领先的软件与解决方案提供商。公司于1991年创立，面向软件与服务、医疗系统、IT教育与培训等领域，公司建立了相互促进的三个业务群组。2007年，东软拥有员工10 000余名；在沈阳、大连、成都和佛山南海区建有东软软件园，构造研发和人才培养基地；同时在中国40多个城市设立销售和服务网络；在美国、日本设有分公司。东软在中国拥有8 000多家大型企事业客户，在电信、电力、社保、医疗、企业等重要领域具有领先的市场占有率。与此同时，东软也是中国最大的离岸软件外包业务提供商。

说起软件，大家想到的词语无非就是"微软""印度"，诸如此类。这是东软从建立到发展壮大一直都要面对的市场格局和环境，东软的业务定位就从对竞争对手的分析开始。远到国际上的微软、甲骨文，近到国内的用友、金山，几乎毫无例外地选择了软件产品的道路。而经常被拿来作为中国软件业榜样的印度则凭着自己的语言优势和庞大的基层软件人才储备，主要做欧美国家的软件外包。

显然，选择什么样的产品，选择哪个市场，这是东软必须回答的两个问题。而要回答这两个问题，就必须看看对手的优势在哪里，自己的优势在哪里，从对手身上找答案。

身处亚洲软件业，东软不可回避的第一个对手就是印度。印度是从给欧美国家做外包起家的，印度的优势在于两个：第一，由于历史上是英国殖民地，英语普及率高，语言上有优势；第二，印度有大批基层的软件技工储备，这是其他任何一个亚洲国家都不具备的。正是这两个优势奠定了印度在欧美国家软件外包业不可动摇的地位。

那么，国内的竞争对手呢？由于中国的软件业发展起步较晚，在国际软件业上是一个跟随者,这也造成了中国绝大部分的软件商都是模仿外国做软件产品,典型代表就是金山、用友等。不可否认,这些软件商在自主研发方面为中国的软件业做出了很多榜样,而榜样的力量是无穷的,这也导致了很多后进入者"不假思索"地跟进软件产品市场的趋势。但是,最近几年的举步维艰证明了这条路其实是很难走通的。做企业,"不假思索"是很危险的。

东软看着这些竞争对手,陷入了冥思苦想:敢问路在何方?有一天,东软把眼光投向了自己背后的整个中国经济,一下子豁然开朗。

中国是一个制造业大国,正在实现从农业国到现代化工业国的伟大转变。这是软件业千载难逢的一个发展契机。假如把软件和中国广大的制造业市场联系在一起,那该是多大的一块蛋糕?机不可失,失不再来,东软立刻决定,把业务定位到软件服务业上来,具体地说,就是为合作伙伴提供整套的软件解决方案,生产面向工业生产的软件,使技术与服务和客户核心业务结合。

除了中国的大环境,东软定位在解决方案的提供者时,自身也拥有巨大的优势。第一,东软拥有大规模的中间件和平台产品开发队伍,形成了2 000多人的工程师队伍。第二,东软拥有一个有效而持续的国际联盟,与微软、ORACLE、CA、IBM等知名企业都有很好的合作。第三,东软拥有一个为用户提供服务和支撑的大型网络,覆盖了整个中国市场。第四,东软具备承担大型项目的综合技术和管理能力,这体现在东软提供给中国电信、联通、海尔、春兰、美菱等大企业的解决方案中。此外,长期的软件产品合作关系使得东软对用户的应用模型和业务有着准确而深刻的理解。

正是有了这些优势,东软才将业务定位在解决方案,同时以向日本出口软件的收入来支持面对中国未来技术的开发,这使东软在几年后拥有了在电信、电力、社会保障体系等方面具有知识产权的产品;在软件方面与制造业紧密结合,创造了软件在数字产品之内的成功模式,并基于这种模式找到许多在技术和品牌创新的机会。

业务定位的明确和准确，让东软的业绩一路上升，并带动了在日、韩市场的软件外包业务。2007 年 1 月 31 日，由美国《全球外包》杂志和全球外包服务咨询公司联合开展的"全球 IT 服务 100 强"评选揭晓，东软集团第三次入围"全球 IT 服务 100 强"榜单，并荣登"亚洲新兴外包十强"榜首。

分析东软的例子，我们可以得出一些启示。准确的业务定位要做很多的功课，必不可少的一个部分就是：剖析竞争对手，分析自己所处的环境和自己的比较优势，综合考虑，扬长避短，在商业模式上，没有"一成不变"和"放之四海而皆准"，适合自己的才有可能是最好的。

2.5　改变你的位置：卡地纳健康公司

在商业世界高度发达的今天，全心全意为客户服务已经不再是一种竞争的优势，具备优势的是你如何为客户服务，光靠细致用心已远远不够。

雅芳有一句广告语叫作"比女人更懂女人"，这句话包含两个前提：第一，他比客户更了解客户的需求和问题；第二，他比客户更有可能满足客户的需求，解决客户的问题。第二点的存在是很重要的——假如不更为重要的话。不能帮客户解决问题的话，第一点就没有任何意义了。了解只是问题的起点，解决才是问题的终点。有可能吗？我们不妨看看卡地纳健康公司的发展历程。

卡地纳健康公司成立于 1971 年，早期的主要业务集中在食品行业。1979 年，开始药品销售业务，到了 1987 年，药品销售业务几乎已经增长到了食品销售业务的两倍。第二年，卡地纳健康公司出售了负责食品销售业务的部门并在纽约证券交易所上市。从 1997 年首次进入世界 500 强以来，卡地纳从最开始的 400 多名一路上升到 2005 年的 48 名，全美第 17 名（2008 年世界排名第 51 名，全美第 19 名），取得这样的非凡成就并非侥幸。

卡地纳的成功是业务定位转型的成功。先看大方向：从一开始做食品，到中间食品和药品销售并举，再到现在专门做药品分销。做得越来越专业，附加值也越来越高。但更值得注意的是，即使在专门做药品分销的阶段，卡地纳对和客户之间的角色定位也一直在进化中，而这才是卡地纳在资本市场上风生水起的真正奥秘所在。

卡地纳常年做药品分销业务，接触到的医院有很多，经年累月，对医院多年的弊端和难题了然于胸。医院是一个技术密集型的企业，也是一个劳动密集型的企业。一个患者，可能要牵扯到医生、药剂师、护士甚至是清洁人员，这么多的环节，要做到完全的无缝对接是很难的。如何实现医疗的安全性、有效性和成本节约，是医院最为头痛的事情，却并不是一件容易做到的事情。

然而，世界上的事情就是这样，对甲方困难的事情，也许对于乙方来说却轻而易举，或者成本会降低很多，这往往就是新商业模式的机会。医院最棘手的问题却正是卡地纳的长项所在。多年的药品分销经历，卡地纳早练就了高效运输、管理、跟踪药品的本领。现在只是把触角稍微延伸一下到医院的药房而已。

卡地纳的步伐走得很稳健。从 20 世纪 80 年代末开始，卡地纳先后收购了经营自动供给和药品销售的 Pyxis 公司、医院药品管理的 Owen 健康关怀公司、药品专营权利的国际 Shoppe 药品公司、药品运输渠道发展和联合生产的 R.P Scherer 公司和自动化流体包装公司、外科医疗产品生产及销售的 Allegiance 公司。这些公司本身都有自己擅长的业务，卡地纳根据业务需要，对它们先升级再整合，把对医院的配套管理服务作为自己新的业务重点，开始实施业务定位的转型。

不妨从实例中去感受一下。

拿收购 Pyxis 公司来说，这是一家制造用于药品管理的自动化机器的小公司。在被收购之前，Pyxis 已经有比较完善的自动化售药管理系统。护士只要把患者的数据输入系统，机器就可以精确给出剂量正好的药品。

此外，这个系统通过指纹识别运行，保证药品的发放安全可控。但是，卡地纳对 Pyxis 有更高的期望，通过把卡地纳的分销系统和 Pyxis 的信息化系统对接，卡地纳为其客户即医院药房提供了更高的价值，并逐渐把触角延伸到对医院的管理上面。

Pyxis 系统主要做三件事情：把药品管理记录转化为病人记录，监控药品使用过程是否安全，并收集相关数据作为医生和药剂师的临床数据参考；把药品需求数据跟卡地纳分销系统对接，使订单、存货管理部分实现自动化，减少药品管理和运营成本；把药品使用数据跟医院结账系统对接，缩短结账时间，提高精确度。

Pyxis 系统使卡地纳获得了新的利润增长点，医院则从药品的管理中解放出来，减少了这方面人员的成本。值得一提的是，Pyxis 系统也可以跟卡地纳的竞争对手的物流分销系统相对接。但是，由于 Pyxis 跟卡地纳的仓库系统直接相连，其合作自然是最高效、最方便的。通过 Pyxis 系统，卡地纳和医院的黏度更大了。今天，卡地纳占据自动售药机市场的90%，Pyxis 系统功不可没。

卡地纳还发展了医疗手术用品的定制分销系统。简单地说，一个手术可能需要用到纱布、绷带、手套、吸入管等外用物品。以往的做法是医院批发到仓库，手术前由工作人员挑选后放在盘子里送到手术室，既费时，又易出错。卡地纳改变了这一做法，其在线定制系统可以让外科医生提前模拟手术过程并定制相关的设备和物品。其中，卡地纳自己的产品只占1/3。手术当天早上，这些已经定制好的物品通过卡地纳的分销系统送到医院，按照医用标准打包，并按照手术流程顺序摆放好。你说，医院和医生对这样的服务能不喜欢吗？医院少了库存，节省了医用人员挑选和医疗用品运输的时间。医生则用上了自己最得心应手的工具，不再担心失误。通过定制分销系统，卡地纳在外科医生心目中建立了牢不可破的地位。

自动售药机和定制分销系统方便了医院，释放了外科医生和护士。卡地纳因而提高了自身在客户心目中的地位，也实现了核心业务的巨大增长，在分销业务的市场份额从原来的 4% 扩大到 30% 以上。卡地纳和医院之间的联系比以往任何时候都来得紧密，医院没有任何理由解雇这么好的分销商，没有谁会拒绝这么好的合作伙伴。

此外，通过 Owen 健康关怀公司，卡地纳为医院建立了综合的信息系统，将很多高级管理系统应用到医院繁重的工作上。卡地纳提供了完整的药品管理服务，包括管理系统、人员和经营要注意的事项。今天，卡地纳已经管理了超过 400 家医院的药房，比它的竞争对手管理的总和还多。

分销系统还使卡地纳和另外一个客户——上游制药公司——联系更为紧密。通过分销系统，卡地纳收集到了各种药品的销售信息，比如什么产品卖得好，主要在哪些市场热销，使用者都是哪些人。卡地纳把这些信息及时地反馈给制药公司，后者就可以根据市场需求及时调整策略，更加快速、有效地占领市场，大大缩短了设计、生产、销售周期，大大降低了运营成本。

至此，以卡地纳为中心，向上向下深度延伸，卡地纳及其合作伙伴已经形成了一条从药品研制、配方、检测、生产、包装到分销、药房管理的产业链。卡地纳作为一个整合型的企业屹立于竞争激烈的保健品批发市场。

而这一切，都源自卡地纳刚开始的"改变自身位置"。从以前站在医院和制药公司"面前"的药品分销商，变成了现在站在它们"后面"为其做管理、做药品分销定制、提供销售数据等的支撑"后勤部长"。由于打入了客户的内部，卡地纳的位置自然也就更加重要起来。而且，本着合作共赢的态度，卡地纳一直和客户保持良好的关系，这样的合作伙伴，谁也无法拒绝。

更加值得一提的是，定位改变后需要的关键资源能力（主要是药品分销系统）都是卡地纳原来就具备的，也就是说，同样的资源能力，卡地纳把它用在了刀刃上，实现了资源能力利用效果的最大化，这点恐怕才是卡地纳成功的最关键点。

20 世纪 90 年代, 短短 10 年间, 卡地纳每年的增长率都超过 40%,
营业额平均增长率为 42%, 是其最大竞争对手麦克逊公司同期业绩的 3
倍。其股价也从 1990 年 1 月的不足 3 美元一路攀升到 2000 年 12 月的
64.8 美元 (均为按派息和拆股调整后的收盘价), 大涨超过 20 倍。与此相
比, 同期道琼斯指数上涨却不足 4 倍。资本市场的青睐, 是对卡地纳定位
进化的最大肯定和最高奖励。

2.6 重新定位你的角色: 挪宝中央空调

企业的定位主要是回答三个问题: 谁是你的客户? 你为客户提供什么
产品? 你的产品或服务具有什么特征? 同样的客户, 你的产品特征变了,
那么企业的定位也可能会发生变化。

挪威挪宝公司成立于 1918 年, 位于特隆赫姆机场附近。挪宝电器
公司是欧洲最大的电暖器制造商之一。其产品范围广泛跨及电暖器系列、
居室型和地板型等电暖器的温控装置, 以及其他电器的节能自动控制系
统。挪宝公司分别在英国、芬兰和瑞典拥有三家分公司, 并具有遍布全球
的销售网络, 挪宝产品已成功出口到全球 20 多个国家和地区, 如中国、俄
罗斯、澳大利亚、法国、丹麦、加拿大、乌拉圭、奥地利、德国、波兰等。

挪宝中央空调与一般的中央空调相比其优点在于省电, 但是在进入中
国市场之后, 其原来的商业模式并没有体现出这个优势。挪宝中央空调中
国总代理原来是怎么做的呢?

挪宝中央空调的使用者主要是酒店、公寓或大型公共场所 (如机场)
和住宅区的大量居民, 终端客户则是掌握着这些大量使用者的大型开发
商。挪宝采取的是典型的传统空调制造商的商业模式: 销售设备, 在以后
的每次维护中收取一定量的佣金。对于开发商来说, 要负担三笔费用: 设
备购买费、使用的电费和维护费。这里面最大的投入是电费, 传统的中央
空调每平方米一天需要支出 1.5 元。挪宝的商业模式和一般的中央空调相

比并没有体现出差异性和自己独特的优势，因此，要迅速打开市场面临很大挑战。

那么，怎样才能显示出省电的优点呢？不妨看看挪宝后来是怎么做的（文中数据均做过处理，但并不改变问题的性质，以下同）。

首先，挪宝把客户进行了区分，针对不同客户做不同的服务方案：为开发商免费提供挪宝空调设备，签订 10 ~ 15 年的收费合同，酒店、公寓或大型公共场所（如机场）按面积收费；居民住宅按使用量收费。合作期满，空调设备归开发商所有。这一点充分考虑到了大型商业用户和居民住宅使用习惯的不同，因此争取到了更广泛的开发商的支持。

其次，挪宝负责终端客户设备运营期间的电费和维护费。这一点，就打包了开发商原本费用中最大的一块——电费，把省电的优势体现出来了。

最后，把每平方米收费定为 1.2 元，比原来电费每平方米 1.5 元的支出还便宜 3 毛钱。

这个交易结构是否成功很大程度上取决于开发商是否支持。开发商之所以接受这个合作项目，一个很大的原因就是有利可图。按照原来的销售模式，开发商购买一套挪宝中央空调需要 600 万元，假设使用 10 年，按照 1 万平方米每年使用 300 天计算，10 年的电费为 1.5 元 / 天·平方米 ×1 万平方米 ×300 天 ×10 年 =4 500 万元，维护费用为 300 万元，因此开发商一共需要投入 5 400 万元。按照新的服务模式呢？仍然按照 10 年、1 万平方米、每年使用 300 天计算，开发商只需要投入 1.2 元 / 天·平方米 ×1 万平方米 ×300 天 ×10 年 =3 600 万元。因此开发商肯定接受。

那么，挪宝是否有利可图呢？

经过测算，同样按照 1 万平方米每年使用 300 天计算，挪宝中央空调每年的电费支出还不到 100 万元，而每年挪宝从开发商身上可以收益 360 万元，除去相应的维护费用、设备折旧等款项，盈利仍然相当可观。

之所以把每平方米 1.5 元的电费降到 1.2 元的设备使用费还有可观的盈余，正是由于挪宝中央空调非常省电。在这里，挪宝把省电好处的一部分让给开发商，换来的是开发商的极力拥护，挪宝中央空调中国总代理因此迅速打开了局面。

细细品味这个例子，里面的道理值得我们思考。

挪宝原来是一个典型的设备销售商，它的优势在于设备设计和生产。按理，它设计生产出了非常省电的中央空调，应该得到市场的极力推崇并收获巨大的经济利益，这本该是顺理成章的。但是市场并没有做出相应的响应，为什么？因为省电这个特征是隐性的，很难通过广告顺利、正确地传递给客户。怎么办？

有人说，好办！你不是省电吗？让国家有关部门给你测试，最后给一个省电证明。

但是，和政府打交道的成本暂且不说，这个省电证明有多少客户相信并且接受本身就是个疑问。而自己能够从这里面得到多少实在的好处客户本身心里没底，挪宝的优势并不能完全显示出来。

而挪宝把电费承担下来，整体打包之后提供给客户优惠的服务，变隐性的省电为显性的费用节约，让客户看到实实在在的利益，从而得到客户真心支持，不得不说是一个非常高明的做法。

道理也很简单，省电这个信息对于客户是隐性的，对于挪宝来说却是显性的，这就是信息的不对称。而走到这一步，挪宝的角色就从一个设备销售商变成一个空调整体服务提供商了。正是这种角色的转换，让挪宝巧妙地解决了这个信息不对称问题。

而这个例子进一步印证了我们在序言中的论断：商业模式的创新比技术的创新更为重要。正是商业模式的变革帮助挪宝中央空调在中国市场上取得了成功。

2.7　定位的角色

在前面的章节，我们通过不同的例子说明：通过提出不同的问题，企业可以为自己的定位做出不同的选择。例如，飞马旅行社通过自己的关键资源能力设计定位，如家求助于客户需求，而东软则从自己所处的大环境出发去思考自己的定位。这些企业都取得了不同程度的成功。

同时，我们也讲了两个定位变化的例子。卡地纳对与客户之间的角色做了调整（从直接的简单服务到协助客户管理、共享信息），而挪宝中央空调在遇到困境时也适时地重新定位了自己的角色。这两个成功的例子说明了：企业的定位应该因时而动，顺势而为，并没有一成不变的选择。

显而易见，定位有不计其数的方法。或者说，可以对企业提出多少问题，企业就可以有多少种定位。限于篇幅我们不可能把所有的方法都展示出来，但有一些经验可资后来者借鉴：第一，现有的空隙意味着机会；第二，做自己擅长的事情；第三，要在坚持和改变中找一个平衡点（你应该知道，我们说的是如家和卡地纳的故事）。

谈了这么多关于业务定位的内容，最后我们需要对业务定位的角色和地位做一个总结：业务定位是商业模式的起点，它的确立涉及对过去的分析、对现在的把握和对未来的预期。换而言之，业务定位是沟通过去——"已有格局"、现在——"自身特征"，乃至未来——"商业模式的确立以及最终企业价值的体现"的一个桥梁，业务定位在商业模式中具有引导性、启发性和决定性的作用。

CHAPTER 3

第 3 章

业 务 系 统

——

3.1 什么是业务系统

我们在第 2 章讲了什么是商业模式的定位。一个好的定位需要有一套
相应的运行机制来实现，这套运行机制包括业务系统、关键资源能力、盈
利模式和现金流结构，其中业务系统是商业模式的核心元素，商业模式的
差异往往通过业务系统之间的差异体现出来。

一系列业务活动构成的价值网络组成了整个经济体系，而企业是一个
由其中部分业务活动构成的集合。业务活动由相应的工作流、信息流、实
物流和资金流组成。业务系统反映的是企业与其内外各种利益相关者之间
的交易关系，因此业务系统的构建首先需要确定的就是企业与其利益相关
者各自分别应该占据、从事价值网中的哪些业务活动。

首先需要确定的是企业与不同利益相关者之间的关系。这些关系由纯
粹的市场关系到完全所有的所有权关系构成的频谱组成，包括简单的市场
关系、一定时间和约束下的契约关系、租赁、特许、参股、控股、合资和
全资拥有，等等。构建业务系统时所需要做的就是针对不同的利益相关者
确定关系的种类以及相应的交易内容和方法。

一个高效的业务系统需要根据企业的定位识别相关的活动并将其整合

为一个系统，然后再根据企业的资源能力分配利益相关者的角色，确定与企业相关价值链活动的关系和结构。围绕企业定位所建立起来的这样一个内外部各方相互合作的业务系统将形成一个价值网络，该价值网络明确了客户、供应商和其他合作伙伴在影响企业通过商业模式而获得价值的过程中所扮演的角色。

业务系统的建立关键在于对行业周边环境和相互作用的经济主体的通盘分析。对于任何一个打算进入某个行业的新企业，可以通过反复询问以下问题来确定企业的利益相关者：第一，我拥有或可以从事什么样的业务活动；第二，行业周边环境可以为我提供哪些业务活动；第三，我可以为各个相互作用的主体提供什么价值；第四，从共赢的角度，我应该怎么做才能够将这些业务活动形成一个有机的价值网络，同时又让其他利益相关者得到他们想要的收益。

"不谋万世者，不足谋一时；不谋全局者，不足谋一域。"业务系统正是要从全局的角度来设计布置自己与利益相关者的关系，不计较一城一池的得失，而是着眼于全局的成功。

3.2 飞格达：合作还是竞争

在一个利润微薄的行业，怎样才能赚钱并成为第一？飞格达的商业模式，一是将设计公司变为"利益相关者"，二是通过增加库存，将交货时间由行内的 15 天缩短为 3 天，大大提升了资金周转率。仅用三年时间，飞格达以不到 100 万元创办资金，成为年利润 2 000 万元的行业老大。所以，是从"利益相关者"角度还是从"竞争对手"角度看问题，设计出的商业模式截然不同。

深圳市飞格达电子有限公司是一家专业从事液晶显示屏（LCD）及液晶显示模块（LCM）系列产品研发、生产、销售的高科技民营企业。从 2005 年 1 月创建之后，LCD 市场利润微薄，与飞格达同时成立的一家公司，投资 5 000 万元，经营惨淡。飞格达当初投资 80 万元，却做成这个领域的第一名，这源于其聪明的业务系统。

首先要分析潜在的"利益相关者"。

2006 年的 LCD 和 LCM 市场，黑白屏大行其道，由于竞争激烈，利润微薄，很多制造商开始准备撤退。当时，飞格达电子研发出假彩的 LCD 和 LCM，明显领先于市场主流的黑白屏。但是，要不要继续做下去？做下去的话要采取什么样的做法？

经过飞格达的分析，当时市场存在四类"利益相关者"：产品组装商、设计公司、各种零配件制造商、客户。飞格达属于其中的零配件制造商。

那么，这四类相关者在当时是什么关系呢？①"产品组装商"收集"客户"的需求，并向"设计公司"提设计要求；②"设计公司"选取各"零配件制造商"的零配件，组合设计；③"产品组装商"根据"设计公司"的方案，向"零配件制造商"选取零配件，然后组装成品后销售给"客户"。

这里，"产品组装商"占据支配位置，就像是树干，而"设计公司"和"零配件制造商"，则分别像是两个树枝，相互没有关联，处于被动的受支配位置，很难做大，成长性有限。

同时，由于 LCD 和 LCM 市场进入门槛不高，竞争非常激烈，市场看淡。

其次，飞格达构建了全新的交易结构。

飞格达在设计商业模式时，着眼于处理好和利益相关者之间的交易结构。首先，飞格达利用本来就不充裕的资金，以较低的价格吸纳原材料，积极增加库存，这样做的好处是大大缩短了交货时间。

当时行内通常的交货时间是 15 天，飞格达则缩短到 3 天（最快可达到 1 天），这样就为第一个利益相关者——"产品组装商"带来了更快的市场反应能力，业务量也迅速增加。这也使飞格达的资金周转效率大大提升，使得飞格达利润增加，现金流也更加充沛。

那么增加库存会不会占压大量资金呢？原来，飞格达对"产品组装商"的应收账期，以及对供应商的应付款账期，都是 30～60 天，这两部分可以做到相互抵消。

接下来，如何与第二个利益相关者——设计公司建立新的交易结构呢？

经过多年的市场淘汰和积淀，当时 MP3 市场上的 LCD 和 LCM 设计已经达到了标准化水平，这给飞格达提供了一个新的发展思路。

飞格达制作了几十种标准的产品样本，分发给二十几家设计公司，和它们订好协议：假如在设计中采用飞格达电子的产品，最后就可以享受一定比例的提成。在别的公司准备退出而且从来就没有过提成先例的情况下，飞格达建立了和设计公司之间的利益分配结构。

经过这样的模式转换，飞格达将市场变成稳定的三角形结构业务系统，其在 LCD 和 LCM 市场的份额也扶摇直上，一下子从以前的无名小卒变成了行业老大。其业务系统见图 3-1。

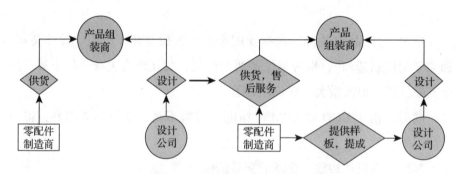

图 3-1　飞格达 LCD 和 LCM 模组的业务系统

飞格达电子之所以能够在进入门槛低、竞争程度激烈的低层级竞争行业中享受高增长，除了其把握市场趋势的眼光外，还在于其独到的看问题角度——从"利益相关者"而非"竞争对手"的角度出发去看问题。

从"利益相关者"的角度看市场格局，看到的是各个主体在自己的利益驱动下有可能形成的合作关系，以及相应的信息流、产品流和资金流运动；从"竞争对手"的角度出发去看市场格局，看到的则是主体之间的争夺关系，以及相互博弈的格局。

飞格达电子的聪明之处，就在于它考虑到了"利益相关者"各自的立场，把自己的利益一部分分给了合作伙伴，从而促进了整个市场更为充沛的信息流、产品流和资金流运动。

这从"竞争对手"的角度来说是不值得的，因为丧失了一部分的利益，而从"利益相关者"的角度来说，却是形成了良性的市场循环，做大了自己的市场份额，因而得到了更大的利益。

聪明的商业模式，源于独到的看问题角度。

3.3　源美租赁：投资少、风险低、收益高的业务系统

融资租赁是一种集贸易、金融与租借为一体，将消费信用、商业信用和金融信用有效叠加起来的特殊交易模式。由于其不仅可以为企业提供必需的资金支持，而且在加速现金流动、盘活存量资产、改善财务报表等方面也能发挥重要的作用，融资租赁目前在欧美市场上正以 30% 这一前所未有的速度迅猛发展，有力地推动了消费和投资需求的增长，但这种交易模式在中国还没有取得大的发展。2004 年底的统计结果表明，中国的租赁资产总规模仅为美国的 1%，日本的 2%；中国市场 20 年的租赁总额还不到韩国 1 年的租赁额。中国的租赁渗透率也只有 1.5%，租赁行业对 GDP 的贡献仅有 0.16%。但这些数据同时也说明中国的融资租赁市场存在着巨大的发展潜力。

源美金融集团及其国际租赁合作公司（以下简称源美租赁）就是这个庞大市场中的先行者。源美租赁对中国众多行业进行了详细调研、分析和论证，把目标锁定在医疗设备行业。

源美租赁的业务系统采用了美国的融资租赁交易模式，同时，考虑到中国的商业和人文环境与美国的不同，设计了独特的业务系统，其业务系统如图 3-2 所示。

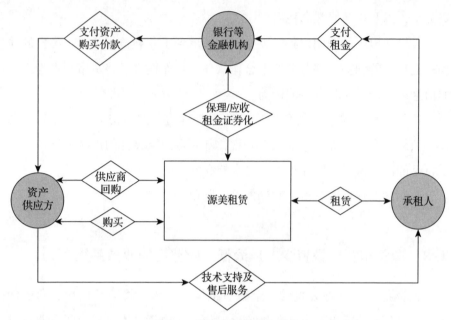

图 3-2　源美租赁的业务系统

源美租赁与资产供应方以及其他利益相关者签订了一系列合约，主要
涉及 7 种合同：

- 资产提供方与承租人、源美租赁的设备采购合同。
- 承租人与源美租赁的租赁及保证合同。
- 资产提供方与源美租赁的设备价款折让合同。
- 资产提供方与承租人的保修服务合同。
- 资产提供方与承租人、源美租赁的设备回购合同。
- 源美租赁与银行、承租人的保理融资合同。
- 如果承租人是民营企业，还有针对民营承租人个人及家人承担无
  限追索责任的合同。

承租人（例如需要医疗设备的医院）通过招标选定了设备，然后通告
租赁公司。同时，承租人必须支付相当于设备价格 10% 以上的保证金给

源美租赁。源美租赁告知银行等资金提供方支付设备价款，从资产供应方购买设备。因此，源美租赁并不需要出资。承租人则把租金打入资金提供方的金融机构专门账户。

一旦承租人不能按期支付资金，按照回购条款，资产提供方必须按未偿付租金余额的价格回购。

借助这么一个业务系统，源美租赁实际上调动了商业生态圈的各利益相关者的积极性：资产提供方扩大了业务，承租人则解决了资金短缺的问题。因为在没有出租人的普通设备买卖中，由于固定资产设备往往价款较高，中小企业承租人在短时期内可能无力一次支付，而资产提供方也不一定有能力和意愿为客户提供资金支持，这就给双方的交易带来了巨大的阻碍，甚至使其不能进行。借助融资租赁的交易结构，资产提供方和使用资产的企业都得益。而银行则有了一个稳定的贷款客户，借助租赁的破产隔离，风险也得到了有效控制。

中国以往大部分金融租赁公司的交易模式不完整，融资租赁公司被视为金融贷款机构，属于日本融资租赁模式。但源美租赁采用的是美国融资租赁模式，在该模式中，租赁公司并不直接为企业提供融资支持，而是作为一个金融中介服务机构，通过银行等资金提供方为企业融资。源美租赁也因此与众多的外部金融机构及租赁资产证券化体系建立了多方的融资合作关系。

源美租赁的成功并非侥幸，而在于其独特的交易结构设计。目前，源美租赁已为约500家医院成功地进行过融资租赁，租赁资产规模达到47亿元。源美租赁自身的投入极少，但风险小、收益高。收入来源包括设备供应商折扣、保证金投资收益、租赁管理费等，项目的投资收益可以达到15%；同时，将不良资产率维持在0.3%的低水平。

源美租赁的这一交易结构已扩展到印刷设备，为近300家民营印刷厂提供融资租赁服务。

3.4　深发展：横到边，竖到底

"银行追着大企业跑，小企业追着银行跑"，这就是中国银行业现状的写照。不缺钱的企业天天有人追着要给它们贷款，需要钱的小企业却总是贷不到急需的款项。

中小企业很难贷到款的原因很简单：经常缺乏有效的抵押物和担保措施，信用不足。而且存在"小款多笔"的问题，操作起来比较麻烦。这些企业也普遍有偷税漏税的行为，做这种贷款，典型的吃力不讨好，贷款风险大，收益还低。

但是，据测算，中小企业拥有的存货和应收账款价值是其不动产价值的1.5倍。中小企业在中国占据绝对的多数。因此，如果可以把这些贷款释放出来，那将是一个让所有银行都垂涎三尺的大市场。

这就不难理解，当深发展的供应链金融获得"2007国际金融资本高峰论坛"颁发的"国际金融产品创新卓越表现大奖"之后，四大国有银行以及招行、民生银行等股份制银行，甚至外资银行都纷纷加入到争夺供应链金融大蛋糕的队伍中来。

中小企业有什么问题呢？按照波特五力模型，每个企业都有上游和下游企业。在中国，很多上游的原料供应商属于强势的资源垄断企业，因此它们自然可以要求中游的企业先付款，后提货。不幸的是，这些中游企业很多时候也要面临同样强势的下游制造企业，它们则要求先供货，后交钱。这样，原料需要先交款，产品却有一大堆的应收账款收不上来，对中游企业来说，等于陷入了一个死循环。而大多数银行从抵押品、信用和风险等方面考虑，又不愿意贷款帮其融资，从另外一个方面加剧了中游企业的困境，雪上加霜。具体如图3-3所示。

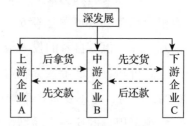

图3-3　中游企业的困境

深发展经过分析，认为这是一个机会，为什么？在整个供应链里面，上游企业有很强的企业信用，中游企业有大量的存货，下游企业则有一大笔的应收账款。换言之，如果把眼光放在整条供应链，这个问题是有可能得到解决的。届时，中游企业渡过了困境，业务得到了保持和拓展；上游企业和下游企业也不至于因为中游企业的断节而业务中断；整个供应链上下畅通。深发展本身也会因此发现一个蓝海，大大提高自己在金融融资方面的话语权。

　　针对上面提到的中游企业的困境，深发展可以通过"巧用上游企业信用，盘活中游企业存货；活用下游企业应收账款"两种方案贷款。

　　巧用上游企业信用，盘活中游企业存货。由于中游企业 B 和上游企业 A 有良好的合作关系，而 A 又有很好的信用。那么，深发展可以和 A、B 一起签订三方协议，预先设定 B 为商业承兑汇票贴现代理人，代理 A 背书，然后 B 凭商业承兑汇票和保贴函向银行申请贴现。贴现后，深发展将贴现款直接转入 A 的账户，A 款到发货，从而解决原料供应问题。A 的货物发到指定地点，由深发展的物流监管方实行 24 小时监管，形成存货质押融资。B 每接一笔订单，交一笔钱给深发展赎货，后者就指令仓储监管机构放一批原料给 B，完成这一轮的生产。具体如图 3-4 所示。

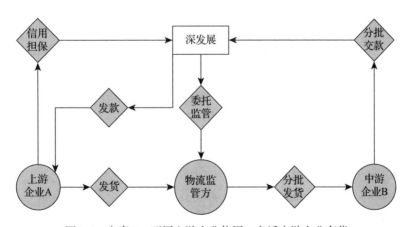

图 3-4　方案 1：巧用上游企业信用，盘活中游企业存货

　　活用下游企业应收账款。B 也可以把应收账款委托给深发展管理，深发展就可以根据这些应收账款的数额，给予 B 一个融资额度，B 凭此额度

可以获得连续的融资安排和应收账款管理服务，无须提供其他保证或抵押
担保。具体如图 3-5 所示。

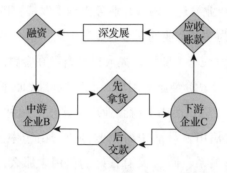

图 3-5　方案 2：活用下游企业应收账款

由于这两个方法都以解决中游企业的困境为出发点，又不额外增加上
游和下游企业的负担，对上游、中游、下游三方来说都有利，这才是供应
链金融源源不断的驱动力。

通过以上两个方法，深发展就可以解决中游企业的融资困境，同时把
自己的触角延伸到了供应链的上游和下游，这又成为深发展拓展别的供应
链的新起点，这就是深发展"横到边，竖到底"的策略。纵横交错，深发
展就可以利用供应链金融交织成一个全国各个行业的融资网络。而当那些
大企业发现自己的合作伙伴都成了深发展的客户之后，自然也会考虑自己
是不是也要投靠深发展的融资阵营。这样，深发展就扭转了"银行追着大
企业跑，小企业追着银行跑"的局面。

深发展对这种供应链金融很有信心，对此也相应地做了内部改革：撤
销了公司银行部（对应国内业务）、国际业务部（对应国际业务），成立了
贸易融资部，专注于供应链金融业务的开拓。此外，在人员编制上，深发
展也不再按照传统的地域划分，而是改为按照行业划分，一个事业部掌握
一个行业，制订该行业产业链整体发展规划，瞄准核心企业，根据具体情
况进行产品开发和营销策划。

实行供应链金融以来，深发展贸易融资客户和业务量均取得 50% 的

增长，一年累计融资近 3 000 亿元，而整体不良率仅为 0.4%。更让同行担忧的是，深发展有可能从中小企业入手，沿着供应链上溯下沿，最后形成供应链融资网络。也许，这正是供应链金融的威力和魅力所在，也是深发展引起业界极大关注的原因所在。

3.5　高通：从技术到标准的业务系统演化

在业界流传一句话："一流企业定标准，二流企业做品牌，三流企业卖技术，四流企业做产品。"这句话强调了标准的重要性。当然，事实上不管是定标准，做品牌，还是卖技术，抑或是做产品，都不乏成功的例子。

做产品，很自然地，卖什么吆喝什么，最后得到的利益是比较传统的销售收益减去生产成本，收益不高，但是心理负担也不大。卖技术，则要找到下家，把技术的卖点说清楚，能不能卖一个好价钱，得到多大的收益，在很大程度上取决于技术的先进程度、应用范围，当然，还有谈判、讨价还价的技巧。但是，只要把技术卖出去了，大概也就和自身无关了。

品牌和标准却不一样。这两者都需要依托具体的产品，也就是说，假如你定位于单纯的品牌输出或者是标准规定，那么你需要找到足够多的合作伙伴，面对的市场必须足够大。再往上追溯，这取决于你的品牌和标准在多大程度上被认可和应用。例如，迪士尼之所以可以把产品做广泛的授权许可，是因为迪士尼本身的动画形象得到了广泛的认可，迪士尼的品牌受到了大家的欢迎。

读者应该都知道高通，这是一家制定通信标准的公司，并以输出标准，收取 IPR（Intellectual Property Rights，知识产权）转让费而获利。与现在的家喻户晓不同，在高通刚介入 CDMA 的时候，GSM 正大行其道，许多电信设备商对 CDMA 并不感兴趣。怎样扩大 CDMA 的市场，并使 CDMA 最终成为市场各方都采纳的技术，这是摆在高通面前亟待解决的问题。

　　高通的做法很高明：为 CDMA 构建一个共生共荣的生态圈。简而言之，就是构建一个生态系统，这里面包括技术开发商、设备商、电信运营商等利益主体，交互的中心是 CDMA 技术。

　　如图 3-6 所示，高通通过自己开发出来的核心的 CDMA 芯片，自己做电信运营，做基站，做手机终端，集电信运营商、设备商、技术开发商、终端设备商于一体，可以说是集合了整个产业链的所有环节。在市场应用方面，高通一方面与市场上成功的企业合作，和微软合作做无线信息内容提供，和汽车巨头福特合作开发车载无线通信系统；另外一方面，高通自己成立了风险投资公司，投资了很多 CDMA 在 PDA、射频等领域应用的公司，把 CDMA 的市场应用开拓得更广泛。我们可以发现，在这个业务系统里面，除了和微软、福特等合作伙伴的应用开发外，高通自己差不多承担了 90% 以上的责任，为什么高通要这么累呢？

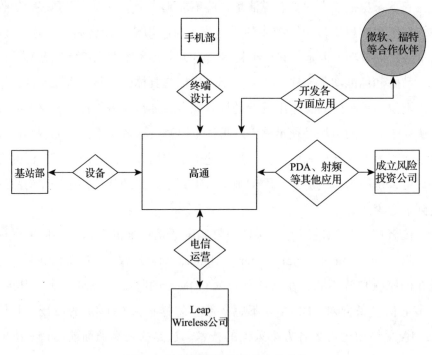

图 3-6　高通原商业模式的业务系统

刚开始的时候，大多数的市场利益主体的眼光都放在 GSM 这个技术和市场应用都比较成熟的 2G 标准。高通的民用业务也刚刚起步，没有多大的市场影响力，这个时候大包大揽，做手机，做基站，既是高通的主动选择，也是无奈之举。无奈之举，是因为市场的呼应不高；主动选择，则是高通希望由自己去催熟这个市场，先把蛋糕做大，自己才有希望得到最大的一份。

高通的努力得到了回报：高通逐渐成长为一个领先的 CDMA 技术公司，CDMA 也得到了很多新型电信运营商的认可，特别是韩国政府，更是斥巨资投资 CDMA 市场。高通赢来了高速发展的契机。

1993 年，高通的 CDMA 技术被美国电信标准协会标准化，正式为业界所接纳。1995 年，第一个 CDMA 商用系统运行，到 2000 年，全球 CDMA 用户突破 5 000 万。随着 CDMA 的高速发展，高通的盈利也在节节攀高：合作方每销售一部手机，就要向高通缴纳一笔不菲的 IPR 转让费，这里面包括 CDMA 的入门费和使用费，约占产品售价的 6% 左右。

在享受高盈利的同时，高通也一步步地卖掉了非主要的业务，手机部卖给了日本京瓷，基站部则卖给了爱立信。即使是最核心的芯片技术，高通也是只研发不生产。合作方和高通合作的方式是向已经从高通剥离出来的 CDMA 芯片公司批量购买芯片。在整个过程中，高通只负责技术标准研发。在聚焦于知识产权技术标准的同时，高通也使自己经历了从重资产到轻资产的蜕变。

在此，有必要提及高通的 BREW（Binary Runtime Environment for Wireless）平台。在这个平台上，高通为技术开发商提供了 BREWSDK（软件开发工具箱），为设备制造商提供了应用平台和端口工具，为电信运营商提供了控制管理平台——BREW 分发系统（BDS）。通过这个开放式的研发平台，高通进一步发扬光大了之前建立共生共荣生态圈的理念，激励合作伙伴为 CDMA 开发更有市场前景的杀手级应用，为 CDMA 的市场应用提供源源不断的动力。

整个业务系统可以用图 3-7 表示。

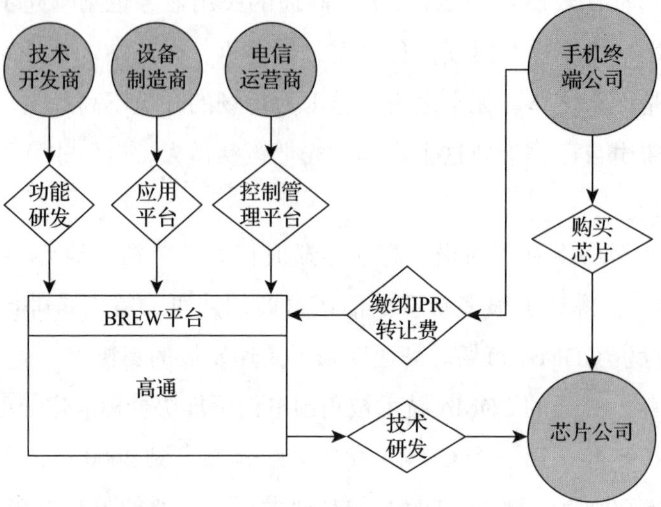

图 3-7　高通现有商业模式的业务系统

高通通过之前积累下来的技术标准，将芯片生产外包。技术开发商、设备制造商和电信运营商通过高通的 BREW 平台开发一系列的杀手级应用，进一步提高芯片的功能级别和市场地位。手机终端公司则成为芯片的使用者和 IPR 转让费的缴纳者。

在这个业务系统中，高通得到了高额的 IPR 转让费，技术开发商、设备制造商和电信运营商则通过 BREW 平台进一步强化了自己的市场地位，并享受大市场带来的高回报。芯片公司和手机终端公司同样也从 3G 的高速发展中分到了一杯羹。

从一开始的技术领先，到后来的标准制定，高通为自己的定位设计了不同的业务系统。事实证明，这些不同的业务系统在不同的历史时期都获得了成功，充分体现了高通把握市场脉搏的高超能力。特别是最后敢于卖掉已经成功的手机部和基站部，专心做标准的制定者，实现重资产经营到轻资产运营的关键转型，更是神来之笔。但是，需要提醒读者的是，在整个发展历程中，高通始终贯彻的是"为 CDMA 建立共生共荣的生态圈"

的方针。换言之，高通致力于为所有 CDMA 圈子的利益相关者建立一个可以共同盈利、持续发展的业务系统，这才是高通能够一直成功的真正奥秘所在。

好的商业模式，好的业务系统，一定是合作共赢的，在为自己谋求最大利益的同时，也为合作伙伴创造更大的价值。开放的心态、开放的业务系统，自然会带来更开放的发展道路。这是高通业务系统演化给我们的最大启示。

3.6 利丰贸易：内外兼修

最近一段时间，供应链管理成了一个热门词汇。本节我们要介绍的主角正是一个把供应链管理做到极致的企业，这就是大家熟知的香港利丰。

1906 年利丰成立于广州，是当时中国首家从事对外贸易的华资公司，打破了当时外国洋行对中国对外贸易的垄断。1937 年，利丰有限公司在香港成立。20 世纪 70 年代利丰业务的经营和管理传至冯氏家族的第三代。冯氏兄弟进行了商业模式的转变，从传统的采购代理到供应链管理商。因此，确切说，利丰成为做供应链管理的企业大概只有几十年的时间。

2004 年，利丰集团业务网络遍布全球 40 多个国家和地区，聘用员工超过 13 000 名，年营业额超过 472 亿港币；利丰集团以客户为中心，提供有效率的产品供应，以达到"为世界各地企业和消费者提供合适、合时和合价的消费产品"的目标。利丰集团从 20 世纪 90 年代中期开始进行了数项成功的并购活动，通过并购扩大了核心业务能力，同时高位进入新的业务领域。

1992 年，利丰集团旗下经营出口贸易业务的利丰有限公司在香港交易所上市；目前利丰有限公司为香港恒生指数和摩根士丹利香港指数成分股；利丰集团下属经营 OK 便利店的控股公司利亚零售有限公司亦于 2001 年在香港创业板上市；利丰经销旗下的利和经销集团 2004 年 12 月在香港交易所成功上市。

这一节，我们抛开利丰经销和利丰零售不谈，重点分析利丰贸易。

利丰贸易是香港利丰集团历史最悠久和最重要的部分，也是集团业务的核心。如图 3-8 所示，利丰贸易业务经过多年的发展，从传统的采购代理转型为整体供应链管理。利丰贸易主要从事消费产品的出口，以美国、欧洲和日本为主要出口市场，采购基地主要集中在亚洲。采购出口产品主要以成衣、纺织品为主，还包括时尚饰物、家具、礼品等在国际成本差异下采购地具有成本优势的劳动密集型消费品。

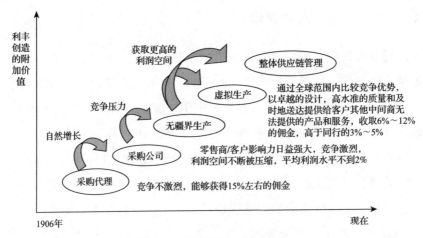

图 3-8　利丰集团的发展历程

众所周知，以东南亚为主的地区具有一定的制造优势，利丰贸易的业务正是在劳动力成本和生产能力存在国际差异的背景下产生的。利丰同位于东南亚的 2 000 多个供货商建立深层次的业务联系，庞大的供货网络，加上利丰对工厂及产品的全面了解，为欧美客户提供了广阔的选择空间。

利丰是怎么做的呢？

首先，从供应链来看，正如图 3-9 所示，包括从消费者需求、产品设计、产品开发、原料采购等到本地分销统筹、总代理、零售、消费者等十三个环节。利丰根据服务的不同涉及产品供应的十个环节。事实上，这十个环节构成了整个供应链的核心部分。

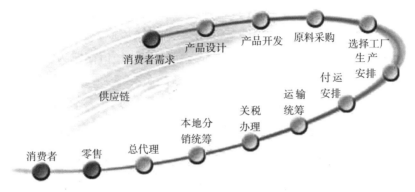

图 3-9　利丰集团的供应链管理

其次，利丰又把这十个环节分为三个阶段：前期、中期和后期。

前期包括对产品的设计、管理；中期包括原材料和其他部分的生产以及管理生产；后期则包括对产品的质量控制和测试。完成后期的工作之后，利丰就可以把产品交给客户了。具体如图 3-10 所示。

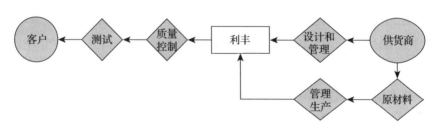

图 3-10　利丰贸易的业务系统

经过分析，利丰发现这三个阶段的附加值是不一样的。前期和后期的附加值大，而中期的附加值低，而且做中期工作的企业浩如烟海，数都数不过来。

对于这三个阶段的附加值比较，利丰有一个著名的"软三元理论"。多年来，企业均致力于减省生产成本，令许多产品的制造成本已经到了减无可减的地步。而利丰发现：一件商品在美国的零售价是 4 美元的话，其出厂价仅为 1 美元。若要从生产成本减省 5 ～ 10 美分，十分不容易。然而，要从出厂价至零售价之间的 3 美元中减少成本以增加利润，却是可行的。

"软三元"包括产品设计、原材料采购、物流运输、批发零售、融资、信息和管理等成本。利丰从一个中介贸易商，逐步增值而成为客户的全球供应链管理者，为客户提供这"软三元"里的服务。

因此，利丰把前期和后期的高附加值部分放在总部香港，而把中间部分放在全球范围内广大的合作伙伴。也就是说，利丰完成前期的设计和管理后，把中期原材料和其他部分的生产，以及管理生产的工作交给供货商，供货商完成后，利丰接手做质量控制和测试的后期工作，最后把成品交给客户。在这过程中，利丰向客户收取相当于订货额 6%～12% 的佣金。

为利丰完成中间阶段的供货商有多少呢？7 500 多家！这进一步印证了利丰对这个环节竞争激烈、利润微薄的判断。这 7 500 多家供货商遍布全球，为利丰寻求在全球范围内的成本优势，从而达到最后总体的强大成本优势。产品的原材料采购和生产在这里达到了完全的零散化。打个比方，一件羽绒服，产品的设计在中国香港，衣外层在韩国，衬里在中国台湾，衣内层在中国内地，拉链在日本，标签、橡胶、袖扣、套索钉和绳子在中国香港，组装在中国内地，最后的质量控制和测试在中国香港，真正做到了"无国界生产"。利丰把握住了两端，便控制了整个链条。

这个业务系统看起来简单，但背后却有很多不为人注意的奥秘。

我们讲业务系统的利益相关者有内部相关者和外部相关者之分，利丰的成功，在于对外部利益相关者和内部利益相关者的成功管理。

利丰的全部 7 500 多家供货商中，有 2 500 多家非常积极。利丰的做法是占据供货商产能的 30%～70%，这样有两个好处：第一，比例足够大，利丰有作为大客户的影响力，保持对供货商足够的压力，供货商也有积极性保证利丰的订单要求；第二，不占据全部的产能，以免让供货商产生依赖感，利丰也因此获得了合作的灵活性。

对于内部利益相关者，利丰则践行其"像大公司一样思考，像小公司一样行动"的理念，以客户为核心建立固定的团队提供供应链管理服务，并采取事业部的运作结构管理，发挥贸易团队的灵活性。

利丰的每个事业部经营 2 000 万～5 000 万美元的业务。部门的主管有供应商选择、是否出货等较大的管理和运营自主权。上级行政部门为各业务部门提供后勤、行政和财务支持。采取透明的奖金激励制度，奖金上不封顶；奖金比例高于同行。当事业部的业务额超过上文的范围时，利丰就会把这个事业部一分为二。正是通过这种较大的经营自主权和具有吸引力的奖金制度以及巧妙的控制手段，利丰有效地挽留住了核心高级管理人员，这些人员的流动率极低，为利丰的发展奠定了坚实的人力资源基础。

正是由于利丰贸易内外兼修，把外部利益相关者和内部利益相关者的交易结构都设计得很巧妙，执行得又很到位，兼之又抓住了附加值高的环节，这样的企业哪有不成功的道理？

3.7　我们应该建立什么样的业务系统

我们讲述的几个案例来自不同的行业，它们的业务系统也千差万别。尽管如此，业务系统的成功仍然有其共同之处：首先，找到一个正确的定位，这是决定业务系统是否成功的先决条件；其次，分析自己的优势，看看自己需要什么资源或能力；再次，构建一个利益相关者的网络，把第二步中涉及的内容统一起来，这就是业务系统了；最后，以业务系统为中心，构建起整个商业模式的运营机制。而在建立业务系统的过程中，合作共赢是成就成功业务系统并且最终成就成功商业模式的一个重要原则。在这点上，飞格达已经给了我们很好的启示。

在第 4 章，我们将讨论业务系统里的另外一个重要元素：关键资源能力。

第 4 章

关键资源能力

——

4.1 什么是关键资源能力

　　资源就是企业所控制的，能够使企业构思和设计好的战略得以实施，从而提高企业经营效果和效率的特性，包括全部的财产、能力、竞争力、组织程序、信息、知识等。企业的资源主要有以下几类：

- 金融资源。来自各利益相关者的货币资源或可交换为货币的资源，如权益所有者、债券持有者、银行的金融资产等，企业留存收益也是一种重要的金融资源。
- 实物资源。包括实物技术（如企业的计算机软硬件技术）、厂房设备、地理位置等。
- 人力资源。企业中的训练、经验、判断能力、智力、关系以及管理人员和员工的洞察力、专业技能和知识、交流和相互影响的能力、动机等。
- 信息。丰富的相关产品信息、系统和软件、专业知识、深厚的市场渠道，通过此渠道可以获取有价值的需求供应变化的信息等。
- 无形资源。技术、商誉、文化、品牌、知识产权、专利。

- 客户关系。客户中的威信、客户接触面和接触途径、能与客户互动、参与客户需求的产生、忠实的用户群。
- 公司网络。公司拥有的广泛的关系网络。
- 战略不动产。相对于后来者或位置靠后些的竞争者来说，战略不动产能够使公司进入新市场时获得成本优势，以便更快增长，如已有的设备规模、方便进入相关业务的位置、在行业价值链中的优势地位、拥有信息门户网络或服务的介入等。

能力是企业协作和利用其他资源能力的内部特性，由一系列活动构成。能力可出现在特定的业务职能中，也可能与特定技术或产品设计相联系，或者存在于管理价值链各要素的联系或协调这些活动的能力之中。特殊能力与核心能力这些术语的价值在于它们聚焦于竞争优势这个问题，关注的并不是每个公司的能力，而是与其他公司相比之下的能力。企业的能力可以划分为：

- 组织能力。组织能力指公司承担特定业务活动的能力。正式报告结构、正式或非正式的计划、控制以及协调系统、文化和声誉、员工或内部群体之间的非正式关系、企业与环境的非正式关系等都属于此类。
- 物资能力。包括原材料供应、零部件制造、部件组装和测试、产品制造、仓储、分销、配送等能力。
- 交易能力。包括订单处理、发货管理、流程控制、库存管理、预测、投诉处理、采购管理、付款处理、收款管理等。
- 知识能力。如产品设计和开发能力、品牌建设和管理能力、顾客需求引导能力、市场信息的获取和处理能力等。

关键资源能力指商业模式运转所需要的相对重要的资源和能力。企业内的各种资源能力的地位并不是均等的，不同商业模式能够顺利运行所需要的资源能力也各不相同。商业模式中关键资源能力的确定方法有两类：一类是根据商业模式的其他要素的要求确定，例如不同业务系统需要的关键资源能力就是不相同的，不同盈利模式需要的关键资源能力也不一样；另一类是以关键资源能力为核心构建整个商业模式。常见做法包括：

- 以企业内的单个能力要素为中心，寻找、构造能与该能力要素相结合的其他利益相关者。
- 对企业内部价值链上的能力要素进行有效整合，以创造更具竞争力的价值链产出。

下面我们将通过几个案例的分析，深入地探讨这些企业的商业模式在关键资源能力方面有什么特点。这些企业来自于不同的行业，各自的发展也有其特别之处，对关键资源能力的诉求也不尽相同，相信这些都可以给你一些有益的启发。

4.2 福记：集中的能力

福记集团是中国的本土送餐服务供货商，专注为客户提供综合送餐方案及优质食品。福记 1999 年在上海创立，2000 年在苏州新区开设首家中餐馆；2001 年，扩展在上海的中餐馆业务，开设上海浦东中餐馆；2002 年开始在上海提供送餐业务；2003 年在上海开设另一家中餐馆，并在苏州开拓送餐服务。

凭借对中央化加工丰富的知识及中餐馆管理经验，福记公司已迅速发展为一家专业的食品及送餐服务经营商，为各企业及普通大众提供优质食品及餐饮服务。送餐的特点是客户集中固定，送餐量大。因此，客户的特点本身就要求福记也需要有这种集中的能力，这就是福记的关键资源能力。

具体来说，福记集团集中的能力主要体现在它的中央化战略，主要分为两大部分：中央采购和中央加工。

先说中央采购。福记集团各业务所需的所有用料及原料均由中央采购部采购。中央采购整合了上游供应链的资源，增强了福记集团的议价能力，通过大宗的购买得到了价格上的折扣。例如，蔬菜得到40%的折扣，肉类可以达到15%的折扣，海鲜有40%的折扣。公司直接从原产地或者主要的供货商处购买省去了很多中间的加价。这对于成本控制的意义不言而喻。公司的中央采购机制可以适时地调节库存，保证生产的稳定。中央采购可以和有实力的供货商建立长期的供货关系，保证及时和保质保量的原料供应，从而保证食品的质量和标准化。这在一定意义上又为食品的质量控制埋下了伏笔。

经过采购后，通过公司自建的物流或委托第三方的物流将用料及原料运至公司的原料和初加工中心（SIPC）进行贮藏和初加工。

福记的中央加工体系分为三个部分：原料和初加工中心、区域分配加工中心和当地分配加工中心。原材料首先进入原料和初加工中心进行分配和初加工，然后运至区域分配和加工中心加工，最后运至提供服务的当地分配加工中心进行加工，最后从这里运至中餐馆和送餐客户处进行最后的加工和服务。具体如图4-1所示。

中央加工生产模式在很大程度上实现了各个业务资源的共享，加强了公司的运营效率和规模经济。例如在公司的加工中心，炖菜一般是每个锅1 000份的产量，炒菜每个锅是500份产量，而这只需要两个工人来负责。中央加工机制使得原材料物尽其用，尽量减少浪费。例如，家禽的不同部位可经加工按照不同业务的需要进行分配，以烹制产品，这可以善用副产品，减少浪费。

中央加工也给福记集团尽可能地使用机械化作业而减少人工使用带来了机遇。送餐行业中，人员成本在整个成本中占很大比重，从厨师到现场服务人员都需要大量的人员支持业务的开展。但是员工是非常难以管理的，人员越多，管理难度越大，风险也就越大。因此在公司的中央加工流

程中，大量使用机械化作业，节省了很多人工，从而降低了成本，提高了
利润率。

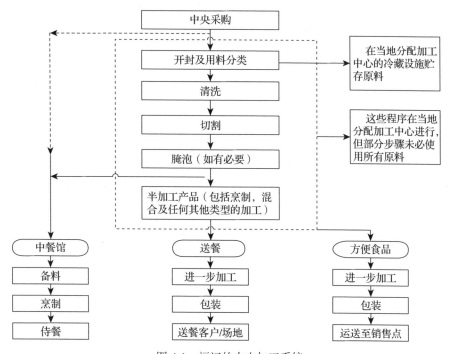

图 4-1　福记的中央加工系统

例如，福记每一个项目点有 30～50 个人，负责提供 3 000～4 000 份
餐。终端一般负责 20% 的工作，采购、物流、分配、清洗、切配、调味
等 80% 的工作基本上都是在工厂里完成，终端负责烹调和包装等。而像
一般的服务商，在前几个阶段都会花费大量的人工，例如，采购要 3～4
个人，物流 2 个人，分拣和清洗一般 8 个人，切配一般 6～8 个人。以松
江大学城为例，人力配备如下：福记食家厨房 15 个人，标准餐 12 个人，
外围服务 8 个人，每天提供 2 万份餐！

餐饮业的成功与所生产的食品是否安全、美味及有益健康息息相关。
福记公司一直把食品的安全和卫生放在首位，从食品采购、加工、储存、
温度控制、运输到上菜等各个营运层面均奉行最高安全卫生标准。管理

层深知严格控制及适当监管食品安全对公司长远发展的重要意义，因为一旦发生食物问题引起的疾病将对供应商的声誉和业务造成严重的影响。除严格遵守危害分析和关键控制点（HACCP）标准外，公司还确保各生产工序符合其他同类卫生标准，如 ISO14000、SOP（Standard Operation Procedure，即标准作业程序，就是将某一事件的标准操作步骤和要求以统一的格式描述出来，用来指导和规范日常的工作）及优质生产质量管理规范（GMP）。为此，公司聘请了全球著名的查验、测试和验证公司 SGS 公司负责按随机抽样、未经探悉和独立的基准定期检查公司旗下的送餐地点（以设有烹调设施的送餐地点为主）及中央加工中心的卫生条件及食品安全，并向管理层提交评估报告以供参考。目前，位于上海孙桥及苏州的加工中心已获 HACCP 认证。此外，公司的多位供货商亦获绿色食品、HACCP 或其他质量认证证书。（HACCP 是 Hazard Analysis and Critical Control Point 的缩写，即危害分析和关键控制点。它是生产（加工）安全食品的一种控制手段；对原料、关键生产工序及影响产品安全的人为因素进行分析；确定加工过程中的关键环节，建立、完善监控程序和监控标准，采取规范的纠正措施。第三方认证机构的 HACCP 认证，不仅可以为企业食品安全控制水平提供有力佐证，而且将促进企业 HACCP 体系的持续改善，尤其是将有效提高顾客对企业食品安全控制的信任水平。）

中央采购系统保证了食品原料的质量和标准化，中央加工机制保证了公司的产品质量，实现并保证了产品的标准和食品安全。运营中采取国际化标准使得公司的食品安全得到非常大的保障。在现在行业竞争中，特别是大型客户，对食品安全质量的要求越来越高，中央化战略有利于在整个流程中集中控制食品的安全和质量，避免出现食物中毒事件。

正是充分利用了中央采购的议价和管理能力以及中央加工的规模经济效应，福记集团才取得了令人瞩目的成就，并于 2004 年 12 月 17 日在香港联交所主板上市。福记 2005 年销售额 4.55 亿港币，利润 2.21 亿港币。

我们不妨把福记与麦当劳、肯德基做一个比较。

首先要指出的是，福记是一个送餐服务供货商，而麦当劳、肯德基是属于特许经营的连锁餐饮店，定位的不同决定了福记与麦当劳、肯德基的关键资源能力也不会是相同的。

送餐服务的特点是客户集中固定，每天的送餐量较大，每次的菜式变化较大。这就需要有集中的能力。福记集团采取中央采购、中央加工正是顺应了这个规律。

特许经营连锁要求的是标准化和简单化。因此，在麦当劳、肯德基里面，我们会发现菜式是相对稳定的，每个特许店的布局和服务也是一样的。在烹制上，由于特许店的分散和量的不固定，很难做到中央加工，但是对食品的标准化采购和标准化烹制却和福记集团有着异曲同工之妙。理由很简单，不管是送餐，还是连锁餐饮，食品的安全和质量总是第一位的。

如果说福记集团的成功在于运用了集中的力量，那么麦当劳、肯德基就是运用了品牌和标准化的力量，不同的定位、不同的关键资源能力，却都取得了成功，这正是对商业模式多样性的最好诠释。

4.3 Under Armour：设计和营销成就品牌

每个企业都有自己的目标客户群，只有满足了客户的需求，企业的发展才是可持续的。客户的需求可能是多样性的，例如，超市就是满足客户日常生活的各种消费需求而生的；客户的需求可能是衍生的，例如，汽车美容、汽车装修等服务就衍生于汽车零售业；当然，客户的需求也有可能是简单明确的，例如，运动服装业，舒适、美观、能够提升运动表现几乎是所有客户的一致要求。本节就来介绍一个运动服装业的新秀，一个被誉为"下一个NIKE"的品牌。

Under Armour（以下简称UA）是一家开发销售品牌运动服装、护件和其他运动产品的公司，产品用来满足用户不同季节和不同场合的穿着需要。产品档次从高价到低价，覆盖所有层次消费者的需求。截止到2006

年，UA 五年平均销售增长率达 71.7%，五年平均净利润增长率达 93.7%。业绩高速增长，UA 的资本市场表现也引人注目，公司 2005 年 11 月在纳斯达克进行 IPO 后股价翻了 1 倍。2006 年 12 月 UA 从纳斯达克转到纽约证券交易所上市。

UA 成立之初，UA 人的理念是做一件表现出色的 T 恤。UA 设计开发的产品，材质是最新科技人工合成纤维，可以在吸汗、透气方面媲美棉制品，又立志于帮助穿着者提升运动表现。UA 服务的对象是对运动装备的表现有高要求的专业和大学运动员与运动队。通过专业人员的示范效应，UA 也为全世界对提升运动表现有要求的活跃消费者提供好的运动服和运动装备。目标客户群和产品的定位确立后，UA 的一切措施都围绕着如何更好地满足需求而展开。

作为运动方面的公司，最需要拥有的关键资源能力无疑是品牌。但是，对于一个新进入者，怎样成就品牌是比品牌本身更为关键的问题，换言之，如何找到成就品牌这个关键资源能力背后的关键资源能力更为关键。

运动服装市场有两个很重要的特点。第一，产品的设计、功能和质量很重要。同样类别的产品，你只有比别人有更加新潮的设计、更加实用的功能和更加严格的质量控制才能获得客户的青睐。或者，你有别人没有的东西，那也是一种资源。第二，服装是穿在外面的，而喜欢运动的人都很追求时尚，因此和别的行业相比，品牌的认同很重要。

UA 的发展正是沿着这样的道路走的。首先，UA 从紧身衣这个 NIKE 和阿迪达斯基本不涉足的行业空隙切入，这本身就体现了 UA 的高明。不单单是因为这是行业的空隙，更为重要的是，紧身衣是一类很讲究高技术的运动服装，UA 选择这个切入点，本身就宣告了其产品高技术含量的定位。后面的服装类别拓展都遵循了这个原则：行业空隙、高技术含量。由于进入的是行业的空隙，因此很容易占领市场，形成局部的品牌影响力；随着服装种类的拓展，形成越来越多的局部的品牌影响力。"星星之火，可以燎原"，此时的 UA 就形成了在行业内的品牌影响力，开始可以向 NIKE、阿迪达斯叫板了。而这是和出色的营销分不开的。

因此，我们可以很自然地得出结论：产品设计开发部门和运动产品营销部门占有主导性和支配性的地位。而这正是 UA 的关键资源能力所在。

产品设计开发部门：UA 的设计开发部门有丰富的行业经验，对世界各地的纤维提供商、品牌运动服和运动鞋都很熟悉，能够准确发现市场趋势和客户需求，选择使用穿着舒适，可与棉媲美，又具提升运动表现的合成纤维，是 UA 能够快速增长，在竞争激烈的运动品市场夹缝中脱颖而出的关键。

运动产品营销部：UA 品牌的壮大，与公司营销部门独特的营销战略密不可分。赞助专业运动员和运动队，成为运动会官方的运动品提供商，向专业运动员和团队销售产品，让产品通过运动员和大学校队等专业运动人士在专业运动赛事上向大众展示 UA 品牌和 UA 产品，产生良好的示范效应。到 2006 年，UA 已经建立同国内外众多专业运动员、运动队及赛事的联系，如 UA 是 University of Maryland 足球队队服和 Auburn University 田径赛服装的官方提供者；UA 赞助体育明星 LaVar Arrington，Jake Plummer 和 Martina Navratilova；为美国的 National Hockey League、USA Rugby、U.S. Ski Team 和欧洲的 Fulham Football Club 以及 The England and Wales Cricket Board 提供 UA 运动服和护件；赞助的运动赛事有 ESPY Awards Show、ESPN's Bassmasters Classic、College Football All Star Challenge 以及以 UA 冠名的马拉松赛——The Under Armour（Baltimore）Marathon 等。这些都是 UA 品牌现在和将来的关键纽带。

以产品设计锁定客户的需求，以市场营销刺激客户的需求，UA 因此成就了自己的运动品牌。

在一个追求卓越的运动世界，一件舒适、美观、能够提升运动表现的运动服装离不开精心的开发设计；在一个充斥名牌、追求名牌的运动服装市场，一个有抱负的企业的可持续发展离不开强大的品牌影响力，而这些又离不开品牌的传播和质量的保证。如何把设计、营销、配送和质保等相关而又相互区别的功能整合在一起，是一件有难度的事情。UA 的部门设计正是关注了关联性和整合性同时又突出了重点。在整合好配送和质保的同时，将与需求结合得最紧密的开发设计和营销放在了要害地位。这就是 UA 能够"不飞则已，一飞冲天；不鸣则已，一鸣惊人"的奥秘所在。

4.4　如家：连锁的标准化和统一化

北京时间 2006 年 10 月 26 日晚 21 时，如家快捷酒店（下称如家）在美国纳斯达克成功登陆，融资超过 1 亿美元。上市当晚如家以 22 美元开盘，高出发行价 13.8 美元 59.4%，最终收报于 22.50 美元，涨幅高达 63.04%，公司市值达到了近 8 亿美元，堪称当年资本市场的一个奇迹。

如家酒店组建于 2002 年 6 月，从创建到开出第 100 家连锁酒店，拥有 11 000 间以上的客房，如家仅仅用了 4 年零 2 个月的时间。

之所以能用短短四年而不是用国外其他酒店十年的时间取得如此成就，源于如家是一个从开始就按照资本市场的要求精心设计了清晰商业模式的公司。在如家的商业模式中，可复制性无疑是最重要的特性之一，也是连锁经营必备的特质之一。

在具体操作上，可复制性包含两方面的含义：第一，在底层做到标准化，使得扩张、复制的成本达到最低，同时又保证了质量；第二，在顶层，必须做到统一动态的管理。只有顶层统一管理没有底层标准化，难以做到可复制；反过来，只有底层标准化而没有顶层的统一管理，复制也会产生混乱，并最终导致复制大厦的崩塌。

底层标准化，顶层统一化，这就是如家对连锁经营的理解，也是如家成功的关键资源能力。

在底层的标准化上，如家做到了质量标准化和管理标准化。

第一，质量标准化。要运作一个成功的连锁企业，标准化的复制是关键也是挑战。复制，意味着成本协同、规模效应和品牌强化。反之，没有一个良好的标准化，就无法取信于消费者，从而失去连锁的意义。

为了承诺的"不同的城市，一样的如家"，如家打造了16本标准的酒店运作章程，对所有住宿服务项目做出详细规定，能够保证数百家酒店尽可能用比较一致的标准服务顾客。例如过去为保证浴巾的清洁度和舒适度，避免硬、脏、黄的现象，只能凭各店店主的主观判断。为此如家做了不少试验，将浴巾反复清洗、烘干100～120次，试验出必须让分店强迫更换的一个"数字"。

目前，如家的运营标准不仅体现在硬件、服务、流程上，甚至在酒店的改造工程上也逐步实现模块化、标准化。例如，在开发新的分店时，如家可在各改造方案中随意挑选某号方案做客房，某号方案做大堂……即便酒店开到300家、500家，也无须逐一起草设计图纸。

此外，如家并非一劳永逸地制定标准，而是在实践的检验中不断升级完善。每隔半年，如家负责研究公司品牌标准的专门小组会就16本标准手册的改进开一次会，保证其适应经济型酒店市场的新变化。

为了确保标准的有效贯彻和履行，如家学校和人力资源部提供了相应的培训支持。各店不仅必须按标准执行每一个步骤，员工还要每天学习16本标准手册和自己有关的部分，每个月进行考试，强化对标准的熟练掌握。总部会定期检查或突击访问，监督分店达标运作。

第二，管理标准化。从2004年起，如家开始致力打造标准化的管理系统。

如家在店长层面，推行了KPI（关键业绩指标）管理，通过销售、客源、成本、客源结构四个方面考核每个分店店长的工作。店长的工作需依章执行：每天找两个顾客填满意表、查两间房；每周或者十天开一次员工会，调查员工满意度；同时关注基础设施、成本和人才的培养；研究客源结构，等等。如家希望管理层站在同一个平台上关注相同的问题：采购、质量标准、成本控制……使每一个店长在执行层面找出问题、分析问题、解决问题。

针对分店的管理，如家提出了"外部五角""内部三角"的理论。外部五角是指行业、产品、价格、服务和营销，它们是显性的，可以被观察和复制，但也易于被对手模仿；内部三角包括人力资源，管理系统，有效地管理管理层、员工以及顾客，这些是隐性的，是看不到也是难以抄袭的部分。在如家的构想里，建立一个游戏规则对于连锁企业来说，是一个重要的前提。

在顶层的统一管理上，如家开发了两套管理体系。

第一，统一的客源平台。在如家之前，国内的酒店一般是单体酒店，对网络的需求不高。如家的目标是建立强大的连锁品牌，必然需要一张连接各地的客源网络。从 2004 年起，如家开始建立自己的客源系统，其中一个重要的模块就是 CRS，即中央预订系统，提供电话和网络预订。一旦预订成功，CRS 马上会自动将信息反馈给分店。

如果仅仅是输送客源，无非是 1+1=2 而已；关键是统筹和调配客源，PMS 让如家实现了 1+1>2。

PMS 是如家自主版权的酒店管理系统软件，包括前台、客房等模块，它将所有分店和总部集合在一个平台上，使得总部可以在即时信息的基础上有效分配资源并对分店进行统筹管理，其重要功能有两个。第一，管理分销渠道。系统可以汇总统计各种分销渠道的贡献度：有多少人拨打免费电话，多少人借助旅行社预订，多少人直接入住，等等。在数据分析的基础上，如家总部每日分配每种渠道的房间供应数，以最大化利润。第二，整合空房信息。提高入住率是酒店经营的关键，如家平均 90% 的入住率一度成为业内的神话。其中，PMS 功不可没：它将各家分店的空房信息、房费和预订情况即时反馈给预订系统的代理人，使得代理人可以卖出最后一间房。

在这样一个平台的支持下，客户资源在网络内循环，无形中扩大了客源，提升了客房的整体入住率。举例来说，顾客可以在北京打电话预订在上海某个分店的客房。如果上海世纪公园店客房满员了，这个中央平台可以把顾客推荐到附近其他如家的分店。

第二，动态的管理系统。如家虽然一直秉承统一的标准、可复制的模式，但并不意味着抹杀了因地制宜的权变。

对客户而言，如家的客户关系管理系统会跟踪顾客的消费模式并累计会员积分。这些数据使得如家可以提供更有针对性的营销支持。

对分店而言，总部每日通过 PMS 监督分店的入住率、平均房费、RevPAR 和其他运营数据，及时解决出现的各种问题，还会在历史业绩和推测入住率的基础上为每间分店提供房价建议。

此外，总部同分店经理会一起在历史表现和当地市场条件的基础上对每家分店制定详细的年预算以及营销计划，他们之间的有效沟通是通过"管理报告系统"（Management Reporting System）实现的。由此可见，如家施行的是一种动态的管理，它在尊重市场的前提下保持了一个标准化企业的应变能力。

如家的高速成长并非粗放型的攻城略地，它试图建设一个成熟、高效、协同的系统来支持企业现在和未来的战略发展。这往往是国内一些盲目跟风的经济型酒店经营者所难望其项背的，也是如家不可复制的能力和决胜未来的关键。业务的可复制性，让如家具备了可成长性，前途不可限量；能力的不可复制性，让后来者和竞争对手望洋兴叹，如家建立起了进入的高门槛。正是同时具备了这两样，如家的成功才水到渠成，并已成为神话。

4.5　游戏机：任天堂、索尼和微软的三国演义

20 世纪 80 年代，任天堂是游戏机市场一家独大的霸主。随着红白机的面市，加上配合发售《马里奥兄弟》《大金刚》等多款游戏，任天堂的电子游戏机风靡全球，至 1989 年，占领了美国 90% 的市场、日本 95% 的市场，垄断了整个产业。

任天堂游戏机上面运行的游戏分为两种，一种是任天堂自己开发的游戏，另外一种是任天堂授权第三方游戏软件商制作的游戏。任天堂通过"权利金"，从这些第三方的游戏软件中获得一定比例或金额的收益。游戏机是一个相对封闭的行业，一个软件往往只能在一款游戏机上面运行，换了另外一款就毫无用处。因此，在一定意义上，软件商只能是游戏机的附庸。加上任天堂固有的市场垄断地位，第三方游戏软件商明知权利金模式不公平也只能忍气吞声。

任天堂显然也明白这一点，因此对第三方的条件非常苛刻。例如，第三方的游戏必须通过任天堂的"质量封条"认证，即使通过认证每年也只能出品5版游戏，同时，任天堂还要求首批订货量必须达到2万套。这样做的目的无非是保护自己开发的游戏。

不仅如此，在利益分配上，任天堂也很霸道，不仅收取游戏售价的20%作为"权利金"，同时还收取14美元的"游戏卡带制作费"（卡带的制作成本为4美元，光这一项，任天堂就赚10美元），也就是说，承担更多风险和研发成本的第三方却只能拿到不足一半的收益。游戏机本身的销售收入，加上游戏的权利金收入，让任天堂赚了个盆满钵溢。当然，这也是任天堂盈利模式的高明之处。

任天堂的成功归结于其强大的市场垄断地位和游戏开发能力，这是任天堂的关键能力，关键资源则是游戏玩家和第三方软件商。这段时间是任天堂一家独大的黄金时期，因此游戏玩家对任天堂的忠诚度是最高的。第三方由于一无客户基础二无研发优势，只好跟着任天堂的步伐走。由于任天堂在游戏界的号召力无与伦比，合作伙伴的利益被侵占。但是，随着技术的进步，任天堂风光不再，客户群的转移终使得任天堂对合作伙伴的重要性直线下降，这种"以邻为壑"的盈利模式也就不可能继续支撑下去了。这个时候，索尼走上了舞台。

索尼在进入游戏机市场之前，就已经在显示技术、音响、数码技术等方面积累了雄厚的技术力量。因此，索尼首先从游戏的输出效果上打败了任天堂，发挥其在视听技术上多年累积下来的优势，以 3D 动画技术和 CD 技术为突破，生产输出效果强大的游戏机。在软件支持上，索尼深知自己的游戏研发实力不能和任天堂相比，于是扬长避短，喊出"所有游戏在这里集结"的口号，完全引进第三方的游戏制作，并得到了后者的大力支持，在索尼 PS 机（Play Station）的整个生命周期里，索尼获得了 1 400 多款游戏的支持，是同期任天堂游戏机 N64 的 5 倍。至 2004 年年底，索尼占据了家用游戏机市场份额的 68%，而同期的任天堂只有 15%，剩下的 17% 则属于下文将要说到的微软。

和任天堂"游戏机销售收入 + 权利金收入"的盈利模式不同，索尼把"权利金"模式发扬光大：游戏机亏本出售，靠权利金赚钱。根据顾问公司 Yankee 的估计，索尼每卖出一台 PS2，就会亏损大约 37 美元。但是，除掉成本，第三方游戏软件商每销售一份 PS2 的游戏，就要向索尼支付 7 ~ 8 美元。按照 8 美元计算，平均每个 PS2 玩家只要买 5 部游戏，索尼就可以赚钱，买得越多，索尼也就赚得越多。当然，这在很大程度上取决于索尼能够得到第三方多大的支持。

为了吸引原来为任天堂"做嫁衣"的第三方游戏软件商，一反任天堂一向的强势作风，索尼对第三方开出了优厚得多的条件：不限制每年游戏开发数量（任天堂限制每年 5 个），放松了游戏的审核（任天堂"质量封条"认证）。"权利金"（含"代理制造费"）只需要 900 日元，约合 10 美元（任天堂：游戏售价的 20%+14 美元的卡带制作费）。此外，索尼规定，游戏的首批订货量只需达到 5 000 个（任天堂：2 万个），极大地降低了门槛。同时，索尼还采用成本更低、容量更大的 CD 光盘，鼓励第三方推出大制作的电子游戏。

由于同期任天堂定位失误，推出的 N64 虽然性能强于索尼，但还是采用传统的卡带存储，容量低、成本高、制作时间长，使得第三方不愿意为它制作游戏。此消彼长，索尼很快成为行业老大。

对比任天堂和索尼，其盈利模式主要都建立在权利金的收取上，而权利金的蛋糕有多大，很大程度上取决于第三方游戏软件商的盘子有多大，因此争夺的焦点就在于对第三方的争夺上。第三方可以说是这场争夺战的关键资源点。前文我们说过，资源和能力是密切相关的，要控制关键资源，必须具备吸引掌控这些资源的关键能力。任天堂一开始的一统天下可以说是占尽了天时之利，在行业建立多年的影响力成为它的关键资源能力，而没有这些影响力的第三方只能受它盘剥。但是这种盘剥是建立在任天堂的强势之上的，一旦任天堂风光不再，脆弱的链条就很容易被打破。索尼正是看到了这一点，利用自身在显示技术、音响、数码技术等方面的优势，首先在输出效果上打败了任天堂，对于任天堂的研发优势，索尼则避实就虚，喊出"所有的游戏在这里集结"的口号。索尼在盈利模式上的调整则把第三方这个关键资源从任天堂一方彻底吸引过来。把自己的关键资源能力作用发挥到最大化，同时又最小化了对手的关键资源能力优势，索尼的成功并非侥幸。

微软在游戏机方面的做法独辟蹊径，它又是怎样发挥自己的关键资源能力的呢？

除了和索尼一样收取权利金外，微软利用自身在操作系统和网络的优势，创造了一种新的游戏机盈利模式：互联网增值服务。

2006年12月，微软发布了 XNA 游戏开发包，用一个平台可以同时开发电脑和 Xbox360 游戏，极大地方便了第三方把电脑游戏移植到 Xbox 上。第三方占微软全部游戏的 65%。同时，微软又推出了"跨电脑游戏、游戏机和手机游戏"的网络服务 Live Anywhere，让三种不同的游戏平台可以互联互通。

付费用户每年花 50 美元或者每月 8 美元，就可以享受到联网对战的增值服务，包括多人混战、配对单挑、与好友一起玩游戏和电子竞技等。2007 年，微软的游戏平台所有联网对战的时间加总已突破 29 亿小时，平均每天进行 430 万场对战。除了对战，互联网增值服务还包括游戏和影视的在线购买。

微软的"互联网增值服务"进展迅猛，到 2007 年 7 月，已经吸引到了 700 万付费用户。

纵观上面任天堂、索尼和微软的三国演义（这个过程还远远没有结束），关键资源能力的争夺和发挥在这里体现得淋漓尽致。任天堂作为老牌的游戏商，其在游戏业界的影响力、客户资源和研发能力无疑都是首屈一指的；索尼在视听方面的优势则是三者之中最明显的；微软的优势则在于它在操作系统、互联网方面的强大优势。分析它们的竞争过程，我们也可以看到，它们在不同阶段的成功，正是紧紧抓住了自己的优势，把自己的关键能力发挥到极致，去争夺关键的资源（在这里，主要是第三方和游戏玩家）；而在不同阶段力量的此消彼长，也正是相互之间避实就虚错位竞争的必然结果。

4.6 天朗：借船出海

天朗（TNC）曾是世界上最大的琴键开关生产企业，主要供应美的、科龙、格力等大客户。但是，在 2001 年，天朗多年来赖以生存和发展的商业模式几乎失效，原因是，在这一年，天朗的大客户毫无例外地出口订单锐减，"城门失火，殃及池鱼"，天朗的困境不难理解。

穷则变，变则通。天朗把眼光投向了欧式开关，决定自创品牌。欧式开关被业界称为第四代开关，各方面性能都比前几代开关优越很多。这一产品在欧美国家已相当成熟，但在此前的中国市场上，尚未形成规模，一些大厂生产它，也是定位为高档产品，价格是普通开关的 3 倍。

2004 年，天朗研制出这种开关，成本降低了 20%，实现全行业领先，天朗迈出了万里长征至关重要的第一步。但是，一种产品要转化成利润，至少要经过三个环节：设计、制造和销售。或者说，天朗要做自主品牌，必须拥有或者掌控这三种关键资源能力。设计、制造是天朗已经拥有的，那么是"拥有"销售环节，还是"掌控"销售环节呢？

我们知道，每一种关键资源能力的打造，都要付出相应的成本。显然，与"掌控"而言，"拥有"的成本要大得多。天朗要从无到有，打造自己的渠道销售体系，代价不菲。第一，天朗一向是一个典型的生产企业，在渠道建设上毫无经验可言，也缺乏相应的人力资源和配套设施。第二，假如市场上已经有很强大的渠道可以利用，天朗完全可以借船出海，何必多此一举，自建渠道，吃力不讨好呢？因此，"掌控"销售渠道成了必然的选择。

然而，掌控也有掌控的成本。商业市场的原则是共赢互利，天朗要利用别人的已有渠道，就必须有自己的卖点，为合作伙伴创造价值。天朗的卖点自然在于其多年形成的开关研发和制造能力。这就形成了一个闭环：要形成自主品牌，把产品推向市场，必须具备三个环节的关键资源能力——设计（天朗具备）、制造（天朗具备）、销售（天朗寻找合作伙伴解决）。

市场的机遇时刻存在。在天朗推出第四代开关的同时，许多照明企业开始发展专卖店和形象店，需要新型电工产品销售，但又不愿花时间和资金开发。这样，天朗就采用许可方式和它们合作，这些企业只需要提出自己的设计要求，然后就可以把打着自己商标的产品放到专卖店、形象店里销售；而天朗将设计、测试、模具、生产，甚至到销售人员的培训，都"整体打包"提供给它们，甚至包括自己的竞争对手。

这可以说是一桩双赢的交易。天朗把自己的设计、制造优势打包给了合作伙伴，得到了合作伙伴的渠道；那些专卖店和形象店则利用天朗的设计、制造出来的产品充实了自己的货源，同时输出自己的渠道。让我们设想一下，假如让这些店去研发、制造新型电工产品，自然是事倍功半；而天朗开始也尝试过按照传统模式把产品推向市场，也是收效甚微。只有双方联合起来，互通有无，各取所需，才能形成一个利益的闭环，也才能成就成功的商业模式。

2005 年初，天朗开关每个月出厂 50 万个，到了第二年 10 月，就升至 200 万个，每月出货量已超越了同类产品的总和，月销售收入也超过 2 000

万元。这里面，天朗自主品牌的产品占到了总销量的六成。新的商业模式成绩斐然。

纵观天朗的模式选择，"有所为有所不为"是其对关键资源能力取舍的最好概括。成功的关键资源能力选择有两个原则：第一，抓住重要的环节；第二，做最擅长的事情。天朗的成功正是贯彻了这两个原则。

早在产品定位的时候，天朗就将产品名称、品牌和产品的物理特性的表述高度浓缩提炼，打造出一个全新的概念——第四代钢架型开关，用来取代原来欧式开关的概念，同时成本也做到和传统产品接近，打破原有产品高中低端的边界。这使得天朗在遭遇同类产品的时候保持了自身的相对优势，也因此才能得到渠道商的青睐并最终形成合作。

所谓借船出海，关键在于"借船"，最终要实现的目标是"出海"。别人愿意把船借给你，一方面是和你合作有好处；另一方面是不和你合作损失太大。要做到这两点，一是要吸引别人的关键资源能力，把合作伙伴拉过来；二是要给合作伙伴提供更多的好处，让合作伙伴不愿意离开自己。因此，天朗未来的发展能有多大的成功，在很大程度上取决于两点：

第一，天朗自身的产品研发能力是否能够继续占据市场的有利地位。大家知道，在电工产品上，由于主要是功能取胜，因此客户的忠诚度不会太高，而客户在品牌之间转换的成本自然也很低。要继续保持对渠道商的吸引力，产品研发能力是一个极其重要的关键资源能力。

第二，天朗是否能够为合作伙伴提供更多的价值。目前，天朗仅仅是一个产品供应商，如果能够深度挖掘自己在产品信息、市场分析等方面的潜力，为合作伙伴提供更高的价值，把自己的触角伸到合作伙伴的内部，就能给外面潜在的竞争对手设定一个足够高的门槛。假如可以做到这一点，我们就有理由相信，天朗完全可以走得更远。值得一提的是，这些价值应该建立在天朗自身已有的优势资源上，这样才能达到最好的效果。

产品研发能力、对自身价值的深度挖掘，这就是天朗未来发展的关键资源能力。

4.7　我们应该拥有什么样的资源能力

从 4.2 节到 4.6 节，我们分别讲述了在不同行业里取得巨大成功的企业：福记做餐饮，Under Armour 做运动服装，如家是经济型酒店，天朗制造开关，任天堂、索尼和微软在游戏机市场上演三国演义。

我们发现，尽管这些企业有新锐，有百年老店，情况各不相同，但有两点是一致的：第一，不同的商业模式所需要的重要的资源能力一般是不同的；第二，这些企业都具备自己的关键资源能力，并且用这些关键资源能力控制了其他的资源能力。例如，福记集团集中的能力，如家的可复制性，都是其商业模式能够取得成功的关键的资源能力。

同时，我们也看到，即使在同一个行业，同样的竞争环境，做法也可以不同，自然，需要掌控的关键资源能力也不尽相同。

由于每个企业的资源能力都是有限的，任何企业都不可能拥有世界上全部的资源，因此，如何分析整合拥有的资源，如何分清各种资源能力的主从关系和不同地位，将是每个企业必须面对的问题。只有这样，才算是真正理解了关键资源能力，也才能够找到适合自己企业发展的商业模式。

第 5 章

盈 利 模 式

—

5.1 什么是盈利模式

定位确定了，你发现了令人激动的顾客群；也找到了怎样为他们提供"独特的价值"的方式，构建了好的业务系统，设计了好的利益分配机制，聚合了关键资源能力。但作为一个企业，如何从中获得利润呢？盈利模式就是要解决企业自身如何获得利润的问题。

盈利模式指企业利润来源及方式。从谁那里获取收益？谁可以分担投资或支付成本？相同行业的企业，定位和业务系统不同，企业的收入结构与成本结构即盈利模式也不同。即使定位和业务系统相同的企业，盈利模式也可以千姿百态。

长期以来，不少企业管理者都关注收入增长和市场份额，想当然地认为利润会随之而来，忽略如何盈利。也许你会想，我生产出让顾客喜爱的产品，或者提供了这么好的服务，直接把它卖掉，扣除成本，不就是利润了吗？我要提醒你，这种盈利模式会导致你变得越来越难过。

为什么呢？因为这种盈利模式的收入来源比较单调，往往依赖主营业务的直接销售获得收入，并且主要由自己支付成本，承担费用。由于同行企业的产品/服务、定位、业务系统、组织结构和功能、投资模式、成本结构以及营销模式同质化，盈利模式基本无差异。随着行业内企业普遍扩大规模和产能，竞争加剧。当你与对手争夺顾客群时，多轮价格战，往往导致主业利润越来越薄，甚至亏本，净资产收益率和投资价值递减。例如，家电制造行业经过多轮日益激烈的竞争，剩下几家规模大的品牌家电企业的主业利润率、净资产收益率普遍低下，公司的股票价值低于账面净资产价值。

5.2　构建好的盈利模式

我们可以设定成本支付和收入来源两个维度，横坐标表示收入来源分别来自直接顾客、直接顾客和第三方顾客及第三方顾客；纵坐标表示成本来源，即成本由谁支付，可以分为来自企业、企业和第三方伙伴、第三方伙伴以及零可变成本。这样，产生了 12 个区域，如图 5-1 所示。

成本支付			
零可变成本	盈利模式9	盈利模式10	盈利模式11
第三方伙伴	盈利模式6	盈利模式7	盈利模式8
企业和第三方伙伴	盈利模式3	盈利模式4	盈利模式5
企业	盈利模式0	盈利模式1	盈利模式2
	直接顾客	直接顾客和第三方顾客	第三方顾客　收入来源

图 5-1　盈利模式结构图

从图 5-1 可以看到，盈利来源可以不是直接客户或者主营业务，而可能是第三方或其他利益相关者。成本和费用也不一定是企业自己承担，可以转移给其他利益相关者。

我们可以看看下面的盈利模式。

5.2.1　挖掘注意力价值的盈利模式

为什么大城市的晚报内容越来越丰富，人工成本、设计成本、纸张成本、印刷成本、水电费等明显上升，但报纸零售价格一直没有上涨，仍然只需支付 0.5 元？除了竞争因素外，更重要的是报纸的内容吸引了广大读者的注意力，具有广告价值。因此，报社并不直接从读者身上获取利润，而是从广告客户那里获得真正的收入和利润。再如电视，我们长期免费看电视，电视台实际上也是出售内容，获取巨大的注意力，从而提供了巨大的广告价值，诱导广告客户增加广告投入。中央电视台每年黄金时段的广告标王出价不断创新高。因此，电视台特别关注收视率。

随着互联网的兴起，注意力盈利模式更为普遍，并且有了新的变化，出现了平台式盈利模式。例如，湖南卫视的超女等节目，创造了电视娱乐新的注意力盈利模式。而在互联网领域，如果你将利润寄托于直接销售产品（功能），几乎无法生存，因为在这个行业里，功能几乎都免费了。例如，Google 是做搜索的，但它的搜索服务等功能是免费的，其 99% 的收入来自于第三方投放的广告（即出售使用者的注意力）。

国内最成功的互联网公司是谁？腾讯。它做的是即时通信工具，但提供给用户使用的网络聊天软件却是免费的，因此获得大量年轻用户群，这些可以提供长期利润增长的顾客群，使得它很容易在新推出的各项业务中取得成功，比如网络游戏、博客、门户网站等。许多直接用户愿意为它的互联网增值服务掏钱，什么是互联网增值服务？就像虚拟的衣服、道具（帮你看对手的牌）、宠物、博客的皮肤等，这些产品的边际成本几乎为零。而这项收入，在 2006 年就达到 18 亿元，占总收的 65%。也就是说，腾讯主要是靠"售卖体验"来盈利。

也许你会说，媒体行业比较特殊，属于注意力经济，容易突破传统的盈利模式，形成基于注意力的盈利模式。其他行业是否能够创造新的盈利模式？回答是肯定的。精明的制造商同样创造出了新的盈利模式。

5.2.2 "剃须刀＋刀片"盈利模式

剃须刀生产商吉列公司利用剃须刀与刀片的捆绑推动销售，实际上构建了一个全新的盈利模式。其实质是通过业务关联性，发现市场需求更大的衍生业务或延伸业务，低价甚至免费销售主业产品。表面上，随着企业规模扩大，主营业务利润率微薄甚至亏本，赔本赚吆喝。但实际上是大智若愚，以降低主业增长缓慢的盈利，换取延伸业务的巨大盈利。因为由此构建了有效的竞争壁垒，可以利用相对低廉的主业产品或服务价格将竞争对手拒之门外，从而锁定客户，扩大市场份额。再利用市场规模更大的"刀片"业务获得稳定增长的收益，使企业的盈利得以持续增长，净资产收益率和投资价值递增。

吉列公司发明的"剃须刀 + 刀片"的关联业务捆绑销售模式，在现代商业环境下，被进一步丰富。

一些新兴企业，特别是在一些主业市场规模空间和利润增长有限的行业，例如，设备制造，每年需求有限，竞争激烈，利润率下降，难以吸引投资者。如果采用"剃须刀 + 刀片"的业务模式，在专业化经营主业的同时，能够挖掘业务和收入的"关联性"，发现市场规模更大的一系列"刀片"业务和收入来源，突破增长瓶颈，则将柳暗花明又一村！

例如，2000 年柯达（中国）公司推出"9.9 万当老板"建店行动计划，使得欲建柯达快速冲印店的中小投资者蜂拥而至。之后，柯达在中国市场上一度开设了 7 000 家彩扩店。其实，柯达冲印设备的利润微薄，而后续的巨量相纸和冲印套药供应业务所带来的丰厚利润，则让柯达乐开了花。

U-Haul、Ryder、Hertz-Penske 和 Budget 等公司是美国家用卡车出租行业的老对手，长期以来，这几家公司的客户定位、业务系统、关键资源和能力，以及盈利模式均无差异，都是依靠卡车这一主营业务，获得单一的租金收入。

从 20 世纪 90 年代开始，U-Haul 公司发现和发掘了以前未被开发的利润来源，即卡车租赁后的相关服务业务，包括出售包装箱和保险、出租拖车和仓库。顾客只有在租赁了卡车之后才需要这些附加产品和服务。顾客总是要货比三家，他们会竭尽全力地寻找性价比最优的日租费。而卡车租赁后续的附加业务和服务竞争不充分，顾客一旦签订了卡车租赁协议，就很少再会比来比去。实际上，顾客已经被他所签约的卡车租赁公司锁定。

U-Haul 公司据此延伸了业务范围，改变了盈利模式。在对手还未来得及做出反应之前，就在关键地段抢先占据了最便宜的仓库，从而获得了相当可观的成本优势。同时，有意将其日租费维持在一个低于同行的价格水平，卡车租赁业务本身的收益刚刚保本，但借此招徕更多的顾客，可以出售更多的高利润附加业务。U-Haul 实际上是该行业获利最丰的公司，营业利润率10%，而该行业的营业利润率平均不到3%。行业排名第二的 Ryder 公司后来不得不于1996年将车队卖给了投资商，放弃了家用卡车出租业务。

香港地铁公司开创了"地铁＋物业"盈利模式，将地铁开发与地下商业价值挖掘紧密联系在一起。一方面，通过地铁线路的开通提升沿线以及站点周边的土地和房产的价值；另一方面，通过发展地铁沿线和站点周边的物业为地铁运营聚集人气，增加客流。这种相互促进、相互提升的效果正是香港地铁的成功所在。

华侨城地产在国内开创了"公园景观＋地产"的业务系统和盈利模式。后来，国内其他地产公司创立了"高尔夫球场＋高端地产"的盈利模式。

"剃须刀＋刀片"盈利模式，在设备制造领域也有新的应用。一些设备制造商将业务延伸到"设备投资＋运营管理"，减少客户的投资和运营成本，自身通过分期收益或分享客户部分收益的模式获得赢利。例如，环保设备、节能减排设备。

目前，手机销售的市场业务不外乎三种：以中国移动为代表，利用手机与通信之间的互补性实行定制手机，预存话费业务；以国美为代表，将手机作为大卖场"卖点"之一进行销售；以大中为代表，进行专业销售代理。对三种手机销售模式进行分析，中国移动的手机业务旨在拓展自己的数据业务，手机是载体，并不赚钱；国美的手机销售是卖点之一，因为大卖场卖点众多，只要做到卖点整合，手机销售可以少赚钱；而大中的业务相对比较专一，主要靠销售手机赚钱，盈利模式较单一。对比之下，传统的手机代理商因为盈利模式缺乏多样性和关联性，将不得不面临沦落到通信行业边缘角色的危险。

上述两种盈利模式都超越了传统盈利模式"做什么就靠什么赚钱"的方式，而把主营业务变成"锁定客户"的基础或平台，根据产业链利润及价值分布特点，发现市场规模更大的关联业务，通过向客户、供应商以及合作伙伴提供增值服务，主业与延伸业务相互之间协同运作，获取后续业务收入或者多样化的收入来源。此时，主营业务或者单个盈利点可能盈利较少，甚至不盈利，但在整个盈利模式中，依托主营业务建立起来的组合盈利却为企业带来不菲的利润。

在多样性与关联性的盈利模式竞争下，依赖主业专业化经营的单一收入盈利模式将处于竞争劣势。因为单个收益来源对盈利来源多样化的企业来说，可能轻如鸿毛，或者是非承重墙；而对于单一盈利来源的企业来说，可能重如泰山，或者是承重支柱。

例如，融资租赁公司在租赁服务中，构建了设备提供方、承租企业、资金提供方等利益相关者交易结构（见第 3 章"业务系统"），如图 5-2 所示。

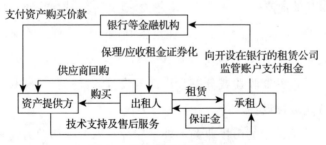

图 5-2　融资租赁交易结构图

传统的商业银行在信贷服务中，往往只获取利差。融资租赁公司则构建了多项收入来源，包括从资产提供方处获得支付设备全款而享受的设备折扣收入、租赁管理费、客户保证金的投资收益。

企业还可以通过授权、特许的方式，由第三方伙伴来承担生产成本与市场风险，自己则通过收取权利金或特许加盟费，获取稳定收入。

索尼推出的 PS 和 PS2 游戏机，均创造了销售过亿的行业神话。但你是否知道，它卖的游戏机越多，游戏机本身的亏损就越多。但由于这两种高性能的游戏机锁定了大量客户，索尼就可以向第三方游戏软件开发商授权，允许他们为索尼游戏机开发游戏，而第三方每卖出去一份游戏软件，索尼就抽取一定比例的权利金。游戏软件的开发成本和风险都由第三方承担。这就是索尼的权利金盈利模式。

在索尼最困难的 2002 年，几乎全部利润都来自于游戏机部门，在索尼危难时刻，这一独特的盈利模式拯救了它。

由于索尼不断将游戏机的性能推向极致，最终导致只有 2% 的狂热玩家才能操作，消费群变得狭窄，而到了 PS3 推出，由于功能太强大，又导致游戏制作成本大涨，第三方游戏软件商不能卖出更多的游戏来覆盖成本，因而转投微软或者任天堂旗下。而索尼一旦收不到权利金，原有的模式就岌岌可危。

任天堂推出的新游戏 Wii，看到更多的非狂热玩家和非玩家也有游戏需求，为他们提供了独特的价值，减少功能，使游戏机更容易操作，大大降低了成本，打破了游戏机亏损的行业规则，每卖一台游戏机就能赚 50 美元。同时，由于获得了庞大的用户群，又降低了游戏软件开发成本，第三方乐于为它开发软件，使权利金模式也被大大强化。

在激烈竞争的年代，专业化经营、创造多样化的收入来源和盈利点的多样化盈利模式越来越重要和普遍。一些商业模式优秀的企业在发展初期即可以实现盈利的多样性。大多数企业在成长初期，盈利模式往往比较单调，但随着竞争地位和资源、能力等方面的增强，收入来源多样化的能力实际上也随之增强。企业需要把握产业价值链的变化，动态转变业务结构，打破单一盈利的传统模式，优化盈利结构，实现向多点盈利的转变。

此外，随着客观经济环境与行业发展趋势的改变，企业原来的主营业务可能不再具有竞争优势，投资价值下降。这就需要企业对盈利模式进行实质性变革，转变盈利方式，优化盈利结构，实现可持续发展，原来的主营业务则对新的变革起到基础性的作用。

　　1981 年 IBM 推出了世界上第一台 PC，从此个人计算机不再是少数人才能拥有。然而，随着市场的发展，特别是戴尔和惠普的加入，PC 业务的利润已经非常微薄，面对微利，IBM 果断地将主营业务 PC 售给联想，实现盈利模式的转变，IBM 现在给自身的定位已不是简单地销售技术，而是充当一个咨询伙伴，帮助客户使用技术提高其效率和业务的竞争力。作为该战略的一部分，IBM 在 2002 年 10 月以 35 亿美元购买了普华永道的咨询部门。而它曾经的主营业务 PC 则为 IBM 的成功转型起到了基石的作用。

　　下面，我们将通过几个案例，领略一些优秀企业的盈利模式。

5.3　利乐：享受竞争背后的整个市场

　　面对一个竞争激烈的市场，或者一个由有数几个寡头统治的市场，你该怎么做？利乐的回答是：同时做它们的生意，为它们提供支撑。它们分割市场，你却可以因此享受整个市场的蓬勃发展。

　　世界 500 强之一的瑞典利乐（Tetra Pak）公司，主要生产销售包装材料、饮料加工设备和灌装设备。作为全球最大的软包装供应商，它掌控着全球 75% 左右的软包装市场份额，中国业务占利乐全球业务的 6%，利乐公司控制了中国 95% 的无菌纸包装市场。自 1985 年正式进入中国，它一度成为中国最大的软包装供应商。

　　我们每买一盒伊利、蒙牛牛奶，利乐公司就会非常高兴，因为蒙牛、伊利都采用它的无菌纸包装，每卖出一盒牛奶，利乐就获得一份收入。实际上，利乐早期是制造牛奶成套灌装设备的，为什么还做牛奶包装耗材呢？国内奶业巨头为什么都用利乐的包装呢？

　　早期的利乐，在进入中国之初，仅仅是传统的液态食品灌装设备供应商，目标定位非常简单明确，就是为客户提供灌装设备，整个产业流程包括利乐负责提供设备以及售后维修服务，下游液态食品企业利用设备进行生产。不难看出，早期的利乐通过直销模式推动灌装机的生产，从而获得利润。

一开始，利乐直接销售牛奶成套灌装设备，但由于设备价格昂贵，一般要数百万元，因而限制了企业的购买能力。同时，其他同类产品进入中国市场，有了竞争对手，利乐的垄断优势渐渐丧失。

为此，利乐提出了一个有吸引力的灌装机与包装材料捆绑销售方案，即 80/20 的设备投资方案。客户只要付款 20%，就可以安装设备，此后 4 年，每年订购一定量的利乐包装材料，就可以免交其余 80% 的设备款。这样客户可以用 80% 的资金去开拓市场，或投资其他项目，成功缩短资金运转周期！而利乐的这种捆绑销售模式，使利乐设备迅速扩大了市场份额，成了所有牛奶生产厂家的投资首选，并且成功地把竞争对手关在了门外。

随着竞争的加剧，利乐将二八销售模式转化为买纸送机，即免费赠送灌装生产线给客户。一条生产线动辄数百万甚至上千万，利乐的免费赠送当然有其深意，安装了利乐生产线，接下来几年必须使用利乐的包装材料。因为在生产技术上，利乐的纸质材料都设有一种标识密码，利乐公司灌装机上的电脑识别了这个标识密码才能工作，用其他公司的包装纸灌装机就不工作。利用这种技术使客户的包装纸选择产生对利乐的"路径依赖"，转换成本高昂。

当然，利乐还向客户提供有价值的增值服务。例如，生产过程追踪模型技术则让竞争对手心悦诚服，不得不承认要想进入利乐的全系统解决方案控制之下的产业链真的是千难万难。原因在于，利乐不仅仅为客户提供能够看得见、摸得着的机器和设备，还提供全流程管理的有价值的服务，是一个全系统的解决方案，生产过程追踪模型可以实现产品追溯功能。如果顾客从超市买回去的一盒牛奶出现问题，那么根据产品所存储的信息，可以将其生产过程重新检查一遍，包括灌装、冷却、分离、混合，直至提供原奶的奶牛。这个系统可以使整个生产过程以数字化的形式存储下来，使生产过程可视化。此外，一旦产品出现差错，利用产品追溯系统，生产企业可以快速而准确地界定差错产品的责任环节以及产品范围，从而有针对性地召回差错产品，而不是当日的所有货品。这样的结果不仅为企业节约了成本，也以最快的速度消除了产品对消费者的潜在危害。这套系统的可怕之处恰恰在于，基于食品企业对最敏感安全问题的考虑，它可能让液态食品生产企业对于利乐的依赖性进一步加大。

目前，利乐拥有5 000多项技术专利，并有2 800项正在研发和申请当中，利乐研发的理念在于深刻理解和不断满足用户的需求，坚持不懈地创造出富有趣味的产品。利乐有一款名为Aptiva的无菌包装，通过将纸筒瓶身和塑料顶部及螺旋盖结合起来，这款看似越过单纯纸包装界限的产品借助"塑料"的透明效果满足了消费者尤其是儿童对于视觉效果的要求，同时也保持了无菌纸包装的技术效果。最主要的是，这款利乐Aptiva无菌纸瓶是专门用来替代塑料瓶的，与无菌塑料瓶和无菌高密度聚乙烯塑料瓶的包装线相比，可以给饮料生产厂家节省20%～50%的运营费用。这种以成本为导向的创新对于利乐继续挖掘成熟市场的潜力十分有益。而在十分在意价格的新兴市场国家，利乐也能有效引导乳品和果汁市场走向高附加值和差异化竞争。归根结底，利乐策略调整的目的只有一个：增大与客户之间的黏性。

显然，利乐利用标志密码技术和生产过程追踪模型技术为客户提供整套生产制造系统的解决方案，从而控制整条产业链，锁定客户，占据行业领导地位。从销售设备中获取收入仅仅是利乐盈利模式的一个点，更重要的持续增长收入来源于牛奶包装材料。在伊利2002年度年报中，其40%的销售成本都来自于包装环节。可见包装材料的盈利有多丰厚。

在成本结构上，利乐则与环保公司合作采用循环回收的方式降低成本。到目前为止，在中国，利乐公司控制95%的无菌纸包装市场，占绝对垄断地位。伊利、光明、三元等国内乳业巨头都使用利乐的无菌灌装生产线及相应的包装材料。只要这些生产线持续生产，利乐就会有源源不断的利润。

同时，利乐通过条形码灌装机的专利，使其他品牌的包装材料无法在利乐的设备上使用（利乐包装材料上的条形码，含有最终成品的信息，当灌装机工作时，要读取其信息，来确定灌装的容量及品种），这样，利乐就建立了持续的盈利点，而且保护了自己的利润流。

利乐通过连续销售包装材料，最终分享到中国奶业市场带来的长期利润增长，其收入的年增长率高达44%。

5.4　花样年物业管理公司：专业化经营，多样化盈利

巨大市场往往造就强大企业。中国现有城市600多座，商品房存量面积大。保守假设，城市人均住房面积达到30平方米，城市人口达到6亿，即有180亿平方米的物业需要管理。显然，这是一个巨大的服务市场，可以成就强大的物业管理企业。因为，如果能在市场取得1%的份额，管理的面积即可达到1.8亿平方米。

随着物业管理行业的企业人工费用等刚性成本不断上升，运营成本随之提高，物业管理全行业微利甚至亏损。为维持运转，物业管理公司往往依靠提高管理费用，或者开辟其他缺乏合规性的收入来源，例如，小区电梯广告，甚至不惜降低服务质量，导致业主与物业管理公司的矛盾日益突出，也给地产公司带来长期负担。以万科为例，每年地产公司需要补贴物业管理公司近1 000万元。

深圳出现了一家另类物业管理公司——花样年物业管理公司。该公司反其道而行，物业管理收费往往是同地段同档次楼盘中的中低水平。花样年物业管理公司成立于2002年12月，由深圳花样年集团全资拥有并创建，至2007年，花样年物业管理公司已经发展成为拥有3家地区公司，

管理 62 个小区，管理面积 425 万平方米的国家一级物业管理企业，公司员工 1 200 人，服务近 5 万户 15 万人。在物业管理全行业微利甚至亏损的情形下，花样年物业管理从成立的第 1 年起就实现盈利，年净利润增长率超过 100%，打破了物业管理行业的传统规律，即小规模亏损，必须达到一定规模后才能盈利的格局。

花样年优质低价的物业管理做法 2005 年在深圳市得到认可后，不但抑制了深圳市物管收费的上升，甚至导致物管收费大幅度调低。花样年物业的做法受到业内人士的指责，业内人士普遍视花样年物业管理的做法为噱头、炒作，甚至指责花样年降低物业费的做法属于恶性竞争，搞乱了行业价格，降低了本来就获利不高的物业公司的利润，影响行业健康发展，花样年物业管理成了业内公敌。

花样年物业管理真的是恶性竞争吗？低价（物业管理收费低）但又盈利的奥妙何在？花样年物业管理与传统的物业管理差异何在？实际上，从商业模式角度看，花样年创造了全新的物业管理商业模式。

首先，花样年物业管理的定位与传统物业管理不同。传统物业管理定位于物业日常维护与管理。花样年物业管理定位于社区增值服务。创立之初即志存高远，定位于突破传统物业管理观念，用全新的服务理念将其打造成为全国乃至全球规模最大、盈利不断增长的物业管理企业集团。

其次，花样年的业务系统与众不同。传统物业管理强调管理处水平的"小而全"模式，而花样年物业管理强调网络平台管理和专业细分的分包模式，降低人员费用。

花样年物业管理最大的特点在于其盈利模式。传统物业管理企业由于定位于物业日常维护与管理，收入来源单一，主要是 10% 的管理费酬金。花样年物业管理定位于社区增值服务，构建了"彩生活"服务系统。因此，收入来源多样，包括除酬金外的多种增值服务收费。

花样年物业管理整体收入包括三大部分：①以专业工程委托保管、维修带来的后续长期收入；②以专业管理采用承包方式获得的物管收费以及日常住户服务收入，这部分收入持续性好，可以随着物业管理规模的提升而增加；③以网络为基础的社区网络服务项目收费，增长潜力巨大，并且可以跨越自身业务领域不断复制。花样年物业为业主提供了100多项增值服务，包括代业主购物、购买充值卡、送桶装水、订送牛奶，甚至是旅游服务，加油卡、百货公司消费储值卡、社区电信储值卡推广等诸多服务产品。据《晶报》记者对花样年公司相关负责人的访谈，比如送桶装水服务，因为小区内有几百住户，对桶装水的需求较高，所以桶装水公司就愿意与物业公司签订相应的合作协议，将桶装水直接送到物业公司，由物业公司完成接下来的配送和分销，省去了桶装水分销点的成本，而且价格比外面便宜，还有信任的小区保安送到家中，发现质量问题还可以立刻找到物业公司投诉。

显然，由于花样年物业管理提供的多样化增值服务，形成了公司具有增长潜力的多样化收入，从而在降低物业管理收费的情形下，仍然可以实现盈利，并且低价优质服务有助于花样年物业管理模式的复制和扩张。

同时，花样年物业管理公司还不断寻求降低成本的途径。例如，成立专业的维修保养公司，由该公司负责小区内所有的维保工作。这样一来，原来被专业公司赚走的那部分利润就节约下来了。又如，以技术防范代替人防。花样年物业公司通过监控系统评估，在小区内一些人流出入不频繁的地方安装了门禁系统，业主刷卡进入，这些门禁就代替了保安员，门禁系统这样的一次性投资，长远计算下来比请保安员要便宜。此外，通过提升内部管理来节约人手。花样年物业把小区分成片，以片区或者按每栋楼为单位，安排了客服前台，客服人员就负责受理管辖范围内业主所有的建议和投诉，节约了管理人员的成本。而且，公司没有专门请人做增值服务，而是通过奖励和提成的办法，让不当班的保安和管理人员来给业主送货。

花样年物业管理新模式是典型的以物业管理为平台，提供多样化的增值服务，获得持续增长的多样化收入的盈利模式。花样年物业管理新模式不依赖地产商，可望复制和规模化扩展，是对传统物业管理商业模式的破坏性创造。花样年物业管理集团根据多年的实践，认为随着业主对物业增值服务的认同程度增加以及市场分工的不断细化，物业增值服务的空间很大。为此，公司 2007 年调整了组织架构，以满足基础服务与增值收益的专业保证。公司希望在业务收费、业务品种合法化、规范化之后，朝零物业费方向发展，成为首家以社区网络为主的现代物业服务上市公司。我们期待花样年物业管理商业模式和发展目标能够获得成功。

5.5 怡亚通："明修栈道，暗度陈仓"

深圳怡亚通供应链股份有限公司成立于 1997 年，从一家不显眼的小公司开始，成立不过 10 年便成功实现上市，被《福布斯》评为"2006 中国顶尖企业 100 强"第 25 位。2002 ～ 2006 年，5 年业务复合增长率 41.6%。

怡亚通为客户提供供应链管理服务。所谓供应链管理，就是对供应链中的商流、物流、信息流、资金流等进行计划、组织、协调与控制，以寻求建立供、产、销以及客户间的企业战略合作伙伴关系，并保证这些供应链成员取得相应的绩效和利益的整个管理过程。

怡亚通的盈利模式乍看起来很简单：我不是做供应链管理的服务吗？那我就收取服务费呗。表面看起来也是如此。怡亚通的服务费和客户的业务量成一定的比例。比如，替客户运送一批货物，那么货物的总金额乘以一个比例，就是它的服务费。通常这个比例，或者我们称之为服务费率，在 1% ～ 5% 之间。2007 年上半年，其服务费率的加权平均值为 1.74%。

服务费率不是固定的，行业不同、客户不同、业务种类和业务量不同，费率都是不同的。但是有一个原则：所涉及的供应链越长，供应链上的解决方案（或者说服务）越多，风险越大，这个费率就越高。如果运送货物的过程中还需要它替你报关，那么这个费率自然会比单纯的运送高一点。

这么做的好处在哪里呢？通常的客户关系中，服务商的服务费越高，服务对象的成本就越高，利润也就越低，这是一种此消彼长的关系。而在怡亚通的这种盈利模式下，对一个固定客户而言，服务费收入的多少，取决于这个客户业务量的多少。也就是说，怡亚通服务费收入增加，是源自于客户的业务增加。这样，双方就打破了传统的客户关系，而成为一个利益共同体。

然而，怡亚通真的是靠服务费盈利的吗？事实并非如此。怡亚通的利润收入实际上主要来自于两大块：存货融资收入和汇率汇兑的收益。在2005年和2007年上半年，这两部分的收益均约各占一半。

怡亚通是怎么操作的呢？

先说存货融资收入。这部分又分为采购商和分销商。

每获得一个采购商的合同，怡亚通就在其客户资源信息系统中选择合适的供应商，先通过电汇、信用证或保函方式代客户垫付一定的货款，再将货物运送到客户处并收取货款。

分销商的情况有些类似。只是把垫付货款的对象改成了采购商，从而让分销商也可以及时收回资金，投入下一轮的再生产。

怡亚通垫付的比例一般为总业务量的20%～30%，而这就是上文说的所谓的服务费。这种垫付款项的利息收费，就是怡亚通的存货融资收入，也就是我们经常说的息差。

怡亚通的息差有多大呢？正如上文所言，代付的费率加权平均值为1.74%。

乍一看，这个费率远远低于银行贷款的成本。即使考虑到10%的优惠利率，其融资成本也在4.8%～6.6%。难道怡亚通会做赔本的买卖？

奥妙在于周转率。按照业务量计算，怡亚通应收账款的周转次数近年来一直稳定在20次以上，2007年上半年更是超过了26次。不妨算算怡亚通的息差收入：

费率的加权平均值（1.74%）×周转次数（20～26次）×垫付比例

（20%～30%）=6.96%～13.57%

这显然远远高于同期 4.8% ~ 6.6% 的融资成本。考虑到怡亚通每年200 亿元的业务量，这笔息差无疑是巨大的。

在这里，怡亚通把依附于供应链之上的合作伙伴零散的融资需求集中在一起，作为一个大客户向银行融资。大客户享受了优惠的利率，进一步降低了融资成本，同时，又使合作伙伴避免了大量货款的积压。怡亚通拿着银行的钱左手进，右手出，盘活了银行的资金，盘活了合作伙伴的货物，也盘活了自己的盈利模式，可谓一举三得。

再说汇兑收益。

怡亚通做的是国际生意，近年来人民币的升值自然也成了其发展的挑战。在这点上，怡亚通也适时地把挑战变成了机遇，利用衍生金融工具，如外汇远期合约及利率掉期合约，来管理外汇及利率风险，降低购汇成本。

具体操作如下：在进行衍生金融工具交易时，怡亚通一般先将人民币存款质押给银行，获得短期银行美元外汇借款；另外一部分人民币存款用于远期外汇交易保证金，以提供等值且有追索权利的融资额度及开具银行承兑汇票的质押。在人民币升值的背景下，该举措为公司带来不菲的收入。2006 年，该业务为怡亚通贡献利润 9 450.17 万元，占当年利润总额的 76.28%，而 2007 年上半年贡献利润 3 759.60 万元，占当期利润总额的54.61%。

这两项收入都需要建立在充沛的资金流基础上。怡亚通的常规资金流主要来自于短期借款。怡亚通是浦东银行 VIP 客户、建行"白金客户"、招商银行"贵宾客户"、华夏银行"2006 年最佳合作伙伴"，这为它长期做债券融资提供了有利的条件。在这里，供应链上合作伙伴的货物成了其借款的抵押凭证。由于怡亚通需要垫付的货款不过是百分之二三十，因此，这些供应链上的货物价值远远高于它需要周转的资金。截至 2007 年9 月 30 日，怡亚通货币资金余额 41.09 亿元，而短期银行借款余额 45.64亿元，远远高于公司 3.54 亿元的净资产及 1.65 亿元的营业总收入。

此外，怡亚通还有来自战略投资者的股权融资。正是这些充沛的现金流支撑了怡亚通这个看似供应链管理实质是供应链金融的盈利模式。

明修栈道，暗度陈仓。怡亚通的成功在于它在商却未必言商，正如古代的晋商，山西钱号通天下，做的就是别人商业背后的金融支持。而一个良好盈利模式的设计，又使怡亚通拿着别人的钱挣钱，这一番高速的业绩增长真的是得来全不费工夫。

5.6　1984 年洛杉矶奥运会：创建奥运盈利模式

现代奥运会已有多年的历史，追求"更快、更高、更强"。与其他单项国际竞技体育组织以个人参与、商业机构承办方式不同的是，奥运会竞技项目多，以国家或地区为单位出席，以国家或地区的金牌和奖牌数量排名。由国家申请，国家和举办城市政府共同出资，提供奥运会场馆建设、交通设施改造、环境改善等所需要的巨额资金。很多国家以承办为荣，竞相承办。

但 1984 年以前的奥运会，往往是奥运会成功、国际奥委会成功（国际奥委会基本上不投入资金，却分享收益），而巨额投资、有限收入和高昂的维护成本，导致奥运会举办城市或者举办国背上沉重的财务负担。例如，1976 年蒙特利尔奥运会，一直到 2006 年才还清了债务。

1984 年洛杉矶奥运会是历史上具有划时代意义的奥运会，创建了里程碑式的盈利模式。

实际上，洛杉矶奥运会的起步非常艰难。当洛杉矶获得 1984 年奥运会举办权后，鉴于前几届奥运会的经济失败，美国政府明确表示，绝不拿纳税人的钱玩这种游戏，本届奥运会分文不出，要想办奥运会，得组委会自己想办法。同时，美国加州法律明文规定，禁止发行彩票以募集奥运会资金。83% 的洛杉矶市民投票反对为奥运会提供任何经济支持。

不仅如此，奥运会筹办之前，洛杉矶还欠美国奥委会 10 万美元，欠南加州 5 万美元。这两笔欠款是以上两个组织帮助洛杉矶争取到奥运会的主办权而付出的劳动报酬。

在没有国家和举办政府经济资助背景下，曾经是小旅游公司老板的名为尤伯罗斯的商业天才，临危受命，创建了完全由民间私人商业组织主办和运作的模式。

尤伯罗斯自掏100美元为奥组委设账户，一穷二白起家。尤伯罗斯以奥运会为平台，充分挖掘注意力的价值，想方设法减少投资规模、降低运营成本、增加收益，创造了新的奥运会盈利模式。在奥运会成功的同时，举办国家、举办城市、赞助商等都获得了各自希望的利益。

5.6.1 利用商业巨头的竞争，增加赞助收入

商业赞助并非始于洛杉矶奥运会，以前的奥运会也不乏赞助商，但多而杂乱，赞助收入不多。尤伯罗斯的助手乔尔想出了一个绝妙的主意：每个行业只选择一家赞助商，赞助商总数限定为30家。

结果，这些看起来很苛刻的赞助条件使希望赞助的企业之间出现了空前的竞争，大大提高了商业广告权的价值。因为参与赞助竞争的企业也觉得奥运会赞助不应该是低价。

例如，索斯兰公司为了获得赞助身份，还没有搞清楚要赞助建造的一座室内赛车场是什么样的，就答应了组委会的条件。美国通用汽车公司一次就赞助了700辆奥运用车。

可口可乐和百事可乐历来是对头，每届奥运会都是两家交手的战场。1980年莫斯科奥运会百事可乐占了上风，并因此增加了知名度，提高了销售量。可口可乐决心在洛杉矶奥运会挽回面子。尤伯罗斯充分利用可口可乐和百事可乐志在必得的心态，获得了可口可乐1 260万美元的赞助。

柯达与富士竞争奥运会赞助商的过程颇具戏剧性。1982年，尤伯罗斯经过一年多时间的努力，与柯达公司签订价值400万美元的赞助合约。但柯达公司的一位财务经理为了利息收入，故意拖延支付赞助款。因为每拖延一周时间，就能获得几千美元的利息。

富士胶卷乘虚而入，出价700万美元，把柯达挤出去了。得知在家门

口失去奥运会赞助合约后，柯达公司的高层经理非常气愤，把那位擅自决定推迟签约的自作聪明的财务经理炒了鱿鱼，通过舆论攻击尤伯罗斯和洛杉矶奥组委背信弃义，唯利是图，企图挽回败局，结果当然是无济于事。

富士胶卷公司利用这次机会，在启动奥运赞助计划之后一两年内，就把自己在美国市场的占有率由 3% 提升到 9%。

仅出售商业广告承办权，组委会就获利 2 亿多美元。

5.6.2　发现收入大金矿：电视转播权

尤伯罗斯和他的班子对电视转播权的销售进行了研究，发现出售广告权的收益可以达到 3 亿美元。组委会经过周密的研究，决定以 2 亿美元的开价出售电视转播权，并要求对方提供技术设备。美国广播公司、哥伦比亚广播公司以及全国广播公司展开了角逐。最后，美国广播公司以 2.25 亿美元买下转播权，并同意提供 7 500 万美元的技术设备。因此，电视转播权总成交价在 3 亿美元。

5.6.3　奥运火炬接力

尤伯罗斯连火炬接力跑也作为商品卖掉。"金钱面前人人平等"，参加奥运火炬接力跑是许多人梦寐以求的，尤伯罗斯规定，美国境内参加火炬接力跑的人，每跑一英里，交纳 3 000 美元。尤伯罗斯的做法引起了非议，但他仍我行我素，把 3 000 万美元的大笔款项收了上来。当然，这笔钱最终捐赠给了慈善机构。

由于争议太大，以后的奥运会，没有一个国家敢通过出售火炬接力的权利获利。

5.6.4　减少投资，节省开支和运营成本

洛杉矶奥运会只是新建了 3 个场馆，其他设施利用洛杉矶市现有的场馆设施。例如，运动员村利用了大学生宿舍，没有新建。奥组委只有 200

多名正式员工，而 1976 年蒙特利尔有 2 000 多名。洛杉矶奥组委采用志愿者方式，节省了大量的人员开支。

洛杉矶奥运会只耗资 5 亿美元，但获得了超过人们预料的 2.25 亿美元盈余。大部分都流进了尤伯罗斯和组委会的腰包，国际奥委会和各国奥委会只分到一点残羹。筹办奥运会之初，尤伯罗斯就向国际奥委会提出，不要国际奥委会出资，但是作为交换条件，国际奥委会必须同意做出相应的让步，即把国际奥委会按照惯例从电视转播费中提取 8% 的比例再降低。国际奥委会答应了，这笔交易让国际奥委会后悔不迭。

1984 年的洛杉矶奥运会遭到了苏联等国家的抵制，否则挣钱会更多。尤伯罗斯向世人阐释了体育新理念：体育也是一种产业，而且是潜力无限的新产业。

洛杉矶奥运会的商业模式成为后来奥运会效仿的模式。1988 年汉城奥运会、1992 年巴塞罗那奥运会、1996 年亚特兰大奥运会以及 2000 年悉尼奥运会都将奥运会做成了赚大钱的生意。

曾经在体坛默默无闻的尤伯罗斯，因为在洛杉矶奥运会的筹备组织工作中表现出了杰出的才华，一举闻名于世，成为新一代美国人的偶像。

CHAPTER 6

第6章

自由现金流结构与企业价值

——

　　确定了为何种客户提供什么样的产品或服务，设计了业务系统，整合了关键资源能力，并且构建了自己的盈利模式，接下来就要分析企业的自由现金流期限结构。商业模式的起点是定位，中间是业务系统、关键资源能力和盈利模式，归宿是投资价值。因为投资者最终关注的是企业的投资价值。为什么一些企业当前资产很少，销售额不高，利润不多，但股票市值却很高？例如，金风科技 2007 年 12 月 26 日在深圳证券交易所中小企业板成功上市，以当天收盘价计算，其股票市值达到 655 亿元。2006 年，金风科技营业额只有 15.3 亿元，净利润 3.2 亿元，净资产 8 亿元。而联想 2006 年的营业额约为 1 080 亿元，利润约 15 亿元，按 2007 年 12 月 21 日收盘价计算，联想市值 623.43 亿元，金风科技的员工数量只有联想的 4%，股票市值 / 销售额为 42.8 倍，而联想电脑的股票市值 / 销售额只有 0.57 倍。

　　要理解这个问题，需要理解自由现金流。本章讨论商业模式构成因素中的自由现金流问题，以及自由现金流对企业成长速度、成长效率和投资价值的影响。

6.1 投资价值与自由现金流

6.1.1 投资价值定义

按照金融原理，任何一个投资机会的投资价值是指投资对象（项目 / 业务 / 企业）未来预期可以产生的自由现金流的贴现值。

$$投资价值 = \sum_{t=0}^{H} \frac{FCF_t}{(1+r)^t}$$

一项投资是否值得，由三个因素决定：

（1）该投资项目未来预期能够产生的自由现金流的期限结构（FCF_t），FCF_t 表示投资机会在 t 时刻预期能够产生的自由现金流，等于利润＋折旧－投资（包括固定资产投资和运营资本投资）。

（2）未来预期自由现金流的持续时间（H），由竞争能力的持续性决定。

（3）投资者要求的收益率，或者投资者的机会成本（r）即资本成本，反映企业预期未来现金流风险。

....

假设某具有 30 年经营权的收费高速公路，每年可以回报 2.5 亿元的现金收入，已运营 6 年，还有 24 年经营权。原投资者欲以 25 亿元出售该高速公路收益权。是否值得投资购买？

本例中，未来每年预期现金流的规模和年限已经确定，投资价值高低就只取决于投资者要求的收益率 r。如果投资者要求的收益率是 15%，则投资价值为 16.08 亿元。

$$VA_{24} = FCF\left[\frac{(1+r)^n - 1}{r(1+r)^n}\right] = 2.5 \times \left[\frac{(1+15\%)^{24} - 1}{15\% \times (1+15\%)^{24}}\right] = 16.08 （亿元）$$

如果投资者要求的收益率为 $r=12\%$，投资价值为 19.46 亿元；

如果投资者要求的收益率为 $r=10\%$，投资价值为 22.46 亿元；

如果投资者只要求 $r=7.5\%$ 的收益率，则价值 27.46 亿元。

....

6.1.2 企业层次的自由现金流与企业的投资价值

企业的投资价值等于预期企业未来可以创造的自由现金流的贴现值。企业层次的自由现金流可以进一步分为两种角度的自由现金流：全部资本角度的自由现金流和股东角度的自由现金流（计算实例见附录6A）。

1. 全部资本自由现金流

$$全部资本税后自由现金流 = 息税前利润 + 折旧和摊销 -$$
$$运营资本投资 - 固定资产投资$$

有关指标的含义说明如下：

息税前利润（EBIT）。代表扣除利息及所得税前的利润，反映公司经营业务的盈利情况，并排除了财务行为（融资、投资）所带来的成本以及费用的影响。公司财务或者估价方面的书籍一般都对公司的财务报表或者现金流进行了简化，因此EBIT比较容易计算。现实中的企业损益表项目可能十分复杂，会有很多项目需要进行调整。

折旧和摊销（D&A）。属于非现金费用项目。在有些国家的会计准则中，生产成本和经营费用都会包含折旧项目，这就需要根据会计报表的辅助信息将折旧分离出来并加回去。至于摊销项目，主要是来自兼并收购过程中产生的商誉费用，以及一些无形资产的摊销等。在有的会计准则下，例如香港适用的会计准则，会将兼并收购产生的商誉一次性冲销掉，而不是分期处理。因此，对历史财务数据进行处理时一定要将该项目重新加回到现金流中。

运营资本。等于流动资产减去流动负债。流动资产包括存货、应收账款、周转现金等；流动负债则主要是应付账款以及其他一些应付项目。

需要注意的是，一般将流动资产中的短期投资和超额现金排除在外，因为这两个项目不是公司经营所必需的。如果计入，会扭曲公司经营活动所反映出的信息。而流动负债也没有包括短期借款。

固定资产投资。指出于经营目的进行的固定资产投资，包括对外进行的收购等方面的资本性支出。

需要注意的是，用全部资本税后自由现金流贴现得到的是企业投资价值，即股东权益和债权人等所有投资者的价值。

2. 股权资本自由现金流

股权资本税后自由现金流 = 净利润中属于股东的利润 + 折旧与摊销 − 运营资本投资 − 固定资产投资 + 净债务融资

股权资本现金流可以在全资本现金流基础上，加入债务融资的现金流，其中股东可分配利润中已经扣除了财务费用。和上面一样，该项不包含投资和其他非经营性活动带来的收益，其中净借入债务是指公司每年新借入的债务与偿还的债务之间的差额。

评价一家企业的投资价值时，不仅要考察税后利润，还要看企业维持持续发展所需的投资支出。否则，很可能高估商业模式差的企业的自由现金流和投资价值，而低估资本消耗少的商业模式优秀的企业的自由现金流和投资价值。

6.2　商业模式、自由现金流与企业价值

任何企业都可以用自由资金流模型来评价。企业投资价值的差异实际上只是未来预期自由现金流的期限结构、持续时间和实现的风险差异。例如，基础设施等领域，期初固定投资巨大，后续运营投资少，现金流稳定增长；资本密集的制造业，固定资产投资和运营资本逐渐递增；渠道零售行业的固定投资比较少，运营资本投资随购买递增逐渐增加，达到一定程度后，随着竞争地位增强，开始逐渐递减；而高科技行业，固定资产投资少，研究开发投资逐年递增。

实证研究表明，商业模式对企业投资价值影响很大。因为即使是相同的行业，商业模式不同，未来预期能够产生的自由现金流的期限结构也大

相径庭，因此企业投资价值，特别是投资价值的实现效率和增长速度差异甚大。

据 Mercer 咨询公司统计，1980 ～ 1997 年期间，标准普尔 500 的股票市值年复合增长率（GAGR）为 12.3%；市场份额领先的公司，股票市值年复合增长率只有 7.7%；而商业模式优化的公司，股票市值年复合增长率为 23.3%，见图 6-1。

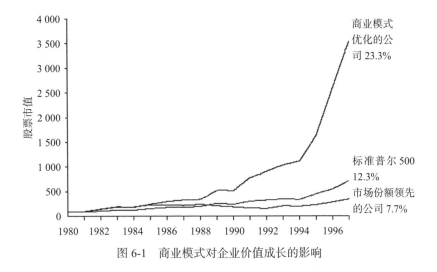

图 6-1 商业模式对企业价值成长的影响

1990 ～ 1996 年，销售收入增长率和营业利润增长率前 15 名的公司，很多并没有进入股东价值增长率高的前 15 名，如表 6-1 所示。

表 6-1 1990 ～ 1996 年销售收入、营业利润和股东价值增长率前 15 名

销售收入增长率前 15 名	营业利润增长率前 15 名	股东价值增长率前 15 名	GAGR
沃尔玛	英特尔	通用电气	21%
福特	福特	可口可乐	27%
丰田	通用电气	英特尔	57%
安联	AT&T	微软	50%
通用汽车	诺华制药	丰田	18%
日本电报电话	菲利普—莫里斯	默克	18%
克莱斯勒	克莱斯勒	罗氏	31%
麦德龙（Metro）	葛兰素威康	埃克森美孚	11%
AXA-UAP	COLUMBIA/HCA	皇家壳牌	14%

（续）

销售收入增长率前 15 名	营业利润增长率前 15 名	股东价值增长率前 15 名	GAGR
瑞士信贷	微软	菲利普—莫里斯	12%
西门子	惠普	汇丰银行	27%
惠普	本田	宝洁	16%
大众	宝洁	惠普	37%
索尼	沃尔玛	思科	102%
三菱	默克	强生	18%

从企业的投资价值评估模型可以看到，企业投资价值及其实现效率和增长速度由其成长空间、成长效率、成长能力、成长速度及成长风险决定。

成长空间受企业的定位影响，决定了企业的潜在市场规模，影响未来收益产生的持续时间和最终规模。

成长效率与商业模式密切相关。从自由现金流角度看，提升企业的投资价值以及投资价值的实现效率和价值增长速度，无非就是从减少自身投资规模、降低运营成本、增强自由现金流的持续成长能力三个方面着手。商业模式恰恰影响企业的投资规模、运营成本和收入持续增长能力。商业模式好的企业，往往能够以更少的投资、更低的运营成本获得多的收益，并且能够高效率快速持续成长，即自由现金流规模大、增长快。例如，第5章介绍的1984年洛杉矶奥运会之所以能化以前奥运会举办方的亏损为厚利，就是因为尤伯罗斯的商业模式能够做到投资少、收入多、运营成本低。

成长能力一方面与管理机制和执行力密切相关；另一方面也与商业模式相关。因为好的商业模式，往往能够有效聚合优势资源能力，形成竞争壁垒，增强发展能力。

如前所述，金风科技以很少的资产实现了高股票市值，一方面归功于所在行业的市场空间巨大；另一方面，则是金风科技整合制造能力的轻资产商业模式和多年来的行业技术积累形成的高成长能力和成长速度。2000～2007年，金风科技连续7年实现销售收入和净利润翻番增长（详见第8章）。

福记食品1999年成立于上海，注册资金2 000万元，主营送餐业务。

2004 年上市（香港），市值 20 亿元人民币（2004 年度利润 0.82 亿元，销售额 2.5 亿元）；2006 年市值 140 亿元人民币（2006 年利润 3.5 亿元，销售 12 亿元）。

如家快捷 2002 年 6 月成立于北京，注册资金 1 000 万元，主营经济型酒店。2006 年 10 月在纳斯达克上市，市值 64 亿元人民币；2006 年利润 4 690 万元，销售额 5.9 亿元，市值 160 亿元人民币。

实际上，行业概念并非关键。国内不少企业、投资者和社会公众喜欢追捧高科技。技术含量低的传统行业往往不受投资者和公众青睐。传统行业的企业家也比较自卑，以为自己是丑媳妇，难见公婆。

我们可以看到，近年来受到资本市场追捧的行业并不是高科技而是高成长行业，包括制造业的隐形冠军；住房中介服务、餐饮、经济型酒店等连锁渠道；健康、教育培训等服务业。从资本市场投资价值看，任何市场规模大的行业和具有持续成长能力的企业，都有可能受到资本市场追捧。因此，企业投资价值规模小、价值实现效率低和价值增长速度慢的原因并不在于行业传统，而是商业模式落后。

企业的自由现金流构成也可以转换为企业的"现金收入 – 现金投资"，其中，现金收入相当于息税前收入 + 折旧和摊销。现金投资包括运营资本投资和固定资产，例如房产、工厂、设备的投资以及并购投资。

商业模式对一家公司现金收入及现金投资的趋势，即未来预期自由现金流的期限结构有重要影响。现金流结构示意图见图 6-2。

图 6-2 现金流结构示意图

　　商业模式一般的企业，在成长过程中，现金收入开始从负变正，现金收入随企业规模扩大和竞争地位增强而递增；但同样也需要持续递增的投资，即现金投资总是为负。因此，自由现金流期限结构出现正负交替的模式。

　　商业模式一般的明星企业，在增加现金投资后，逐渐降低的利润率和投资收益率使公司开始减少现金投资额，直至其每年的投资值接近折旧，即净投资接近零，同时有稳定的现金收入，进入现金收入超过现金投资的自由现金流模式。

　　竞争能力和商业模式差的企业，现金收入和现金投资一直都为负，销售额可能很大，应收账款随规模递增而扩大，但利润率下降，盈利来源单调；与供应商的谈判地位没有随之增加，应付账款却随规模递增而减少；同时，一直在进行规模递增的投资。这类企业在利润微薄的"红海"业务上仍大量投资，往往是价值的破坏者。当然，一些快速成长的新兴企业，需要大量的投资，现金收入可能暂时处于负的状态。但这类企业随着规模扩大，自由现金流变正。

　　商业模式好的企业，现金收入和现金投资都为正，属于超级自由现金流模式。这类公司的现金收入随着企业规模扩大递增，固定资产则随着企业规模扩大而递减，而营运资本则随着企业规模递增在减少，包括减少应收账款，获得预收账款；或者增加应付账款。还有处于优势地位的渠道企业，或者本身固定资产投资就少的轻资产模式企业，例如居泰隆、美特斯·邦威。

　　这里特别要提及轻资产商业模式。传统银行信贷评价标准关注企业资产抵押价值，企业交易价值也以有形资产价值为准，诱导企业普遍重视资产规模。例如，喜欢购买土地，以便增加债务抵押融资能力。但企业投资价值低，特别是企业投资价值实现的效率低、速度慢。而且在经营环境快速变化的环境下，重资产企业融资难度大，更容易陷入经营和财务困境。

　　轻资产模式的企业往往能够有效利用三个杠杆：①善于利用／整合存量关键资源能力，即资产／资源／能力杠杆，因此自身投资少，业务系统轻资产，包括直接资产轻，或者举重若轻，或者化重为轻；②库存低，应收账款少，有息负债少，即有效利用负债杠杆，运营效率高，风险低，运营资本消耗少，甚至为负；③投入资本收益高，成长速度快，成长价值和价值实现效率高，能很快获得资本青睐，有效利用价值杠杆。耐克、阿迪达斯、可口可乐，都属于轻资产商业模式。

国际奥委会本身是典型的轻资产商业模式。奥运会以追求"更快、更高、更强"的宗旨，聚合全球高手同场竞技，引无数竞技体育英雄竞折腰，吸引全球瞩目，创造巨大的商业价值。各国争相获得奥运会的主办权，提前 7 年规划和投入巨资，改善场馆、交通和环境。国际奥委会基本上不投资，却分享 49% 的电视转播权收入和主要赞助商计划收入的 10%。而举办国则是重资产商业模式。其他重要的国际体育组织，例如国际足联、NBA，都是典型的轻资产模式。

需要说明的是，轻资产商业模式不仅仅存在于渠道，供应链管理和消费品、娱乐和竞技体育等行业，也存在于资本密集的行业。例如，下面要介绍的整合存量有效资产、化重为轻的北汽福田，后面章节要介绍的利用金融工具、举重若轻的大型商业仓储建造和管理企业普洛斯。

轻资产商业模式企业，尽管主业利润率可能低，但资本收益率好，因此投资价值并不一定低。因为利润率只是基于损益表计算的，没有计算资本消耗。实际上，资本市场最终关注的不是利润率，而是资本收益率。利润率低的企业不代表投资价值低。

投入资本收益率 =（营业利润 + 其他活动利润）/ 投入资本，分子和分母各除以销售收入，可得：

$$投入资本收益率 = \frac{营业利润/销售收入 + 其他活动利润/销售收入}{固定资产投入资本/销售收入 + 运营资本/销售收入}$$

营业利润 / 销售收入代表竞争格局。竞争激烈的行业，企业营业利润率不可能持续高；单位销售收入对应的固定资产投入资本反映了商业模式。商业模式好的企业，通过制造过程外包或合作、租赁、资产证券化、存货融资、应收账款融资等方式，可以减少单位销售收入所需要的固定资产投资；单位销售收入对应的运营资本，反映企业与经销商和供应商的谈判地位。谈判能力强的企业，只需要很少的运营资本，甚至负的运营资本。例如，苏宁、国美这样的家电连锁店，25年前投资一个300平方米店面需要200万元，15年前投资一个10 000平方米店面也只需要200万元。此外，随着企业规模的增加，盈利来源随之增加，可以实现专业化经营，多样化盈利（见第5章"盈利模式"）。

利润率低的企业，由于单位销售收入对应的固定资产和营运资本投入的减少，仍然可以创造比较高的资本收益。例如，A公司销售收入为1亿元，营业利润5 000万元，投入资本1亿元，营业利润率为50%，资本收益率也是50%。当企业快速发展后，销售收入达到10亿元，由于竞争激烈，营业利润仍然是5 000万元，营业利润率是5%。但由于商业模式优化和谈判地位增强，只需要投入1亿元，因此投入资本收益率仍然是50%。

下面，我们通过一些实例来感受商业模式对自由现金流结构和企业价值的影响。

6.3　北汽福田：有效利用资产杠杆，整合存量有效资产

6.3.1　发展历程及业绩

北汽福田前身是山东诸城机动车辆厂，建于1989年，是山东省诸城市市属国有企业，原机械工业部定点生产轻型柴油汽车、四轮农用运输车的专业生产厂家。

1994年1月，经诸城市政府、北京市政府批准，诸城机动车辆厂携带576万元净资产并入北汽集团下属的北京汽车摩托车联合制造公司，更名为北汽摩公司诸城车辆厂，成为北汽摩设在山东的农用运输车的专业生产厂，主要产品为BJ2815、BJ2310、BJ1305型单排双排、自卸农用车和柴油三轮摩托车。1996年1月28日，为适应企业经营发展需要，更名为北汽摩山东分公司。

北汽福田不断延伸产品，技术创新同步推动公司快速增长。

- 1999 年进入商用车领域，主攻轻卡，获得第一次高速增长。
- 2002 年涉足重卡，迎来第二次高速增长。
- 2005 年瞄准大客车市场，丰富产品组合，迎来第三次高速增长。

1998 ～ 2004 年，累计产销商用汽车突破 100 万辆，创造了中国汽车增长最快纪录；1998 ～ 2005 年，累计产销汽车超过 130 万辆；2004 年跻身商用汽车行业第一集团，轻型卡车连续 6 年全国第一；2005 年成为中国商用车第一品牌，中国制造·品牌最具成长力企业和中国汽车工业 50 年发展最快、成长性最好的企业，中国商用车产量最大、品种最齐全企业，产品已经涵盖商用车全系列，自主品牌、自主知识产权产品产销量居全国第一位。2007 年，销售收入 300 亿元。具体见图 6-3。

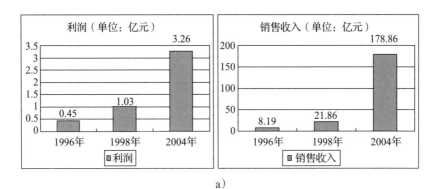

图 6-3 北汽福田主要财务指标示意图

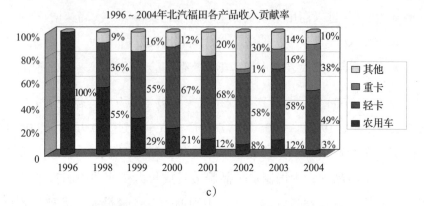

c)

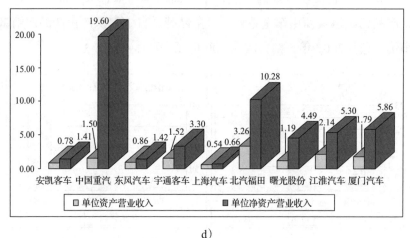

d)

图 6-3　北汽福田主要财务指标示意图（续）

北汽福田单位资产营业收入达到 3.26，在 9 家公司中排名第一；单位净资产营业收入 10.28。福田汽车用较低规模的资产和净资产，撬动了较高的销售收入。中国重汽单位净资产营业收入虽然最高，达到近 20，但其总资产营业收入低，资产负债率高（达到 92%），当时陷入财务困境。多家汽车单位总资产、净资产销量比较见图 6-4。

北汽福田如何能在 15 年的时间内，跻身中国商用汽车的第一梯队，打造中国商用汽车第一品牌？

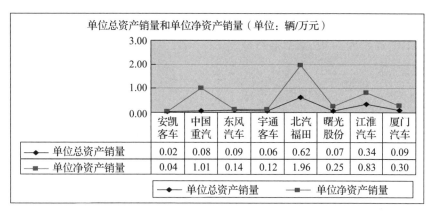

图 6-4　多家汽车单位总资产、净资产销量比较

6.3.2　战略决策 1：快速跻身农用运输车行业前列

1995 年，公司希望迅速进入农用运输车行业前列。模具和车架产能是公司急需的技术和资源，但公司缺乏资金。如何运作？

如果采用传统的扩张模式，无疑需要通过债务融资来扩大产能，增加资产，形成以下特征：在建工程多，资产大，资产负债率高；折旧高，财务费用高，随着竞争对手纷纷扩大产能，利润率和资本收益率均下降，甚至亏损。此外，大规模举债投资，自由现金流为负，企业价值低，价值的实现效率相应也低。

北汽福田采用与众不同的投资模式，联合山东潍坊工模具总厂，专业做汽车车架分装焊、总装焊、浸漆封闭的北京怀柔植保机械厂等三家企业，以净资产共计 9 252 万元作价入股。同时，吸引常柴集团、武进柴油机厂、山东华源莱动内燃机有限公司、安徽省全椒柴油机总厂等其他 99 家法人股东出资 5 160 万元，发起设立北汽福田股份有限公司，注册资本 14 412 万元。

发起设立北汽福田的 100 家股东主要分为两大类：

上游主机、配套厂家，共 55 家，包括常柴、全柴、莱动、江苏武进、上海拖内、曙光车桥等在内的各自产业领域里的一些著名企业——解决固定资产投资和营运资本来源。

下游经销商共 45 家，遍布全国 13 个省、直辖市、自治区——解决营运资本来源。

1996 年 9 月，福田股份形成了 8 万辆四轮农用车的年生产能力，生产 8 个系列、46 个品种的农用车，成为国内最大的四轮农用运输车生产企业。1997 年生产四轮农用运输车 50 695 辆，市场占有率达到 12%，居行业首位。

6.3.3　战略决策 2：设立北京福田环保动力公司，进军轻卡

1999 年，北汽福田总部尚在山东诸城。随着公司业务拓展和市场发展需要，公司拟将总部搬迁到北京，充分利用北京的地理、政治、人文优势，发展北京汽车工业。同时，北汽福田不希望仅停留在原有水平之上，必须主动出击，进军发动机行业，掌握汽车核心技术。北汽福田一直以山东为核心在北方市场进行辐射，急需在南方设立生产基地，进军南方市场。1999 年，北汽福田轻卡生产能力存在 5 万辆的缺口；同时，公司抓住市场契机，准备进入客车行业。但公司现有生产资源有限，也不可能有多余资金重新设厂增加成本。

根据北汽福田的资产状况，要想进军轻卡领域，不可能重新投资。北汽福田再次采用利用社会存量资产进行资产重组的模式，实现了"蛇吞象"的低成本资本扩张。

- 北汽福田以 6 413 万元的土地投入，占新公司 19.14% 的股份，成为第一大股东。
- 北京拖拉机集团公司以 5 709 万元厂房设备出资，占 17.04% 的股份；同时，以 150 万元 / 年的租金，租赁北京拖拉机厂价值 6 亿元的厂房、土地及设备，租期 10 年，极大降低了公司的成本；而当时公司净资产仅为 4.7 亿元。
- 湖南华裕发动机公司以 719 万元 SD22 高速柴油发动机生产线出

资，以 50 万元 / 年的租金，租赁长沙价值 2 亿元的厂房、土地及设备，为该厂解决 1 000 人的就业问题。

- 北内集团某分公司以 3 500 万元的 4JB1 发动机生产线出资，占 10.45% 的股份，解决 800 人的就业问题。
- 沈阳发动机制造有限公司以 3 188 万元铸造设备出资，占 9.51% 的股份，解决 500 人的就业问题。
- 其他 43 家股东以 13 961 万元资产、现金、债转股出资，占 41.71% 的股份。

北汽福田又一次利用资产杠杆，以 6 413 万元的土地投入，占 19.14%，整合了北京拖拉机厂价值 6 亿元的资产、沈阳铸造厂价值 5 000 万元的资产、湖南华裕发动机厂价值 2 000 万元的 483 发动机资产、北内五分厂价值 8 000 万元的 493 发动机资产；同时，引入 182 家战略投资者，成立北京福田环保动力股份有限公司，解决了流动资金短缺问题和北汽福田总部基地问题；并通过项目运作，成立了沈阳发动机铸造厂、北汽福田发动机厂、北京福田客车厂、长沙汽车厂，解决了 4 100 名职工的就业问题，解决了北汽福田 5 万辆客车的产能和 5 万辆发动机产品的生产能力问题，同时利用柔性生产线解决了北汽福田轻卡生产能力不足的问题。

1999 年 8 月在北京市昌平注册成立北汽福田环保动力股份有限公司，2001 年 6 月改制为股份有限公司，注册资本 39 602.6 万元。

经营范围：制造、销售汽车、机械电器设备、车用发动机等。

汽车主导产品：风景海狮客车系列、传奇 SUV 系列和萨普皮卡系列，现有生产能力为单班年产汽车 5 万辆。

发动机主导产品：奥铃 4JD2、奥铃 4JB1、奥铃 4Y 三大系列 50 余种柴、汽油发动机。

通过该公司的成立及增资扩股，利用社会资源扩大规模，增加产品系列和生产能力，使得公司汽车产品的生产稳步增长，发动机生产能力从无到有，形成了 483、493、491 三大系列，年产 5 万台的生产能力。同时，还为福田汽车搭建了一个新的对外投融资平台，环保动力公司对外投资情况如下：

- 成立新兴福田建筑工程有限公司，主要是开拓公司新业务，同时解决富余人员就业问题。
- 重组控制珀金斯动力（天津）有限公司，主要是为福田汽车的轻型卡车产品进行配套，培育发动机生产及管理人员，为北汽福田与DC公司合作做准备。
- 成立枣阳福田专用汽车有限公司，为福田汽车重卡产品及诸城汽车厂相关产品配套。选择重组该企业，主要为降低成本，再新建同等规模企业需2亿元。
- 重组成立南海汽车厂，作为北汽福田的南方汽车生产基地，扩大了公司产品的辐射半径。

湖南华裕发动机公司、北京拖拉机厂、北内集团京铃发动机厂、沈阳发动机铸造有限公司部分有效资产进入环保动力股份公司后，很快扭亏为盈，成为福田生产的专业厂，解决了职工就业问题，有效地利用了闲置资产。以北拖厂为例，从1996年开始，有1 800名职工一直在家待岗，环保动力公司的成立使他们重新走上了工作岗位。环保动力公司各事业部属地纳税，均成为当地的利税大户，支持了当地财政。同时通过产业链带动当地相关行业的发展，促进了当地经济的发展。长沙汽车厂成为湖南省产销量最大的汽车厂，极大振兴了当地的工业经济，并带动相关行业的发展，为当地就业、税收、经济发展做出了积极贡献。

6.4　Borders与亚马逊自由现金流结构比较

Borders是美国传统商业模式的图书零售企业，固定成本和运营资本投资随着企业规模扩大而增加。Borders公司在销售收入2.7亿美元时，固定资产占销售收入的80%，运营资本（应收账款＋存货－应付账款）占销售收入的 21%。销售收入 10 亿美元时，固定资产占销售收入仍然高达 72%，运营资本仍然占销售收入的 20%。与销售收入 2.7 亿美元相比，基本上没有变化。

Borders 盈利稳定，现金收入为正。由于公司的现金投资规模惊人，最终综合的结果是负的自由现金流。

而借助网络平台构建新的商业模式的亚马逊，高额的营销支出及相对较少的销售增长使公司亏损逐年增加。但同时，公司资产负债表项目产生了现金流入，通过应付账款及其他各种由供应商提供的无息贷款的增加及应收账款的减少，公司营运资本逐渐减少。由于公司用于固定资产及计算机设备的投资也很少，最终亚马逊从现金收入为负、现金投资为负，朝着现金收入为正、现金投资为正的方向迅速变化。

亚马逊销售收入在 1 亿美元时，运营资本占销售收入的比例为 –7%；固定资产占销售收入的比例只有 26%。销售收入在 10 亿美元时，固定资产占销售收入的比例下降到 13%，运营资本占销售收入的比例下降到 –9%。

6.5　万豪酒店：轻重资产及其现金流分拆

在全球直接经营 1 000 多家酒店、特许经营 1 700 多家酒店的万豪，在人们的通常想象中应该是一个拥有庞大固定资产的重资产企业，但实际上，公司凭借其独特的金融能力——地产子公司的资产证券化服务——靠轻资产战略实现了对全球 2 700 多家酒店的金融控制，固定资产只有 23 亿美元，不到麦当劳的 1/8，仅占公司总资产的 27%（而无形资产在总资产中占了 16%），每 1 美元的收入只需要 0.2 美元的固定资产支撑。换句话说，每 1 美元固定资产能够产生 5 美元收入和 0.3 美元的利润。

6.5.1　分拆资产，管理与地产分家

万豪酒店集团 1993 年将资产一分为二，分拆成万豪国际（Marriott

International）和万豪服务（Host Marriott）。

万豪服务掌握了集团的不动产和债务，但不参与管理；万豪集团转而将万豪服务出售给高税赋的投资者，由于不动产和债务在会计处理上以折旧、利息等项目计入经营成本，减少了持有者应交所得税税基和所得税赋，因此他们愿意溢价购买这些不动产和债务带来的税盾，从而降低所得税赋。

万豪国际则转型成纯粹的服务性机构，与投资者签订长期的管理协议对酒店进行经营管理，但不拥有产权。

这一分拆一方面通过资产出售直接为企业产生现金，另一方面通过长期的管理协议又为企业提供了稳定的收入来源。这种分拆资产可以用于当上市公司的资产价值对于市场而言拆散时的价值高于其作为整体时的价值，是资产结构优化实现盈利增长的一种方式。

许多企业在经营中无法创造满足资本回报要求的盈利是因为它们有过多的非经营性资产，比如许多国内的企业有自己的会议中心、食堂、员工宿舍等，这些资产显然并未直接为企业产生价值，却占用了大量资金，产生相当高的机会成本。这些企业如果想提高资本使用效率、降低资本成本，可以考虑运用财务手段，剥离非经营性资产。

6.5.2　万豪服务收购喜达屋旗下优质资产

2005 年 11 月 14 日，世界最大的酒店及度假休闲管理集团之一的美国喜达屋公司将旗下遍布欧、亚、美三洲的 38 家酒店地产出售给万豪服务公司。此次交易总价值近 41 亿美元，是 2005 年全球最大的一起酒店转让案。

喜达屋抛售的 38 家酒店共有客房 1.9 万间，占公司全部客房总数的 40%，包括 20 家喜来登酒店、13 家威斯汀酒店、2 家 W 酒店以及瑞吉、至尊精选和无品牌酒店各 1 家，其中 28 家位于北美，6 家在欧洲，亚洲和拉美各有 2 家。根据协议，万豪服务将付给喜达屋股东 10.6 亿美元现金及

23.3 亿美元公司股票，此外还将承担后者 7 亿美元的负债，总金额高达 41
亿美元。交易完成后，喜达屋仍将享有这些酒店 40 年的品牌管理权。

2005 年早些时候，洲际酒店、希尔顿酒店、Wyndham、英国休闲酒
店集团 Whitbread 等业内巨头都做出了类似举动。La Quinta 也以 30 亿美
元将旗下酒店资产卖给了黑石基金。和竞争对手的策略相同，喜达屋也正
逐渐蜕去酒店地产商的角色，而集中精力向品牌管理和特许加盟经营业务
转变。

喜达屋 CEO 史蒂夫·海亚在声明中表示，剥离酒店资产将使喜达屋
专注于向消费者传递品牌价值，"他们在乎的是一种高尚的生活方式，这
正是品牌管理的核心理念。从某种程度上说，决定一个酒店成败的是管理
而非酒店本身"。而 Susquehanna 金融集团分析师 Robert LaFleur 也从经
营角度指出："收取酒店管理费要比持有酒店利润更高而且风险更小。"

通过此次交易，喜达屋剥离了相关不动产，全力向酒店品牌管理服务
商转型，而且还将计划再出售约 40 亿美元的酒店资产。喜达屋旗下拥有
或管理的酒店超过 740 家，遍及 80 多个国家和地区，剔除此次出售的 38
家，公司直接拥有的酒店数尚余 93 家。

而对万豪服务来说，酒店实属不可多得的优质资产形态。史密斯旅游
调查公司的研究显示，2008 年美国酒店客房收入将增长 8.1%，为历年来
最高水平。由于旅游需求旺盛，酒店市场供需比例失衡，新酒店数量有望
增长。从中长期看，酒店是一个投资回报率较高的地产项目。

接手喜达屋的 38 家酒店后，万豪服务成为美国最大的酒店集团和第
六大公共房地产投资信托公司，资产总值在 160 亿美元左右。此外，万豪
服务酒店品牌线也将大大扩展，"万豪"品牌所占比例将从目前的 70% 降
至 50%，公司旗下各类豪华酒店将一跃升至 145 家。

6.5.3　REITs 托起酒店业

万豪是一个通过其股东董事会进行自身经营和管理的基金。截至 2005

年 2 月 28 日，在美国房地产信托基金（REITs）的综合指数中，万豪酒店集团一直是最大的酒店类房地产投资信托基金。

万豪集团于 1999 年 1 月 1 日正式变身为房地产投资信托基金性质的公司。REITs 身份可以为集团带来巨大的益处。首先，房地产投资信托基金的身份可以让万豪享受公司税收减免，因为房地产投资信托基金必须把 90% 以上的利润拿出来作为分红发放给投资者。其次，由于基金吸收了大量来自民间的个人投资资金，万豪在转变成为 REITs 后，资金状况得到改善。雄厚的资金势力也让集团在此后的收购竞标中更加具有竞争力。最后，房地产投资信托基金的身份让公司的股东结构更加多元化和稳定。

万豪最根本的经营策略其实非常简单，就是通过所持有物业的升值和盈利能力的提高来为公司的股东带来最大的回报。万豪将过去多年来取得的成功都归功于公司长期策略的顺利执行。这个长期策略专注于收购那些有升值潜力的城市黄金地段的酒店物业。收购之后，万豪再设法使酒店的运营成本削减到最小，从而得到最大限度的回报。

在长期策略的指导下，万豪公司的债务与净资产之间的比例保持在一个良好的水平。在 2004 财年结束时，公司现金流非常充足，可利用的现金 3.45 亿美元。同时，万豪通过出售其非核心业务获得的 1 亿美元净收入也将用于公司持有物业的投资上。

在 20 世纪 70 年代，万豪的资产负债表确实很"重"，自建的酒店形成了资产负债表左侧的高固定资产和右侧的高负债。但在石油危机期间，银行贷款利率暴涨，企业的资金链非常紧张，为了获取扩张所必需的金融资源，公司迫切需要将固定资产所束缚的现金流释放出来。不同于餐饮企业，酒店地产的专属性强、流动性和外延性弱的特点都使得万豪很难像麦当劳那样从地产中获得超额收益，其超额收益仅来源于品牌化管理，而这种核心竞争能力的强化需要有大量的金融资源支持。另一方面，万豪的酒店管理业务本身能够产生相对稳定的现金流，但地产业务却是高风险的周期性行业，为了将这两部分风险特征完全不同的业务隔离开来，企业需要在资产表上将无形资产与固定资产隔离开来。

在石油危机的冲击下，万豪对其业务结构进行了重大重组，分拆出两家相互独立的子公司：专营酒店地产业务的万豪服务和专营酒店管理的万豪国际。母公司将万豪旗下的所有酒店地产剥离给万豪服务，由该公司进行资产证券化的包装，以释放、回笼现金流（见表 6-2）；而万豪国际则几乎不直接拥有任何酒店资产，只是以委托管理的方式赚取管理费收益。目前两家公司各自经营良好，经营管理业务的万豪国际在直营的同时开发了特许业务；而经营地产业务的万豪服务则将业务延伸到万豪品牌以外，开始为喜达屋等其他酒店品牌处置固定资产，"轻"化企业负担。同时，两家公司之间又进行紧密的合作，根据管理公司扩张需求，地产公司为其融资新建或改建酒店，然后与管理公司签订长期委托经营合同；而万豪的品牌效应则保证了地产公司的证券化收益。

表 6-2　资产证券化对万豪资产负债表的影响

（单位：百万美元）

资产			负债及权益		
流动资产	2 010	9%	负债		
长期投资	1 550	7%	无息负债	3 541	15%
固定资产（证券化后）	2 341		有息负债	16 737	71%
证券化资产	15 000				
固定资产（证券化前）	17 341	74%			
无形资产	1 390	6%			
其他资产	1 239	5%	股东权益	3 252	14%
资产总计	23 530		负债权益	23 530	

注：表中数据存在四舍五入。

在对资产负债表做了上述"手术"后，万豪上市公司的资产负债表大为"轻"化，固定资产仅占总资产的 27%，而无形资产则占到 16%。公司的核心竞争能力一目了然。资产负债表的变革改变了企业的盈利模式，也带来了业绩的改变。在轻资产战略下，万豪的资本回报率大幅提升——尽管酒店行业的利润率较低，经营利润率和净利润率都仅为 5% 左右，但由于万豪的资产表很"轻"，因此，企业的资产回报率显著高于利润率，息税前利润与投入资本之比高达 16.5%，净资产收益率达到 20.6%。万豪的这种高资产效率也得到了资本市场的认同，其市净率在 5 倍左右。具体见表 6-3。

表 6-3　万豪与麦当劳的财务数据对比[⊖]

	固定资产占总资产比例	无形资产占总资产比例	经营利润率	净利润率	ROIC	ROE	PB
万豪酒店	27.44%	16.30%	5.80%	5.35%	16.50%	20.57%	5.02
麦当劳	66.38%	6.50%	20.37%	12.04%	16.40%	17.18%	2.88

资料来源：万豪和麦当劳公司 2005 年年报。

　　金融战略的合理运用为企业推广品牌的管理战略奠定了基础。压缩的左侧资产大大减轻了右侧负债的负担，在同样的金融资源支持下，企业可以进行更快速的扩张，并迅速成为全球最大的酒店管理集团。当时万豪拥有 17 家酒店，其土地资产总值 2.59 亿美元，如果万豪直营的 1 034 家酒店全部自有的话，那么其资产负债表左侧仅土地一项就要多出 150 亿美元，从而使固定资产总额达到 170 多亿美元，占总资产的 74%，而资产负债表右侧也会相应增加 150 亿美元负债，从而使有息负债率达到 71%，总负债率达到 86%。企业经营风险将大幅增加。

　　由以上分析可见，万豪的轻重资产及其现金流分拆模式是推动企业快速、健康成长的原动力，是它跑赢众多顶级酒店管理集团的法宝。之后这一战略模式也开始被其他酒店管理集团效仿。不过，并非所有连锁企业都能够成功运用这一模式，因为这种业务分离的轻资产模式需要企业拥有专业化的金融能力，能够熟练运用各种金融工具，并面向一个通畅的金融市场。在目前国内的金融环境下，应用轻资产战略的连锁企业更现实的选择可能是引入一个优质的金融合伙人作为其"金融右脑"，以解决品牌扩张中的金融载体问题，而这也是沃尔玛和深国投联姻的原因。

　　⊖　这里的 ROIC 是息税前利润与投入资本（股权资本 + 有息负债）之比，用以衡量剔除资本结构和税率因素后的总资产盈利能力。

附录 6A

全部资本自由现金流和股权资本自由现金流计算实例

一、投资机会假设

某建材销售公司正在考虑开一建材超市，有关假设如下：

1. 超市占地面积 50 000 平方米，初始投资 1 100 万元，经营期限为 10 年。在第 5 年年末，将追加投资 150 万元；预计超市 10 年后的残值约为 850 万元。

2. 超市第一年销售额预计为 3 000 万元，10 年内销售额每年递增 5%。

3. 营运收入和折旧估计见表 6A-1。

4. 净营运资本为销售收入的 8%，第 10 年年末全额返还。

5. 假设营运资本的投资发生在每年年初，资本成本为 12.5%，所得税率 36%。

表 6A-1　营运收入和折旧估计

年份	EBIT×(1-T)	折旧	年份	EBIT×(1-T)	折旧
1	212 500	532 000	6	1 750 000	296 000
2	355 000	720 000	7	2 330 000	264 000
3	512 000	576 000	8	2 700 000	260 000
4	800 000	460 000	9	3 130 000	260 000
5	1 150 000	368 000	10	3 350 000	260 000

二、全部资本税后自由现金流

营运资本需求见表 6A-2。

表 6A-2　营运资本需求估计

年份	销售收入	销售收入变化	营运资本变化	营运资本总额
1	30 000 000	30 000 000	2 400 000	2 400 000
2	31 500 000	1 500 000	120 000	2 520 000
3	33 075 000	1 575 000	126 000	2 646 000
4	34 728 750	1 653 750	132 300	2 778 300
5	36 465 188	1 736 438	138 915	2 917 215

（续）

年份	销售收入	销售收入变化	营运资本变化	营运资本总额
6	38 288 447	1 823 259	145 861	3 063 076
7	40 202 869	1 914 422	153 154	3 216 230
8	42 213 012	2 010 143	160 811	3 377 041
9	44 323 663	2 110 651	168 852	3 545 893
10[①]	46 539 846	2 216 183	177 295	3 723 188

　　① 第10年的现金流包括历年营运资本的回收和最初资本投资的残值。

　　营运资本变化发生在每年年初。综合考虑投资需求、营运收入，可以估算出该超市的税后现金流，见表6A-3。

表 6A-3　超市全部资本税后现金流

年份	固定资产投资	EBIT（1-T）	折旧	运营资本变化	税后自由现金流
0	（11 000 000）	0	0	（2 400 000）	（13 400 000）
1		212 500	532 000	（120 000）	624 500
2		355 000	720 000	（126 000）	949 000
3		512 000	576 000	（132 300）	955 700
4		800 000	460 000	（138 915）	1 121 085
5	（1 500 000）	1 150 000	368 000	（145 861）	（127 861）
6		1 750 000	296 000	（153 154）	1 892 846
7		2 330 000	264 000	（160 811）	2 433 189
8		2 700 000	260 000	（168 852）	2 791 148
9		3 130 000	260 000	（177 295）	3 212 705
10	8 500 000	3 350 000	260 000	3 723 188	15 833 188

　　全部资本税后现金流 =EBIT × (1-T) + 折旧 - 资本支出 - 营运资本变化

　　计算表明，净现值为 -1.718 万元。

　　商业意义：该项目在给定的经营假设下，投资价值不能满足15%的收益要求。

三、股权资本自由现金流

　　假设初始投资1 340万元中有500万元可以8%的利率贷款。每年年底支付利息，第10年年末偿还本金。具体见表6A-4和表6A-5。

表 6A-4　期间付息、期末还本的债务还款现金流出

年份	利息支出	年份	利息支出	本金偿还
1	400 000	6	400 000	
2	400 000	7	400 000	
3	400 000	8	400 000	
4	400 000	9	400 000	
5	400 000	10	400 000	5 000 000

表 6A-5　股权资本自由现金流计算

年份	全部资本自由现金流	借款	利息 ×(1−T)	本金偿还	股权资本自由现金流
0	(13 400 000)	5 000 000			(8 400 000)
1	624 500		(256 000)		368 500
2	949 000		(256 000)		693 000
3	955 700		(256 000)		699 700
4	1 121 085		(256 000)		865 085
5	1 127 861		(256 000)		871 861
6	1 892 846		(256 000)		1 636 846
7	2 433 189		(256 000)		2 177 189
8	2 791 148		(256 000)		2 535 148
9	3 212 705		(256 000)		2 956 705
10	15 833 188		(256 000)	(5 000 000)	10 577 188

股权资本成本 $r = 15\%$ 时，$NPV = -981\ 842$（元）

商业意义：该项目在给定的经营假设下，投资价值不能满足 15% 的收益要求。

下　篇

发现商业模式

第7章

家居整体服务提供商：居泰隆

———

无论多么先进的技术，只有以某种形式，与合适的商业模式结合，才能体现出投资价值；而同样的技术，采用不同的商业模式，创造的价值也迥异。

家居设计软件就是这样一种技术。

这是一种技术含量很高的软件。通过这种软件，居住者可以解决居所的空间功能规划、装修装饰风格设计、家具布置、饰品摆放、色彩灯光的搭配等令人头疼的问题。但如何让这种软件创造出最大的价值却有完全不一样的商业模式。

带着这样的困惑，首先让我们了解一下家居装饰行业的背景。

随着我国人民生活水平的不断提高，居家装饰已经并将持续成为人们消费的一大热点。据中国装饰行业协会2004年公布的资料：2003年我国城乡居民用于居家装饰的费用高达13 500亿元，其中用于购置家居商品的费用高达5 000亿元，并以年均30%的速度递增。2003年居家装饰行业总销售收入为13 500亿元，而同期汽车行业和家电行业分别仅为3 380亿元和2 816亿元。

庞大的需求，促进了居家装饰行业的迅猛发展，权威数据显示，当时我国从事家庭装修的企业多达 18 万家，从事家居销售的企业更是不计其数，仅北京市营业面积超过 5 000 平方米的家居销售企业就有 400 余家，例如，英国的百安居、瑞典的宜家、国内的红星美凯龙、东方家园、集美、曲美、爱家家居、居然之家、好美佳……

然而，市场繁荣的另一面却是百姓对居家装饰的抱怨和不信任。据上海市家庭装饰行业协会和市消协公布的资料，2003 年分别受理投诉 2 364 起和 400 余起，比往年同期上升 86%；其他城市的上门投诉率也一直维持在较高水平。据公布的资料，其投诉率一直居所有行业投诉的前五位，顾客对居家装饰的不满意率更是高达 90%。其直接原因一是由于不能与顾客进行形象直观的沟通，导致顾客的真实想法无法体现；二是设计与家具商品配置的分离，导致装修的风格、色彩与配置家具商品的颜色、款式产生迥异的矛盾，无法实现所见即所得的居家装饰效果；三是模糊且不完全的报价与选材，一方面导致设计选材与实际使用的材料不相符，另一方面导致顾客实际支出的居家装饰费用远远高出原预算费用；四是不能为顾客提供从设计、施工、家具配置、质量监督到居室布置一体化的托管式家装服务。

综上分析，其根本原因在于传统居家装饰的不科学性。

简单分析一下传统的居家装饰模式：装修公司只负责施工，材料供应商只负责提供材料，家居商品供应商负责提供家居商品，信息的不对称往往使消费者处于被动的地位；对家居装饰几乎不了解的顾客负责对施工质量和装修效果进行监督，各个活动的连接需要由顾客来完成。具体见图 7-1。其结果不但达不到理想的家装效果，并且费心、费力、费时、费钱。居家装饰是一门专业性很强的学问，需要有空间、平面、色彩、美术和设计的功底，由一名非专业的人士去完成专业性很强的工作，

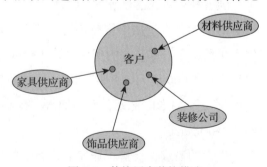

图 7-1 传统居家装饰模式

必然会导致上述结果。

面对机遇与挑战并存的国内家装市场，居泰隆应运而生。

北京居泰隆科贸有限公司是国内首家家居整体解决方案提供商，始创于 2001 年 5 月，其以全新的"实体家装"服务理念、独特的价值网商业模式和轻资产金融模型在短时间内迅速发展。公司自 2002 年 10 月份以来，凭借其独立研发的 HDS 系统（版权号：2003SR1904）构建了以线上交易为龙头，线下的服务、支持为基础，线上与线下交易相结合的全新家居商业模式，改变了传统家居商品的投资模式，节省了交易成本，在提供更多选择的同时降低了客户购买费用，强化了对客户的服务功能。公司建立了一套较为完整的运营、服务、物流交易体系，并在国内 19 个省市建立了 200 余个服务网点，网上商城开通并正式投入运营。

2005 年，公司实现委托订货量 1.2 亿元，实现净利润 718 万元。

居泰隆成功的秘诀是什么？如何通过商业模式将技术转化为商业价值？

居泰隆创建初期，主要将精力集中于开发一套可视化的家装设计和互动销售服务系统（HDS）。居泰隆与数百家国内品牌家居产品制造商签订了供货合同，系统存有这些品牌家居制造企业的数千种产品图样，用户只要向软件中输入房间的空间大小、形状等信息就可以根据自己的喜好选择装修风格和材料，现代简约、欧陆风情、古典情怀，均可随心所欲、自由选择；还可以挑选并摆放各种品牌、款式、风格、颜色的家具和饰品；用户也可以随时更换摆放在房间中的地板、灯具、壁纸，等等。所有这一切都是三维立体的并与实际场景完全一致。当用户确定了自己理想的家装设计方案后，只要按下确认键，计算机就会列出需要购置的所有产品的品牌、规格、型号、材质、价格等，甚至可以列出装修的流程和规范。更让人惊奇的是，所有这些产品都比消费者自己到现有家居卖场打折后的价格还便宜 15% 以上！

为了把这种软件推向市场，居泰隆经过深思熟虑采用了一个与传统做法完全不同的商业模式：通过互联网在全国寻找居泰隆加盟商。2003 年一年就开发了 100 家加盟商，加盟费分为 A、B、C 三类，从 8 万～ 20 万元不等。这些加盟商只需投资 30 万～ 50 万元就可以拥有一个自己的名为居泰隆的数百平方米的店面并有一整套完整的运营手册，店面按照标准建设，相关人员均需经过居泰隆总部培训后才能上岗。各加盟店运用此软件招揽客户，当客户需要购买软件中配置的家具、饰品时，加盟店必须向居泰隆全额付款，然后由居泰隆转交给供应商。加盟店交钱并下订单后，全国范围内只要 15 天客户就可以收到所订购的商品，并且可以在三天内无理由退换货。到了 2005 年，居泰隆加盟店的总数已经超过了 200 家，由于这些加盟店所销售的商品比同一地区同品种的商品便宜 15% 以上，所以加盟店的效益一般都比较好，大部分加盟店都在一年内收回了投资，而此时的居泰隆甚至连一家自己的店面都没有。居泰隆除了向加盟店收取加盟费外，还根据加盟店通过居泰隆采购商品的金额收取一定比例的管理费；由于是集中采购，居泰隆还能够从供应商处获取 3% ～ 6% 不等的返点。更有意思的是，当居泰隆把自己培养的熟练软件操作人员派往各加盟店时，加盟店还根据这些人的贡献向居泰隆缴纳一定比例的员工管理费。

到了 2006 年，居泰隆开始将其家居设计软件的简易版放在了网上并开始涉足网上电子商务业务。具体做法是，如果各地的客户通过此网络找到居泰隆在客户所在地的加盟店，加盟店还需要向居泰隆缴纳所购商品一定百分比的信息费。

从 2003 年该软件正式推出到 2006 年，仅仅四年时间，居泰隆整个企业系统的年营业额就超过了 5 亿元人民币。

2006 年年底，香港豪尔投资公司向居泰隆投入了 500 万美元的风险资金，主要用于建设直营店、收购加盟店以及相关软件的研发等，其对居泰隆的估值已经超过了 1 亿元人民币。一个有趣的现象是：有一些经营得比较好的加盟店现在已经不再租用数百平方米的卖场，仅仅几台笔记本，一个比较好的办公环境就可以经营好自己的放在计算机里的家居"超市"了。

而对比另一家传统的圆方软件公司，该公司成立于1994年，经过多年的打拼，圆方公司通过直销，发展经销商、代理商，办培训学校，搞认证，培养客户等很多行业内颇具超前意识的方法开发了5万余家客户，其销售的软件在国内家居产业的市场占有率高达90%以上。在装修装饰、建材和家具设计行业的从业人员几乎没有人不知道圆方软件，也几乎没有人未使用过圆方软件。但就是这样一家对中国家居行业的发展做出如此巨大贡献的公司，2006年营业额仅3 000万元，在国内软件行业，也算是一家不小的公司了。但如果按照风险投资的一般做法，依据5倍左右的市盈率对其估值的话，能达到3 000万元人民币已经是很给面子了。

同样是家居软件开发，为什么居泰隆就能整合家具行业产业链的所有资源，获得了超出其他同行竞争者数倍的利润？让我们从商业模式的定位、业务系统、盈利模式、关键资源能力、现金流结构等方面一步一步细细分析。

7.1　定位

如前所言，居泰隆颠覆了传统意义上的装修公司和家居商城各自为战的模式，通过HDS技术系统整合相关家居装饰资源，成为为客户提供家居整体解决方案的服务商——为客户提供便捷、迅速、满意、无忧的家装一体化服务，从而实现家居的销售，获得家居服务和家居销售的双重利润。

便捷。居泰隆构建的"实体家装"模式和托管式家装服务，彻底改变了传统的家装概念。客户进入居泰隆超市，仅需提供家装的要求，居泰隆凭借HDS系统和专业的服务，即可为其提供从设计、施工到家居配置一体化的托管式家装服务。

迅速。HDS系统强大的设计功能可以与客户进行可视化的交流，大大缩短了设计时间，客户还可以全方位直观地浏览设计效果。客户仅需签署一张订单，居泰隆即可在规定时间内向其提供与装修风格、颜色相匹配的家居商品，实现了厂家直销，有效地减少了中间环节，节约了家居购买的费用。居泰隆科学、专业的施工管理不但有效地保证了工程的质量，而且缩短了施工周期。

满意。居泰隆倡导的实体家装设计保证了装修风格、色彩、空间与家居的款式、颜色、规格协调统一，实现了人们希望的所见即所得的家装效果。托管式服务采取全面透明式的报价，即对所选用的材料、工艺做法和工费进行透明化，对材料采购和施工管理规范化，对家装后的服务公开化，切实有效地保证了客户的利益，实现了人们轻松满意家装的愿望。

无忧。严格的质量控制制度，保证工程所用的材料与设计所选材料相一致；工艺做法与标准做法相一致；所选家居商品的品牌、材质、款式、质量与标注相一致。此外，居泰隆承诺三日无理由退货，保证了顾客轻松无忧购物的愿望。

7.2　业务系统

居泰隆凭借 HDS 系统和居佳家网上商城构建了一个以居泰隆公司为中枢，以服务网点、家居产品生产企业和物流公司为协作网络的家居整体解决方案运营机制；形成了线上为龙头，线下的服务、支持为基础，线上与线下交易相结合的商业模式。

具体参见图 7-2。

居泰隆的网上商城居佳家提供了从卫浴、地板到所有家居商品等万余种家居商品的信息，灵活、完备的数据库记录了所有家居商品的尺寸、款式、材质、颜色等关系家居装饰设计和选择的要素，方便顾客通过网络浏览或任一居泰隆服务网点登录进行家居装饰配置。当顾客通过居佳家网上商城或服务网点确定了自己的居家装饰方案和需要订购的家居商品之后，这些信息及时通过互联网传递到居泰隆总部，并经过订单分析后同步反映到生产厂家的信息系统中。厂家按照订单迅速完成生产，并通过第三方物流直接将家居商品送达消费者。

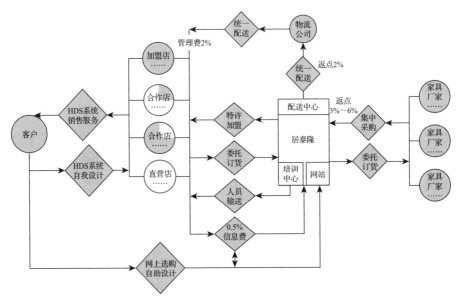

图 7-2　居泰隆创新的价值网居家装饰商业模式

对于不同偏好的顾客，居泰隆分别提供线上和线下服务，电子商务和传统购买方式有机结合，并以共同的后台支持系统为依托。在线上，居泰隆利用网络和电子商务技术实现了传统购买方式无法比拟的自助式设计和便捷购买，搭建了当时国内最专业、功能最完备的家居商品定制交易平台——居佳家。消费者可以首先通过居佳家了解到最新的家居装饰时尚和动态，成为专业的消费者；并且可以通过居泰隆的可视化家装设计系统自行完成个性化的居室设计，生成订单后经由系统处理进入订单校对、下达、款项交割和物流配送环节。在线下，居泰隆在全国 19 个省市铺设了200 余家服务网点，消费者在设计人员的指导下能够完成可视化的家居设计。与居泰隆形成战略合作的数百家各类家居产品供应商和外包物流服务提供商会严格按照线上或服务网点产生的订单以最短的时间提供给消费者定制的家居产品。居泰隆线上的电子商务交易平台与线下的服务网点、供应商体系、外包服务提供商共同构筑了独特的价值网居家装饰模式，可以说居泰隆商业模式的成功将成为传统行业与电子商务相结合的典范。

　　在整个销售流程中，居泰隆控制了最为关键的信息流，而将包括制造、部分销售终端、物流的业务都予以外包。居泰隆的运营模式使其能够专注于中心店建设、供应链营销、运营指导以及品牌管理；同时，通过高质量的外包和衍生服务为顾客提供一系列家居装饰增值内容，顾客在居泰隆家居装饰平台上完成的不仅仅是家居商品的购买，更是科学、个性化的家居整体解决方案。居泰隆价值网居家装饰模式的核心在于通过不断满足客户家居装饰的个性化需求来带动家居产品的销售，实现消费者和居泰隆、合作伙伴的多方共赢。

7.3　关键资源能力

　　居泰隆的核心技术是 HDS 系统，因此一切都围绕着该核心技术构建商业模式，并将技术价值最大化。居泰隆的业务系统要想运转良好，离不开关键资源能力的支撑。

　　外包策略。居泰隆没有为工厂、机器、仓库、服务网点花费大量资金，而是与家居生产企业、物流公司和 200 多家服务网点开展了紧密的合作，采取外包策略。本着共赢的理念，居泰隆在寻求并恪守自身合理利润空间的同时充分保证合作伙伴的利益，居泰隆也深知这是构建稳定的合作体系、为顾客提供高水平、高一致性服务的关键。

　　品牌化策略。在居家装饰市场，口碑是消费者极其看重的因素，因此品牌化策略尤其重要。而居泰隆提供的便捷、迅速、满意、无忧的居家装饰服务将使其具有很高的顾客知名度、信任度与忠诚度，并因此获得额外的利润。

　　锁定客户。居泰隆借助网上交易商城居佳家和定期出版的《居家装饰123》以传统和现代相结合的方式向消费者介绍最新的家居装饰技术和理念，促进家居产品关注者和购买者成为专业的顾客，培养稳定、忠实的客户消费群体。2005 年下半年，居泰隆推出楼宇销售服务系统。该系统的特点是为楼宇小区量身定做，先期在系统中预制了该小区的各种户型和居家装饰方案，使得顾客在买房时，就可以为其提供个性化的家居整体解决方案。通过与开发商合作，这套系统无疑将使居泰隆能够锁定大量的顾客。

牢固的供应商关系网。传统的销售商和生产企业的关系一般都建立在买卖关系之上，其核心策略是通过对供应商的不断挤压，获取自己更高的利益。而居泰隆不同，它与生产企业的关系定位是战略合作伙伴，将保证生产企业的合理利润纳入到居泰隆的价值网体系，从而进一步激发生产企业对居泰隆的忠诚度。经过多年家居行业的从业积累和努力开拓，居泰隆已与全国 100 余家知名家居产品厂商建立了牢固的供应关系，加盟居泰隆的服务网点 80% 均实现了盈利。在居泰隆的产品数据库里已存储数千件家居及家居饰品的完备信息，庞大、齐全和互利的供应商关系网为居泰隆营造了不易复制的领先优势。

创新的设计。由于居泰隆的技术和网络都在国内领先，因此其他公司要进入这个市场尚需时日。就系统而言，预计其他公司至少需要 2 ～ 3 年才能开发出类似的系统。而居泰隆则在积极开发下一代家居设计系统，2006 年年初向市场推出基于 HDS 系统的人机对话版本，为全面推动实体家装的应用和发展奠定了良好的基础。

超低的价格。居泰隆通过对资源的整合，减少了中间环节，降低了经营和流通成本，同时还解决了当前商品销售中的物流倒流现象，在确保生产企业和居泰隆超市利润不受侵蚀的同时，至少可为客户节省 15% 的家装费用。

7.4　盈利模式

居泰隆既不是从生产企业的产品生产环节中获取利润，也不是从产品的直接销售中获取利润，而是通过对生产企业、物流公司和加盟超市的资源整合，通过为顾客、生产企业、加盟超市提供服务来获取利润。

特许加盟费。居泰隆 90% 的连锁超市是通过特许加盟的形式发展的，公司为各超市安装终端服务平台（HDS 系统），同时给予运营、技术、营销策划、人力资源及培训、物流的支持，每个加盟超市收取至少 8 万元的特许加盟费。

终端（VHDS 系统）租赁费。2004 年公司研究开发了 VHDS 系统，并采取租赁的方式向各家装公司（非特许加盟商）予以推广。每个月的租赁费为 240 元，计划用 4 年的时间发展 3 000 家终端客户使用者。

委托订货管理费。自 2003 年起，居泰隆家居产品委托订货量保持高速增长，是构成居泰隆收入的重要来源。根据协议，居泰隆公司按照各服务网点委托订货额的一定比例收取管理费，在获取自身收益的同时充分保障了各服务网点的利润空间。居泰隆还将充分利用外来资金支持的优势在现有服务网点的基础上，建立中心店，并以中心店为基础，再建立二级直营店、特许网点、社区点。

厂家返点。居泰隆与价值网内的家居产品供应商建立了密切的合作关系，长期以来稳定增长的订货量、及时的货款结算在供应商中树立了良好的商誉。作为厂家的高价值客户，生产企业根据商品订货量的大小给予居泰隆公司 3%～6% 的返点。随着居泰隆价值网居家装饰模式的成熟发展和物流订货量的高速增长，厂家返点收入成为居泰隆收入的重要来源之一。因此，不断提高超市对顾客的服务水平和服务质量，拓展超市的营销渠道，有效提高商品的订货量，是居泰隆公司持续的业务发展方向。

直营店经营。为了更好地将线上、线下结合起来，获取最具潜力的市场收益，居泰隆将在北京、上海、广州、南京、杭州等经济发达的大型城市分阶段建设 30～35 个中心直营店，并在各自的区域以中心店为基础开设 120～160 家二级中心直营店。居泰隆将利用直营店良好经营状况的拉动效应以特许加盟的形式在地、市、县级区域铺设服务网点，扩大客户捕捉面。通过直营店的经营，居泰隆可以更直接地了解客户需求，不断改进满足客户家居装饰需求为主导的价值网居家装饰模式；在获得正常物流订货收入的同时，居泰隆还将从直营店获得家居产品销售的经营收益。

7.5　现金流结构

居泰隆公司的商业模式，充分整合了家居生产企业、物流公司、特许加盟商和顾客的资源，将包括制造、销售终端、物流业务都予以外包。因此，居泰隆公司不需要自行投资建设销售终端，通过特许经营杠杆，将这部分成本转移到特许加盟商身上；居泰隆也不需要负担昂贵的存货费用，这部分成本由家居制造厂商负担。居泰隆因而形成了独特的以零投资发展特许加盟超市网络，负运营资金经营、高资本效率的轻资产金融模型，从而以最少的投入资本，迅速扩张，并且形成更强的盈利能力和资本价值。

资产密集度是衡量一家公司资产效率的指标，资产密集度 =（总资产 − 在建工程 − 现金 − 应付款）/ 营业收入，即产生 1 元营业收入所需要的资产。资产密集度越低，资产效率就越高。随着业务增长，居泰隆公司的资产密集度大幅下降，2004 年约为 0.17。2004 年固定资产增加主要用于购买公司总部用房，资金为银行贷款 453.22 万元。而运营资本为负，且负值一直增加，单位固定资产的营业收入、税后利润以及投入资本收益率维持在相当高的水平。2003 年，居泰隆净资产收益率为 109.27%，2004 年为 100.56%。

由于居泰隆今后的固定资产基本上不需要增加，随着市场的扩大，物流委托订货量和特许加盟费的快速增加，资产密集度将进一步降低，资本收益率则将进一步提高。

7.6　不一样的商业模式

根据统计，2003 年居家装饰行业总产值已达 13 500 亿元，远高于汽车和家电行业之和。由于门槛较低，行业内鱼龙混杂，竞争日益激烈。在国内厂商和销售商展开残酷竞争的同时，国外家居行业零售巨头百安居、宜家等也在不断吞噬国内家居市场的份额。

传统的家居产品零售企业主要以产品的直接销售为主，随着竞争的日益激烈，呈现出市场集中的趋势，强调低价的大卖场家居产品销售形式成为当前的主流，典型的代表有国外的百安居、国内的东方家园。传统模式的发展需要资金的大量注入、构建复杂的供应商网络和物流支持体系，尽管在一定程度上为消费者提供了品质保证、价格合理的家居装饰用品，但是仍未从根本上解决家居装饰环节中整体设计、家居产品匹配、个性化选择等关系客户满意的重要方面，消费者尽管可能取得质量合格、价格公道的家居商品，但仍无法避免居家装饰这样一个复杂工程的奔波劳顿之苦，效果往往不甚理想。居泰隆价值网居家装饰模式从客户的需求出发，结合信息技术和互联网的发展，为客户提供传统家居销售模式不能实现的整体居家装饰解决方案，通过线上信息获取、方案设计、订单配置和线下的物流服务、家居产品保养等服务，专注于客户服务，推动家居产品的销售，取得价值网模式参与者的多方共赢。

此外，与传统家居零售企业重资产扩张方式不同，居泰隆选择重点城市建设中心直营店，并以此为依托以特许加盟的形式发展地、市、县、社区的服务网点，不需要数额巨大的资金投入。在运营过程中，根据订单的客户预付款保证了现金流的倒置流动；在物流环节，居泰隆按照规模化、低成本和适应业务发展需要的原则建立物流周转中心，物流配送环节外包。这种资产组合使居泰隆在保持企业灵活性、专注客户服务和业务增长的同时加强对关键业务环节的掌控。因此，相对于传统流通企业而言，居泰隆有更高的资本效率；能更好地围绕顾客家居装饰需求提供全面服务。

我们可以把居泰隆商业模式与百安居、东方家园这两个行业内具有代表性企业的模式做一比较，见表7-1。

表 7-1 百安居、东方家园和居泰隆商业模式比较

比较内容	百安居	东方家园	居泰隆
总体商业模式	建设规模化的大卖场；以数量多、品种全、品质好、价格合理的一站式购买吸引消费者	规模化经营以降低成本；提供较多数量、种类的商品并以价格作为重要竞争手段	以服务带动家居商品的销售；通过价值链环节的压缩降低成本，为客户提供家居装饰全面解决方案
现金流结构	卖场的一次性投入较大；管理费用、财务费用、员工工资、资产折旧等；总体运营费用较高	卖场的一次性投入较大；商品采购成本、管理费用、财务费用、资产折旧、员工工资等；目前不具备挤压供应商的能力，流动资金占用较多	数量有限的中心直营店和办公场地等固定资产；管理费用、员工工资、资产折旧等；运营基本不占用自身流动资金
盈利模式	投资建设卖场，凭借百安居的国外品牌优势，塑造"一站式"家装概念。通过建设推广销售终端，吸引家居用品众多厂商入驻卖场，同时百安居保有少量自有品牌的 OEM 产品。收取厂商的店面费和管理费，并有部分 OEM 产品的销售收入	开设卖场，集中零散卖场销售需求，统一采购，在一定程度增加集团对家居产品上游厂商的谈判能力，实现在产品采购上的规模效益，获得低价产品，再以低价销售，增强品牌和卖场的竞争力	通过对装修公司、供应商和销售商的整合，减少中间环节、降低流通成本，以超低价格和超级服务获得绝对竞争优势，同时发展连锁超市。通过信息系统，实现需求多元化下的规模采购。对于特许服务网点而言，在保证供应商和特许服务网点利益的同时，获取厂家返点的利润，并在一定比例的管理费用下低成本运营；对于直营店而言，获取 15% 左右的高额商品销售利润

应当说，居泰隆公司的商业模式是相当有特点的，与同行比较会发现，居泰隆并没有像传统厂商那样压榨业务相关者获利。居泰隆的商业模式追求的是相关利益者价值最大化，即在以家居软件建立起来的价值链中，业务系统中的每个角色，不管是家居制造商、物流公司，还是装修公司，甚至是消费者，都从中获得价值，而居泰隆则全方位整合各方面资源，确保了这个系统的顺利运转。居泰隆的这种"不追求一己私利"而是"有钱大家赚"的商业模式使得企业生存能力更强，代表了未来商业模式发展的趋势。

第 8 章

风电产业价值链组织者：金风科技

———

金风科技是国内风电设备制造的龙头企业，2006 年国内市场占有率超过 33%，其目标是成为具有国际先进水平的中国风电第一品牌。公司的总装及服务网络已覆盖河北、内蒙古、广东、江浙一带，使公司同国内重要市场保持零距离。

金风科技通过持续开发适应中国不同地理气候条件的系列风机，向客户提供高性价比的产品以及提供更长质保期、更优售后服务来拓展市场。公司产品已销往广东、辽宁、山东、河北、内蒙古、甘肃、新疆、宁夏、吉林等地。

从 2000 年到 2007 年，金风科技的销售收入已经连续 7 年翻番，表现出了很好的发展势头。金风科技的成功有什么可资借鉴的地方？风力发电本身又是一个什么样的行业？本章通过对风电行业的介绍，对风机制造业价值链的分析，对金风科技的商业模式及其与国际典型同行商业模式的对比等向读者做一个介绍。

8.1 风力发电行业概述

金风科技所处的风机制造业是一个正在迅猛发展的行业。从 2000 年到 2005 年，全球风力发电装机总量由 17.4GW 增长到 59.1GW，每年增长速度超过 20%。随着《联合国气候变化框架公约京都议定书》的执行、风力发电成本的持续降低和我国政府明确的政策推动，未来风电市场仍将保持高速增长。同时，风力发电市场的蓬勃发展有力地推动了风机制造及其相关产业的发展，全球风机制造行业进入了持续增长的黄金时期，见图 8-1。

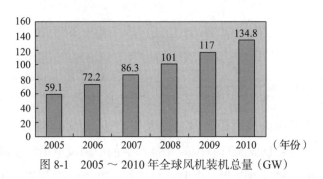

图 8-1　2005 ～ 2010 年全球风机装机总量（GW）

资料来源：GWEC 网站。

风机制造业是一个集中度极高的行业。风机制造的前三名企业 Vestas、GE Wind 和 Enercon 占据了全球市场份额的 58%（2005 年数据）。

由于开发成本、开发条件等因素约束，风电市场受政策影响较大。近年来，由于传统能源价格的持续上涨、环境问题的日益凸显，各国政府先后采取了对可再生能源利用的优惠政策，促进了风力发电市场的发展。在市场的拉动和技术发展的推动下，风力发电机制造企业获得了迅速发展，尤其是在那些政府扶持力度大、风电市场发展迅速的国家，例如丹麦、德国、美国等，见表 8-1。风电企业的发展速度和成长规模与本国的风力发电市场发展密切相关。

表 8-1　主要风电发展迅速的国家 2000 ～ 2005 年累计装机量（MW）

国家	2000 年	2001 年	2002 年	2003 年	2004 年	2005 年	平均年增长率（%）
德国	6 113	8 754	11 994	14 609	16 629	18 428	24.7
西班牙	2 235	3 337	4 825	6 203	8 263	10 027	35
美国	2 578	4 275	4 685	6 372	6 725	9 149	28.8

（续）

国家	2000 年	2001 年	2002 年	2003 年	2004 年	2005 年	平均年增长率（%）
印度	1 220	1 456	1 702	2 125	3 000	4 430	29.4
丹麦	2 306	2 383	2 880	3 110	3 117	3 128	6.3

数据来源：GWEC、WWEA 网站。

风力发电机日趋大型化，效率更高，单位发电成本持续降低。随着空气动力学、材料学和计算机仿真技术的进步，风力发电机制造技术日趋成熟，风力发电机组发电能力由几十年前的几十千瓦发展到今天的数兆瓦，风机额定功率提高了 100 多倍。风机规模日趋大型化，一方面对制造、物流运输、安装工艺提出了更高的要求，另一方面降低了风力发电的单位成本。在过去的几十年里，风力发电成本累计下降了 80%，与传统能源相比，价格差距正在持续缩小，这将增强风场经营者的获利能力，缩短投资回报期，有利于风电的应用推广。

鉴于石油涨价、能源短缺及环境保护的压力，国内风力发电近年也进入快速发展的轨道。行业前景决定发展空间。风力发电庞大的市场预测规模使金风科技的发展前景可期。

8.2　风机制造业价值链分析

价值链是了解行业结构的有效工具，通过价值链环节的剖析，能够更加准确地理解企业在行业中所处的地位和开展的业务，也能更明确地界定与行业中其他相关企业的关系，为企业发展趋势的判断提供基础。

根据业务特征和业务范围，风电行业价值链可以划分为研发、零部件制造、整机制造、运营维护、风场开发投资、风场经营六个环节，这些价值链环节既相互关联又相对独立。风电行业的企业分别专注在风电产业六个价值链环节中的一个或多个，通过一个或多个企业的共同作用，贯穿风电产业价值链，将风从取之不尽的自然资源转变为能被利用的洁净能源，见图 8-2。

研发	零部件制造	整机制造	运营维护	风场开发投资	风场经营
主要业务活动 整机、关键零部件的研发	专门从事风机零部件制造	风力发电机组整机制造	风场运营维护、风机养护	风电项目开发、融资、销售	风电生产销售
典型企业 Vensys	LM、SKF、ABB	Vestas、Gamesa、Suzlon		Clipper Windpower	龙源、大唐、壳牌

图 8-2　风能产业价值链构成

1. 研发

风电行业是资本、技术密集型的行业，研发是推进产品进步、行业发展的重要环节。在全球范围内，相当多的高等学府、科研院所和独立的研发企业开展风电研发工作。较高的技术要求促成了专业化分工，研发作为一个独立的业务活动存在于风电价值链中，典型企业有埃尔顿、Windtec、Vensys（该企业已被金风科技收购）。

2. 零部件制造

风机制造涉及叶片、齿轮箱、发电机、铸件等众多部件，几乎没有企业做到完全的垂直一体化。因此，在风电产业链中，存在多个零部件厂商从事风机零部件制造业务，供应符合制造要求的零部件，典型企业有LM、SKF、Flend、MITa、克虏伯。

3. 整机制造

整机制造商整合研发、零部件制造资源，生产风力发电机组。整机制造是风能产业中衔接前段研发生产和投资建设的重要环节，典型企业包括Vestas、GE Wind、Gamesa、Suzlon 等。

4. 运营维护

运营维护是风机安装过了厂家的质保期后，风场运行过程中风机维护、风场管理工作。风机使用寿命一般都在 20 年以上，在过了生产厂家质保期后，风机仍需要定期维护。目前，质保期外的风机维护主要有两种方式：一是由风机制造厂商作为一个新业务进行运营维护；二是专业的风场运营维护公司进行风机、风场管理。

5. 风场开发投资

尽管风资源蕴含量大、无处不在，但是风资源条件好、适合风力发电的区域却是有限的。风场选址等风能开发前期工作对于风力发电成本的控制、风场建设的成功至关重要。在风能产业中，有相当数量的企业专注于储备适合风力发电的场地资源，投资建设风电场并出售以获得收益，因此风场开发投资成为风电产业中一个独立的价值链环节，典型企业是 Clipper Windpower。

6. 风场经营

风能产业链价值传递的最末端是通过风力发电设备生产电能、并网销售，获得电力销售收益。传统能源集团和实力雄厚的财团看好风力发电独特的现金流模型和明朗的市场前景，投巨资建设风场，从事风场经营业务，获得风电销售和二氧化碳排放额度销售收益，典型企业有大唐、龙源、壳牌等。

风机制造企业是目前风电行业中最活跃的主体，是推动全球风电市场发展的主要参与者之一。从行业价值链角度来看，风机制造企业由于自身资源能力差异、外部环境不同，占据了不同的价值链环节，虽然同为风机制造企业，但是在业务范围和经营方式上存在较大的差异。根据涉及价值链环节的不同，可以将全球风机制造企业划分为三类，见图 8-3。

1. 专注型风机制造企业

这类风机制造企业专注于风机制造本身，积极参与与风机制造相关的研发、零部件制造环节，恪守风机制造商的角色，不向风能产业价值链的其他环节延伸。野兽之美在于对生命本质的单纯追求和坦诚表露，如果比作动物的话，这种类型的风机制造企业就像执着的蜜獾一样，为了喜欢吃的蜂蜜而不惧蜂蜇，方向明确，绝不放弃。典型的代表企业是丹麦的风机制造企业 Vestas，它也是全球最大的风机制造企业。

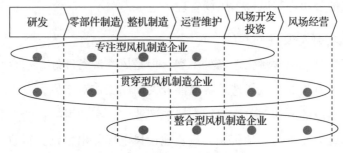

图 8-3 风机制造企业分类

2. 贯穿型风机制造企业

垂直一体化是这类企业的显著特征，这种类型的风机制造企业为了获得协同优势和更高的盈利水平，向前（风场运营）、向后（零部件制造）进行延伸，贯穿整个风能产业价值链。如果比作动物的话，这种类型的企业像对食物永远充满热情、毫不挑剔的土狼，作为效率最高的食物消费者，肉、骨、蹄、牙、皮毛，都不会被土狼放过！典型的代表企业是西班牙的 Gamesa、正在迅速崛起的印度的 Suzlon。

3. 整合型风机制造企业

整合型风机制造企业多为进入风电行业较晚、自身发展条件较弱的企业。由于这类企业受自身资源能力的约束，只能够将有限的资源投入到最能够获得行业控制力的整机制造环节，同时通过整合研发、供应商资源开展风机制造业务。从目前的发展态势来看，金风是典型的整合型风机制造企业。

8.3 专注型：Vestas 的商业模式简介

在前面的章节中，我们已经对商业模式的框架做了一个详细的介绍。

一个完整的商业模式包括定位、业务系统、关键资源能力、盈利模式、现金流结构和企业价值。一个企业取得成功，必定是在某一个或几个要素中做得特别出色，同时其他要素又没有致命的缺点。我们最后通过企业价值来评判整个商业模式的成败优劣。

从前面的价值链分析，我们知道风机制造业存在三种类型的企业：专注型、贯穿型和整合型。先来看看专注型企业的代表——Vestas。

全球最大的风机制造商丹麦的 Vestas 将业务发展聚焦在风机制造，是专注型风机制造企业的典型代表。Vestas 是世界风力发电工业中技术和市场的领导者，在全球有超过 30 000 台 Vestas 的风力发电机在运转，市场占有率达 27%，其核心业务包括开发、制造、销售和维护风力发电系统。Vestas 于 1979 年开始制造风力发电机，在推进风力发电业务发展进程中起到了积极作用。1987 年，Vestas 开始集中力量于风能的利用研究，此后便从一个行业先锋发展至在全球设有 60 个高科技的市场领军团队、员工逾 10 000 人的大型企业，生产车间遍布丹麦、德国、印度、意大利、苏格兰、英格兰、西班牙、瑞典、挪威、中国及澳大利亚。

在 Vestas 的战略中，明确了其首要业务是围绕风力发电从事风机研发、制造、销售和维护支持等业务活动。作为一个风能产业中独立的合作伙伴，Vestas 向客户提供从风场选址、资本运营到风机供应的一系列指导和服务，但是不直接参与风场开发、经营活动。

Vestas 经过在风能行业几十年的摸爬滚打，形成当前的经营格局，成为全球风机制造的翘楚。以商业模式的框架解析 Vestas，将有助于我们深入了解其运营机制、经营特征，逐项分析如下。

1. 定位

Vestas 定位为在风能产业中一个纯粹独立的风电系统供应商，向客户提供以风力发电机组为核心的相关产品和服务。事实上，在 Vestas 的年报中，其对自己的评价是"目前行业内为数不多的真正独立的风电设备/系统供应商之一"。Vestas 的定位，决定了它在风能产业价值链中的角色是向客户提供实现风能利用的产品和服务，其对自身角色的恪守保证了在业务层面与客户不产生冲突。同时，Vestas 的定位也明确了企业的生产经营重心，所采取的研发投入、产能布局、并购合作等运营活动都是围绕成为可靠、最优的独立风电系统供应商而展开的。

2. 业务系统

在企业定位的指导下，Vestas 构筑了传统的制造企业业务系统，通过能力范围内的后向一体化和外部资源合作，Vestas 成为一个风力发电设备的生产和持续改进的平台。在研发环节，Vestas 拥有两个研发中心和多达700 人的庞大研发团队；同时，利用欧洲丰富的研发资源，与独立研发机构和学校院所合作，保持在行业内的技术领先优势。在零部件制造环节，Vestas 进行了一体化整合，对具备能力的关键零部件叶片、电控、机舱采用了自己直接生产的方式，对专业化程度高、标准化程度低、掌握难度大的零部件如发电机、齿轮箱等采用与供应商建立战略合作伙伴关系的形式获得稳定的供应。在研发和零部件供应的基础上，由 Vestas 分布在全球主要风能市场的装配厂完成主机装配和现场交付。Vestas 机组的质保期一般为 2 ～ 5 年，在质保期内向客户提供条款内的免费维护。在质保期外，Vestas 的运营维护部门联合外部独立服务提供商，向全球客户提供风机运营维护、优化改进服务，见图 8-4。

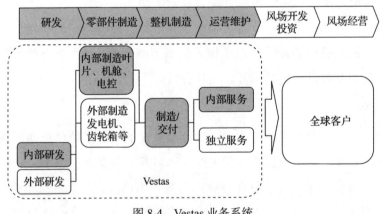

图 8-4　Vestas 业务系统

3.关键资源能力

Vestas 的定位决定了其核心是风电系统产品，其中最主要的就是风力发电机组。对于企业而言，最佳的状态是与其定位、业务系统所匹配的资源能力分布结构。因此，Vestas 的资源能力围绕提供风电系统产品而布局。首先体现在强大的研发能力（700 余人的研发团队）和优秀的研发管理水平（利用内外部资源、开放的研发平台和持续改进系统（CIM，Continuous Improvement Management）），以保证产品技术的领先性。其次体现在供应链管理能力，Vestas 通过一体化和外部协作，保证零部件供应对产品产能实现的支持。最后，体现在质量管理能力。由于风电的行业特性，稳定的质量对风机产品至关重要，尽管近年在产品质量方面出现了一系列问题，不可否认的是 Vestas 在质量管理方面在行业内仍处领先地位。

4.盈利模式

作为专注产品提供的风机制造企业，Vestas 收入主要来源于风机销售收益和部分的运营服务收益。2005 年，Vestas 风机销售收入 33.4 亿欧元，占总销售收入的 93.2%；运营服务等收益仅占全年总收入的 6.8%。从收入结构来看，Vestas 实现了其战略定位，是一个纯粹独立的风电系统供应商。从成本结构来看，生产成本占到了总成本的 93.4%，体现了一个典型的制造型企业的特征，见图 8-5。

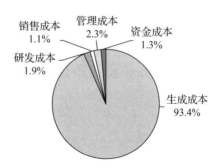

图 8-5　2005 年 Vestas 成本结构

资料来源：Vestas Annual Report of 2005。

5. 现金流结构

Vestas 的现金流动特征与制造型企业相似，主要的财务资源变化发生在运营性现金流动方面。由于一体化程度较高，尤其是在零部件生产环节，公司资产沉淀在固定资产上比例较高，工厂设备等实物资产占非流动性资产的 42.3%，除去非流动性资产中的无形资产部分，这一比例高达 74.9%。因此，从现金流结构上来看，Vestas 属于典型的重资产经营，生产经营活动的开展对资本量的要求较高。

6. 企业价值

Vestas 所处的丹麦由于风力资源丰富，风电行业起步较快，市场已趋于饱和，因此 Vestas 在本国的销售额并不大，但是它在全球的市场份额却有 27%，稳居行业第一。随着风电行业的继续发展，如果 Vestas 能够坚持其成功的国际化战略并保持其在整机制造方面的领先优势，应该说，其企业价值也会是很可观的。

总结 Vestas 的商业模式，我们可以发现，它是典型的传统制造企业，固定资产比例较高，也就是通常所说的重资产经营，这种经营对资本量要求较高，但由于 Vestas 本身是全球最大的风机制造企业，而且公开上市，这点对它的制约力有限。而风电行业的光明前景无疑使得它在资本市场上受宠，金融决定速度，这本身又加速了它的发展。这是一个利用专注造就市场地位从而壮大企业价值的典型例子。

8.4 贯穿型：Suzlon 的商业模式简介

Suzlon 成立于 1995 年，前身是一家大型纺织企业，1996 年 9 月进入风电领域后，以惊人的速度发展成为全球第五、亚洲最大的风机制造商，截至 2006 年 3 月，Suzlon 累计装机量达到 59 264MW。2005 年 Suzlon 占据了印度国内市场份额的 54%，连续八年保持印度风电市场的领先地位。2005 年，Suzlon 销售收入达到了 380.41 亿卢比，约合人民币 65.93 亿元，比 2004 年增长 98%。在关注本土市场的同时，Suzlon 积极向海外扩张，成功进入了美国、中国和欧洲市场。除了进行市场扩张外，Suzlon 在全球范围内整合生产制造资源，建立研发中心，收购关键零部件制造商，进行产能布局，向行业价值链两端进行积极的业务延伸。在短短的 10 年时间里，Suzlon 成为风电行业的一匹黑马，并表现出不可小视的持续增长潜力。

Suzlon 的发展印证了印度企业发展的另一个奇迹，通过 10 年的时间，从一个千里之外的纺织行业发展到风电行业的全球第五，这不能不让人惊叹。从行业价值链来看，Suzlon 的业务活动由整机制造开始向两端进行延伸，贯穿了整个风能产业价值链，作为三类风机制造企业之一的贯穿型企业，Suzlon 的商业模式解构能够为我们带来很多启示。

1. 定位

Suzlon 对自己的定位是"向客户提供从土地获取到终生维护的全面风能解决方案提供商"。在全面风能解决方案中涉及的内容，不仅包括风机的供应，还包括风能评估、土地获取、运营维护等多个方面。这一定位对 Suzlon 提出的要求已不再仅仅限于将企业的角色定格为纯粹的风机制造商。

在 Suzlon 建立的早期，印度的风电行业发展尚处于起步阶段，整个产业链还没有形成，印度本身的制造业基础也并不扎实，这导致了 Suzlon 责无旁贷，必须大包大揽，提供整套的风能解决方案，显然，这为 Suzlon 占领市场提供了契机，但同时也向 Suzlon 的管理能力提出了更高的要求。

2. 业务系统

在纵向整合战略和实现定位的要求下，Suzlon 构建了一条贯穿风能产业价值链的业务系统。为了能够向客户提供全面的风能解决方案，Suzlon 必须构建相应的开发、研发、制造、服务运营能力。因此，在研发方面，Suzlon 在全球风电技术的发展中心丹麦和德国建立了研发中心，保持技术的国际同步。在零部件制造方面，Suzlon 通过并购、合资的形式，控制了叶片、齿轮箱、发电机、塔架和电控系统，形成垂直一体化的战略态势和业务布局。在运营维护和风场开发方面，Suzlon 成立了子公司负责从事该部分业务，为客户提供风场开发支持。此外，Suzlon 还成立了一家子公司作为独立的电能生产商从事风场经营业务。通过贯穿在风能行业价值链各个环节的布局，Suzlon 实现了向客户提供从开始到结束的风能全面解决方案，见图 8-6。

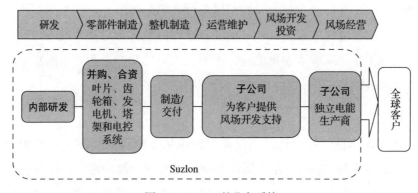

图 8-6　Suzlon 的业务系统

3.关键资源能力

Suzlon 跨越整个风能行业价值链的业务系统对企业的资源能力提出了较高的要求。首先 Suzlon 进行全球市场扩张和资源整合，印度作为前英属殖民地有良好的语言基础，在进行全球资源整合的时候语言和文化壁垒较低；相对于其他非英语系国家的风机制造商，Suzlon 具备的天然沟通优势是突出的。其次，Suzlon 将世界同步的研发和低成本的制造完美结合，其研发中心分布在德国、荷兰，而制造中心主要分布在成本相对较低的印度、中国，这样 Suzlon 同时保持了技术和制造优势，当然这也对 Suzlon 的管理提出了更高要求（2005 年，Suzlon 实施了 Sap 的 ERP 系统，提升管理能力和效率）。

4.盈利模式

盈利模式由收入结构和成本结构两部分构成。从 Suzlon 的业务系统来看，其收入来源应该包括风机销售收益、运营服务收益、风场开发服务收益、风场经营收益。然而，从财务报表来看，2005 年 Suzlon 主要收入来源仍是风机销售收益的 378.8 亿卢比，占总收入的 98.2%，包括各类服务和经营在内的收益仅占总收入的 1.8%。这是由于目前风电市场发展迅速、企业发展时间较短，Suzlon 的核心业务仍然是风机销售，可以肯定的是在 Suzlon 一体化的战略态势下，随着市场环境的变化和企业的日趋

成熟，在业务系统中表现出来的各收益来源对收入的贡献将会逐渐增加。同样，由于除风机制造外 Suzlon 其他业务处于萌芽之中，因此从目前的财务数据来看生产成本仍占总成本的 77.2%；随着一体化战略的逐步深化，贯穿价值链各环节的业务得到发展，Suzlon 的成本结构也将发生变化，见图 8-7。

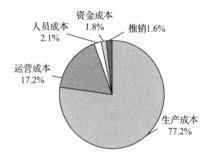

图 8-7　Suzlon 的成本结构

资料来源：Suzlon Annual Report。

5. 现金流结构

从业务系统来看，Suzlon 执行的垂直一体化战略，必然导致重资产经营的资本结构，在 2005 ～ 2006 年的年报中，Suzlon 直接用于生产的资产总额已占总资产的 70.2%。这点和 Vestas 很像，说明在运营模式上已经和 Vestas 靠拢，成为典型的传统制造商。

6. 企业价值

Suzlon 在企业价值上最大的特点就是其强劲的成长性。显然，这有两个原因：第一，印度本国经济发展很强劲，而且印度在 Suzlon 之前风电行业接近于空白，这为 Suzlon 的成长提供了得天独厚的条件；第二，Suzlon 开始发展时，风电已经是一个技术成熟的行业，这为 Suzlon 利用先进技术，发挥后发优势创造了条件。当然，由于印度风电行业的起点低，这就迫使 Suzlon 只能选择整套风电解决方案的发展战略，而这也基

本是它选择做贯穿型企业的决定性因素。

　　然而，这是不是起步慢的国家风电企业发展的唯一模式呢？中国显然是一个可以和印度进行比较的国家，我们发现，金风科技走出了一条和Suzlon不同的发展道路，而这正是本章的重点，那就是探讨金风科技的商业模式。

8.5　整合型：金风科技的商业模式简介

　　Suzlon抓住印度国内的风电行业发展阶段特点和本身的优势，走出一条贯穿型全套解决方案的路子。最近几年，印度和中国是一对经常被放在一起比较的国家，而两者在风电上的发展也不无相似之处，我们很自然地想到，中国的风电企业是不是也一定要走贯穿型全套解决方案的道路呢？我们的眼光瞄向了国内风电行业的龙头——金风科技，看到了一个完全不同的商业模式。

　　金风科技根据中国独特的行业格局和市场环境，摸索出了一条"以研发、市场为核心，整合制造资源"的发展道路。概括而言，金风科技的商业模式可以归纳为"研发＋整合制造＋市场"。金风通过整合国内外的研发、零部件制造资源，以更具性价比优势的产品赢得市场，成为国内最大的风机制造企业。

　　从行业价值链来看，金风不直接介入零部件的制造供应，而是根据风机零部件专业性强、行业空白的情况，寻找具有类似技术、生产经验和能力的厂商，建立合作关系、提供技术支持、获得零部件供应保障。金风科技不涉及零部件制造、整合研发生产资源的特征使之成为三类风机制造企业中整合型企业的典型代表。

　　1. 定位

　　在发展战略中，金风科技明晰了自己的定位——向客户提供系统解决方案的综合风机制造商。作为一家风机制造企业，仅仅向客户提供风机是远远不够的。因为在国内市场，风电行业仍处在发展初期，金风的客户在风场建设、风场运营维护方面缺乏足够的经验，客户潜在的需求成为企业提供产品服务的方向。

定位的选择往往与所处的经济和行业环境相关。在一个行业的早期，各方面的配套设施和服务方案还很不成熟，因此，对于想在该行业建立起领导力的企业，提供整套解决方案成为最合理的选择。上文说的印度Suzlon公司正是这样的情况。因此通过比较，我们发现金风科技和Suzlon具有类似的定位是很正常的。但这只是开端，我们会发现，在具体如何提供整套解决方案上，金风科技与Suzlon有着本质上的区别。

2. 业务系统

为了达成向客户提供系统解决方案的产品和服务，在外部条件和自身资源能力约束下，金风科技选择在价值链的整机制造环节发力并向客户端延伸。在研发环节，金风专注于整机设计工作，同时充分利用全球先进的研发资源，为关键零部件和整机制造提供技术支持，为供应链体系奠定合作基础。在金风的战略体系中，明确提出了不深度介入零部件制造环节，通过为供应商提供协作平台、开展密切技术合作，保持稳定的生产供应。在整机制造环节，金风科技围绕国内主要风电市场合理布局产能，以获得更经济的物流运输成本。在运营维护环节，金风科技在原有客户服务的基础上成立相对独立的公司，开展风场运营维护业务。在风场开发环节，金风科技利用对风场前期开发的丰富经验，拟通过整合外部资本资源开展风场开发投资业务。通过除零部件制造环节外的风能行业价值链布局，金风科技打造实现向客户提供系统解决方案的综合风机制造商定位。

金风科技与Suzlon的区别表现在零部件制造上。Suzlon是自己制造，这与印度本身的制造业不发达有关。金风科技则选择了不深度介入零部件制造，而是和零部件供应商开展合作。Suzlon的策略优势在于不需要建立外部供应链，劣势在于庞大的固定资产，也就是说重资产运营。金风科技正好相反，供应链管理成了金风科技必须具备的关键能力之一，这是它面临的挑战，好处则在于免除了大量零部件固定资产的负担，可以实现轻资产运营，从而在中国市场上具备更大的竞争力和更高的灵活性。金风科技的业务系统见图 8-8 和图 8-9。

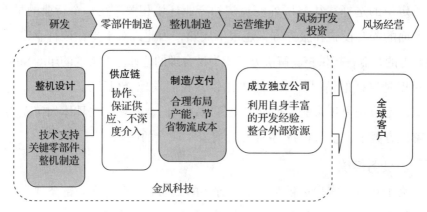

图 8-8　金风科技业务系统（按照价值链分布）

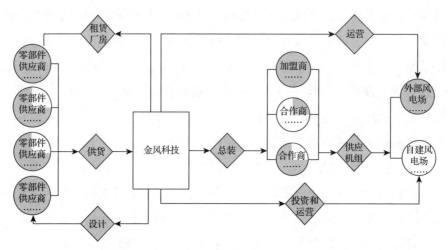

图 8-9　金风科技业务系统（按照利益相关者）

3. 关键资源能力

金风科技选择了"研发 + 整合制造 + 市场"的商业模式，在市场检验中取得了成功，充分证明了这个商业模式的价值。金风科技所具备的以下几方面的资源能力，保证了商业模式的成功执行。

首先是研发整合能力。在行业发展初期，技术是撬动整个行业的杠杆。截至 2005 年年底，金风科技员工总数 265 人，比上年增加 117 人，平均年龄 32 岁，其中 81% 的员工拥有大专以上学历。公司研发中心有研发人员 28 人，其中在职人员 16 人，博士 2 人，硕士 6 人，高级工程师 6 人；外聘高级研究人员 12 人。这样厚实的人才基础在国内风电行业几乎是绝无仅有。研发中心下设总体概念设计室、机械设计室、电机设计室、电控设计室和检测实验室，初步具备大型风力发电机组的独立研发能力。正是金风科技注重人力资源的积累，才实实在在地提高了其研发能力，才有资本和国际风电巨头在中国市场上分庭抗礼。通过相对突出的研发整合能力，金风科技在市场的赛道上一骑绝尘，成为国内最大的风机制造企业。2006 年公司国内市场占有率为 33%，国内国产风机市场占有率高达 95% 以上（按照当年完成装机数计算），是唯一能与国外风机制造商相抗衡的国内制造企业。

其次是供应链整合能力。不涉及零部件制造的整合制造概念意味着零部件供应依存度很高，与零部件供应商的合作成为能否实现生产的关键点之一。通过多年努力，金风科技锤炼出一条稳定、优秀的供应链。

4. 盈利模式

从收入结构来看，目前金风的主要营业收入来自于风机销售业务（即整机制造环节）。从商业模式的整体布局来看，金风的收入来源还包括服务收入（运营维护环节）、风场投资开发收入（投资开发环节）以及技术咨询收入（研发环节）。尽管目前仅服务环节有收入贡献且相对份额较小，但可以预见，随着风电行业的发展，风机进入质保期外后，除整机制造外业务的市场也将逐步扩大，这些新的盈利点将会实现金风科技商业模式的多点盈利。

金风科技的盈利模式已经实现了从短期到长期的可进化。在短期，风机销售仍然是第一位的，这对于金风占领市场份额、提升品牌影响力、积累资金和培育风电市场都有重大的意义。而随着风电行业的逐渐成熟，金风在服务市场上的经验和技术优势将会显示出来，到那时候，金风要实现多点盈利或者是把盈利重点放在服务方面都是很方便的事情。由于金风是整合型企业，没有零部件制造庞大的固定资产负担，属于轻资产运营，转型对于金风来说并不困难。

5. 现金流结构

金风科技不介入零部件制造环节，其整机生产过程实际是将符合金风设计要求的零部件，根据所掌握的总装工艺完成机组组装。企业的业务系统已经决定了生产运营的现金流模型，相对其他风机制造企业，金风采用的是灵活性强的轻资产经营模式。首先通过与供应商的合作获得零部件供应，金风不需要在固定资产做大规模的投入。其次，通过对供应商支付周期和销售回款的匹配，金风可以更低的财务资源撬动企业正常运转。

6. 企业价值

金风科技的企业价值在于两点：第一是中国庞大的风电市场。中国风电市场产值高达数千亿元，金风科技是中国市场上规模最大的风电设备制造公司之一，而且是为数不多的可以和国际公司抗衡的本土风电企业，随着金风科技的成长，其竞争优势将更加突出，届时它的企业价值仍将会很大；第二是金风科技本身的成长性。从2000年到2007年，其销售收入已连续7年翻番。

8.6　风电行业三种商业模式的比较

通过前述分析，我们可以看出三类风机制造企业的典型代表 Vestas、Suzlon 和金风科技分别以各自的商业模式在不同的市场上取得了成功，见表 8-2。

战略决定方向，模式决定优劣，金融决定速度，管理决定效率。通过三个企业商业模式的比较我们发现，在不同的条件下企业发展路径的选择是不同的。同样都从事风机制造业务，但是却有不同的做法。

表 8-2 Vestas、Suzlon 和金风科技商业模式比较

	专注型风机制造商 Vestas	贯穿型风机制造商 Suzlon	整合型风机制造商 金风科技
商业模式框架定位	一个纯粹独立的风电系统供应商	向客户提供从土地获取到终生维护的全面风能解决方案提供商	向客户提供系统解决方案的综合风机制造商
业务系统	关注制造环节，通过有限的后向一体化构筑稳定的生产服务体系	构建从研发、零部件制造到风场经营的贯穿风能产业价值链的业务系统	研发＋整合制造＋市场，整机制造环节发力并向客户端延伸
关键资源能力分布	研发能力、供应链管理能力、质量管理能力	研发能力、低成本制造能力	研发整合能力、供应商整合能力
盈利模式	风机销售收入、运营服务收入	风机销售收入、运营服务收入、开发投资收入、风电场经营收入	风机销售收入、运营服务收入、开发投资收入
现金流结构	重资产经营	重资产经营	轻资产经营

　　Vestas 专注于成为一个纯粹的风电系统提供商，很大程度上是因为其 98% 以上的业务在海外市场，地域跨度大，所以它关注的是如何聚集有限的资源能力向不同的市场提供同一标准的产品和服务，在客户需求和需求实现之间取得平衡，使企业获得发展。Suzlon 和金风科技所处的本土市场环境有相似之处，在本土市场风能行业处于发展初期，需要系统的解决方案配合风电投资者的运作，这也为业务从风机制造向客户端延伸提供了契机，因此两家企业均表现出了向客户提供系统解决方案、多业务发展的态势。应该看到，三家企业的成功已经证明了其商业模式的成功，企业之间商业模式的根本区别源自企业自身所处的环境和具备的条件。

　　相对于其他风机制造商，金风科技商业模式的特点在于其对零部件制造环节的控制方式及最终在现金流模型中体现出来的轻资产运行模式，企业较高的资本效率能够使金风科技在资本市场上获得更高的认可，提升企业价值。对于金风科技而言，现有的商业模式继续成功需要持续关注的是加强研发整合和供应商整合能力，保持对目标市场风机行业价值链的控制力，以便继续执行整合、轻资产运营的发展模式。研发能力和供应链管理能力是金风科技在当前商业模式下继续成功的关键因素。

第 9 章

动漫产业链的打造者：宏梦

——

2006 年 5 月 18 日，湖南宏梦卡通传播有限公司正式获得美国顶级风险投资红杉资本 750 万美元的投资，双方共同组建宏梦数码（湖南）有限公司，开拓"虹猫蓝兔"卡通衍生产品市场。这是国内动漫业首次引入国际风险投资。一时间，宏梦成了动漫行业乃至整个娱乐文化业的热门话题。

动漫行业到底是怎样的一个行业？宏梦有什么过人之处从而得到国际风投的青睐？接下来就让我们抽丝剥茧，一层一层地揭开宏梦的面纱。

9.1 动漫行业：好大一块蛋糕

2006 年，全球数字动漫产业的产值达到 2 228 亿美元，与动漫产业相关的周边衍生产品产值则在 5 000 亿美元以上。中国的盘子也不小，3.67 亿的青少年市场，每年潜在 2 000 亿元人民币的消费额，任谁都无法忽略。中国每年需要 24 万分钟以上的动画片产品，但实际供应量不足 4 万分钟。供求的巨大缺口，正是动漫行业发展的巨大驱动力。

动漫产业是结合漫画、电视动画、电影动画及其衍生品的资金密集型、科技密集型、知识密集型和劳动密集型的重要产业，具有消费群体广、市场需求大、产品生命周期长、高投入、高回报率、高国际化程度等特点，且对能源和资源的消耗极小，素有"绿色产业"之美誉，因此，中国也加快扶持动漫行业的步伐，加入了分割动漫大蛋糕的队伍。2005 年 6 月，国家广电总局提出了《关于促进我国动画创作发展的具体措施》草案，所涉内容共 18 条（简称为"18 条"）。其中引人注目的内容是：黄金时段（17:00 至 21:00）必须播出国产动画片；制作机构引进境外动画片数量与原创数量比例应为 1 ：1 等。这标志着中国动漫产业具体政策的正式出炉，它满载着政府高层对中国动漫产业快速发展的无限期望。

政策有了，市场有了，似乎万事俱备，可是，我们的企业准备好了吗？他山之石，可以攻玉，让我们去看看外国在这个行业发展的一些经验，看看他们在商业模式方面的经历对我们能否有所启发。

9.2 迪士尼：品牌驱动下的授权帝国

迪士尼一直是动漫行业的一面旗帜，它所创造的米老鼠、白雪公主、狮子王等形象深入人心，而依靠一只小老鼠所建立的庞大商业帝国更是让人惊叹。

迪士尼的产业从电影和动画片制作开始，并逐步扩展到销售动画片和电视节目、开发和销售专利卡通形象的产品、经营迪士尼主题乐园、购买电视频道、介入游戏开发，甚至是相关产业经营，从而拥有了一个囊括影视娱乐、媒体网络、主题公园和消费产品的巨大财富生产链。

迪士尼主要通过 4 个渠道获得收入：一是动画片制作，二是创办媒体（迪士尼拥有 56 个频道），三是主题乐园，四是卡通衍生产品的销售。其影视制作的回报，80% 以上来源于品牌衍生产业。具体而言，迪士尼先用制作精良的动画片创造忠实、广泛的消费群体，建立起稳固的品牌，然后通过授权做媒体，做主题公园，做衍生品，利用授权把品牌的潜力发挥到极致。2007 年，迪士尼的收入和利润构成是：ABC 电视广播网和有线电视接入网络的收入为 150 亿美元，迪士尼乐园为主的主题公园和酒店收入为 106 亿美元，娱乐内容的收入为 75 亿美元，消费品业务的收入为 23 亿美元。而这四块业务的利润分别为：43 亿美元、17 亿美元、12 亿美元和 6 亿美元。如果将电视网络相关的业务除外，主题公园、内容和消费品三者的利润比例为 3 ：2 ：1。

　　图 9-1 可以更详细地告诉我们迪士尼到底是如何利用授权赚钱的。第一步，通过动画片的制作建立起品牌形象，这部分占总收入的比例不大，投入却不小，那迪士尼为什么做它呢？这正是动漫业和其他行业的区别所在：别的行业基本都是投入多少，回报多少，基本成正比；动漫业恰恰相反，动漫制作高投入，低回报，衍生品市场低投入，高回报，典型的投入和回报不成正比。这就是我们为什么看到大部分的动漫都是产业型的企业的原因，因为光做动漫制作不做衍生品很难挣钱，光做衍生品不做动漫制作又等于是无源之水，无本之木。因此，形成品牌虽然投入很大，但却必不可少。

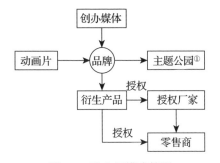

图 9-1　迪士尼模式简图

① 迪士尼在主题公园建立一个庞大的购物城，卖迪士尼的授权产品，因此，确切地说，主题公园是零售和授权的结合体，但是，考虑到这里面的关键因素还是迪士尼强大的品牌能力，渠道建设是次要的，这些仍归类为品牌授权。

　　在迪士尼的商业帝国里，品牌的主要用途在于三方面：创办媒体、主题公园和衍生产品。这里我们重点讲一下迪士尼衍生品销售和一般销售的区别。对一般销售来说，渠道最重要。迪士尼恰恰在这点上显示了其超人一等的商业战略眼光——除了主题公园，迪士尼自己不做渠道。不做渠道，怎么把商品卖出去呢？做授权，利用沃尔玛、屈臣氏等的渠道。迪士尼把自己的品牌授权给零售商和授权厂家，前者负责销售衍生品，后者负责产品的设计制作。零售商要获得迪士尼产品的零售权，就要买到迪士尼的授权并从授权厂家那里拿到产品。零售商负责渠道建设，授权厂家负责产品设计和制作，迪士尼只负责品牌，只要迪士尼的品牌不倒，这条赚钱的路子就永远财源滚滚。这样，迪士尼可以专心做自己最擅长的动画制作，巩固品牌，扩大消费群体和提高用户忠诚度。而大家在屈臣氏买到维尼小熊时，也只会记得迪士尼而不会记得屈臣氏。这正是迪士尼的奥妙所在。

而在主题公园做销售的渠道，其关键因素也在于迪士尼强大的品牌影响力导致了主题公园的成功，在里面建店做销售只是一个衍生的步骤，卖的也是迪士尼授权的产品。从这个意义上来说，迪士尼的销售也和一般的销售不同，主要靠的还是品牌授权。

迪士尼这么做有两个前提：第一，迪士尼的品牌已经深入人心，这个从早期的米老鼠、唐老鸭，到近期的狮子王都可以看得出来，庞大的消费群体和极高的用户忠诚度正是迪士尼能够做品牌授权的必备条件；第二，零售渠道的充分发达，这样才能够为迪士尼的"借鸡生蛋"创造条件。

而在迪士尼的主要市场欧美国家，这两个条件是完全具备的，就这样，迪士尼把最核心的竞争力抓在手里，做自己最擅长的事情，就这样用品牌建立了授权帝国。

9.3　hello kitty：最昂贵的一只猫

假如说迪士尼是一种范围经济，那么hello kitty则应该算是一种规模经济。前者是通过相关联的产业建立一个完备、内在关系密切的产业链，而后者则是专注做产业中的一环，把它做大做强，形成庞大的规模，以规模制胜。

hello kitty的策略很简单：通过kitty cat建立一个形象链条，以这个形象链条开发设计出一系列的产品，产品的制作则外包出去，再构建一个合理复杂的销售渠道网络，把这些产品零售出去。

分析 hello kitty 的零售有两个关键点：第一，产品种类繁多，从挂件、别针到各种造型，hello kitty 的产品系列可谓是全面覆盖，很好地满足了各个年龄阶层和社会群体的需求，而限量版、纪念版等花样百出的促销手段又吊足了消费者的胃口；第二，渠道完备高效，用机能型物流管理中心沟通各个区域内的销售网，建立起丰富发达的销售渠道。

对比迪士尼和 hello kitty 就可以知道：前者是一个传统的动漫行业，深刻挖掘了行业的关联产业潜力；后者其实只是在动漫躯壳下的零售帝国，或者说，只是一个采用动漫人物作为形象代言人和核心产品内容的零售商。卡通形象在这里是作为提升普通商品价值的一个桥梁，或者说是载体。

分析它们的盈利模式有一点是我们不能忽略的：迪士尼是利用强大的品牌进行授权盈利，hello kitty 是建立完备的渠道做零售。并不是说 hello kitty 的品牌形象就不重要，在利用角色营销上，hello kitty 的品牌设计和形象深化在扩大消费群体和提高消费者忠诚度上面的重要性毋庸置疑。只是说，和迪士尼相比，hello kitty 的侧重点有所不同。迪士尼是授权，卖的是品牌，这就需要经过持续的拍片和广告巩固品牌形象；hello kitty 是零售，卖的是产品，因此在品牌上的投入就不如迪士尼那么大。同时，迪士尼不需要担心渠道，那是零售商的事情；而 hello kitty 本身就是一个零售商，渠道的建立和优化是第一要务。图 9-1 和图 9-2 的圆圈表明了这一点。

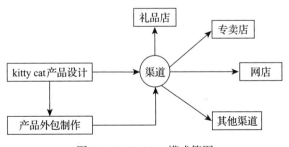

图 9-2　hello kitty 模式简图

事实上，在动漫行业里面，并没有绝对单一的盈利模式，迪士尼的品牌授权占主导地位，但是也有主题公园内部的销售渠道；而 hello kitty 事实上也有一部分的授权，例如给酒厂和汽车公司的肖像授权。在主业做得好的同时，这些副业对于开拓业务面和品牌延伸强化有一定的作用。但是，在看到这些事实的同时，我们也不能忘记，销售之于迪士尼，授权之于 hello kitty，都只是很小的一部分，例如，授权在 hello kitty 的收入中占不到 15%，而且这部分并不如销售做得那么成功。这就是为什么我们在一般意义上把迪士尼归类为品牌授权而把 hello kitty 归类为渠道销售的主要原因。

应该说，这两种盈利模式在动漫行业都是行得通的，但不可否认的一点就是，两种模式都必须建立在成功的卡通形象上，这就回到了动漫行业的起点：怎么样建立成功的形象？

也许，邻国日本可以给我们一点启示，毕竟它是仅次于美国的第二动漫大国。事实上，kitty cat 就是 1976 年由日本 Sanrio 公司所开发的卡通角色。

9.4 日本：剧本的成功和产业化的神话

美国的动漫正如美国的好莱坞大片一样，故事简单、制作精良、效果刺激，这也造就了外表形象立体丰满的米老鼠、狮子王。日本有着东方的文化传统，出于成本节约和技术短缺的考虑，日本的动画片一般都是剧本精良、情节曲折，动画的人格形象比较丰满。

在题材的选择上，美、日两国也明显不同。美国是鸡尾酒文化，擅长采取各国的文化为我所用，这和它本身是一个移民国家不无关系。比如，《狮子王》就采取非洲的传奇故事，《花木兰》则来自中国。这样做有两个好处：第一，形象早已被消费者接受，风险较小；第二，创作成本也大大降低。而且，美国式的大制作经常使这些形象更加丰满，并取代经过年代久远已被淡忘的形象，使之成了迪士尼自己的招牌。日本的题材主要来自本国文化，《足球小子》和《灌篮高手》就和日本国内对该项运动的狂热分不开，而柯南系列则完全取材于日本发达的侦探文化。这些题材来自本国文化，推广之后又很好地宣传和加强了这种文化，形成了一种良性循环。

除了剧本，日本在动漫产业化方面的经验也值得我们借鉴。日本的动画和漫画是结合得最好的：以出版社为后盾，大量的杂志平台发展各种风格漫画以满足不同消费者的需求，在大投入制作电影动画的同时对电视动画进行更进一步的拓展，以大量漫画杂志发行为基础，将受欢迎的漫画作品改编成电视动画、OVA，根据动漫作品开发各种各样的衍生品，包括杂志、图书、录像带、DVD、玩具、电子游戏、文具、食品、服装、广告、服务等广泛领域，经过层层抽脂，不断为产业链带来连锁增值效应。日本庞大的动漫帝国就是这样建成的。

其实，对比迪士尼和hello kitty，也就是在对比美国和日本的动漫业。迪士尼和hello kitty正是两国动漫业的一个缩影。美国和日本在文化和经济结构方面的不同，直接导致了其动漫发展道路的不同。文化的因素我们在上面的形象塑造上已经有所涉及，这里不再赘述。经济上，日本产业结构十年一次大升级，美国却基本没有产业结构的概念。打个比方，一个行业一般可以分为上游、中游和下游几个部分。那么，美国的通用做法是范围经济，上中下通吃，这就形成了一家独大的商业帝国。而日本则恰恰相反，它会先把市场的消费群体培育起来，然后分开上游、中游和下游，各自有各自的地盘。因为消费群体大，大家都吃得饱；因为大家的资源有效，又很难相互吞并。因此，日本的行业更多的是产业结构严谨、完备，形成典型的灌木丛结构。除了文化的因素，美国成熟的金融市场和多样化的融资手段也是一个重要的因素，正是资本市场为庞大的商业帝国提供了强有力的支撑。当然，日本要形成灌木丛的产业结构，必须要有三个条件：第一，该行业本身有分开上、中、下游几个环节的可能；第二，各个环节都必须有相当大的消费群体；第三，严格的知识产权保护制度，这是文化产业特有的。第一个条件保证有建立产业链的可能，后面两个条件又保证这个产业链能存活、成长和壮大。动漫行业恰好具备了全部三个条件。

总结一下日本的成功经验：本国文化导向的剧本创造，结构严谨的产业链。

现在把目光收回来，看看中国动漫业发展的一个典型案例：蓝猫。

9.5　蓝猫

自从 1999 年《蓝猫淘气 3000 问》播放开始，三辰推出的蓝猫几乎成了中国动漫的形象代表，在之后的很长一段时间里蓝猫都是中国动漫业唯一成功的例子。

蓝猫的成功在于它避开了日韩动漫对于青少年市场的垄断，定位在低幼儿群体，并采取简单、粗放的制作方式在屏幕上集中轰炸，硬是建立了蓝猫形象。

同样，三辰在商业模式上也是中国企业典型的"模仿＋加法"。三辰的商业蓝图简单而又复杂：借鉴迪士尼通过品牌形象分类授权推出衍生产品，实现广告宣传成本的最低化；借鉴沃尔玛通过连锁经营，实现交易、管理和物流成本的最低化；借鉴耐克通过自带设计理念的加工采购，实现产品质量的最优化；借鉴宝洁通过同一资本发展不同品牌的竞争合作，占有最大的市场份额，整合营销新体制，即代理制、连锁制，嫁接经典的推销员制度。

三辰先后在全国建立了 12 个区域销售公司，2 600 多家专卖店，十几家专业生产公司，初步形成了涉及音像、图书、文具、玩具、服装、鞋袜、钟表、食品、饮料、保健品、日用品等十几个行业。

但是，三辰这种迪士尼＋沃尔玛＋耐克＋宝洁的商业模式真的可以走得通吗？四方取经会不会变成"四不像"？从 2005 年下半年开始，蓝猫的国内动画旗手的地位受到严重的挑战，其最强劲的对手正来自开篇说到的宏梦，为什么？蓝猫是怎么从天堂走向地狱的？

作为国内第一个成功的案例，又由盛而衰，蓝猫给我们留下很多思考的空间。

细数起来，蓝猫有以下七方面劣势。

定位在低幼儿。所谓"成也萧何，败也萧何"，蓝猫的受众定位使它避开了最强劲的对手，成功地推出了形象，但同样也限制了它的群众基础，没有消费能力的低幼儿一开始就给蓝猫的衍生品失败埋下了伏笔。非主流的定位自然会导致非主流的市场地位。

内部矛盾。2004年5月王宏的出走无疑是三辰的转折点。蓝猫的设计正是王宏的创意，而出走仅仅1个月之后，王宏创办的湖南宏梦卡通传播有限公司成立。此消彼长，结果不言自明。

制作粗糙、艺术水平低劣。《蓝猫淘气3000问》的剧情简单，制作上也很难吸引眼球，这在当今娱乐业发达的大环境下很难长期保持兴奋点。

蓝猫的形象没有得到有效加强。在《蓝猫淘气3000问》之后，三辰在动画片上对于蓝猫的推介乏善可陈，喜新厌旧是观众的天性。这和迪士尼刚起步米老鼠的多极强化形成鲜明的对比。

品牌稀释。摊子扩张太快，单薄的品牌一下子被稀释得太过严重。我们可以看到，三辰的行业涉及音像、图书、文具、玩具、服装、鞋袜、钟表、食品、饮料、保健品、日用品等十几个，这里面不乏重复相关的行业，这对于一个品牌还不稳固的企业来说，稀释度未免过大，而且，有些行业与动画或者儿童青少年的关系并不大，这也限制了三辰在这些行业的发展。

衍生品没有形成拳头产品。三辰的6 600多种衍生产品，没有一款产品称得上是名牌。任何一个授权衍生产品，必须做到用产品的价值提升品牌的价值，不可能只贴个品牌就能畅销。

团队缺陷。三辰在销售方面并没有合适的团队，这对于野心勃勃进入动漫衍生品的三辰来说是很致命的。

那么，作为国内动漫业现阶段领军代表的宏梦和曾经的旗手蓝猫存在什么区别？到底是哪些特质使它博得了创造如家神话的沈南鹏的青睐？

9.6 宏梦 = 迪士尼 +hello kitty ？

宏梦卡通集团首席运营官王敬在接受《第一财经》采访的时候，一语道破天机："我们恰恰是 hello kitty 和迪士尼的一个结合点，即我们是双轮驱动的。"

宏梦 = 迪士尼 +hello kitty ？这似乎和蓝猫的"迪士尼 + 沃尔玛 + 耐克 + 宝洁"有些类似，又是典型的"模仿 + 加法"？

前面我们已经得知，迪士尼主要做授权，hello kitty 则主要做零售，宏梦的盈利恰恰来自两个方面：授权 + 零售。听起来好像的确是迪士尼和 hello kitty 的结合体。

这行得通吗？先别忙，我们按照商业模式的关系给它梳理一遍再说，看看宏梦采取这样的模式存在哪些合理性，又存在什么隐患。我们知道，一个完整的商业模式包括：定位、业务系统、关键资源能力、盈利模式、现金流结构。一个成功的商业模式一定至少在某一方面要有很强的优势，而在其他方面又不能有太明显的劣势。我们先从定位开始，依次逐项分析。

1. 定位

蓝猫最失败的就是在定位，宏梦要突破蓝猫的局限，首先定位要合理和恰当。

先说目标群体的定位。迪士尼的动画片要比其故事片更不像儿童片。迪士尼最好的动画片，往往诉诸人类与生俱来的对孤独、隔绝、被抛弃的恐惧感，能被感动的也往往是成人。换句话说，迪士尼推出的动画片是一种"成年童话"。因此，每次迪士尼推出新的形象都会受到不同年龄阶层和消费群体的追捧，在儿童没有消费能力的情况下，为迪士尼一系列的衍生产品提倡家庭消费创造了群众基础。

日本动画片的成功则在于它对目标群体的类别细分。拿漫画出版为例，具体类别有少女漫画、少男漫画、成人漫画等。动漫消费市场的细化，使得不同出版社可以针对不同年龄、不同性别、不同审美取向的消费者创作出相应不同的画风、情节、主题，创造为各自动漫迷追捧的主人公。因此，不同出版社的消费者群体也有所不同，小学馆和集英社主要面向少年；讲谈社主要面向青年。为不同类别漫画所吸引的动漫迷们也更容易结成一个互相交流、相互影响的群体，自发性地组成发烧友团体，如七龙珠迷、JOJO迷等。这种由相同兴趣聚集在一起的动漫迷借由团体的作用保持了更持久的爱好，成为更坚实长久的消费者，大大促进了漫画及相关产品的消费。

和美、日不同，国内的很多动画片却还未摆脱儿童教化的观念，这自然就导致了品牌受众的狭窄，也因此把未来的发展空间限制得很小。

宏梦恰恰在目标群体的定位上看得很远，主攻群众基础最坚实也最广泛的青少年市场，其广泛的目标群体定位也赢得了极大的消费群体。来自宏梦公司网站的数据表明，全国至少有1.5亿以上的青少年每天固定收看《虹猫》，而片中主角虹猫、蓝兔在青少年心中的知名度高达93.2%。而为了巩固形象，形成强大的品牌，在虹猫、蓝兔形象开发上，除《虹猫蓝兔七侠传》外，宏梦卡通也已经有了系列发展的计划，《虹猫蓝兔小幽默》《虹猫蓝兔总动员》和接下来的《虹猫蓝兔闯天涯》将虹猫、蓝兔的形象不断地丰富下去。

在品牌形象定位上，宏梦也精心策划。美国大制作的立体外表形象和日本精良剧本的丰满人格形象都有各自的优点。但是，第一，美国的大制作成本高、难度大，在宏梦早期很难达到；第二，欧美观众重视视觉效果，东方观众重视剧情发展，这样的例子不胜枚举，《英雄》在欧美市场更加成功就很好说明了这一点。因此，在鱼和熊掌不可兼得的情况下，宏梦选择了日本的剧本式人格形象定位，将中国的武侠文化和动画剧本很好地结合在一起，运用武侠这个"成人的童话"的载体推出《虹猫蓝兔七侠传》，果然一炮打响。当然，为了增强竞争力，宏梦也在一步步地提高制作的水平，强化自身的市场地位。

锁定目标群体，创立品牌形象，巩固强化品牌地位，接下来要考虑的就是发展战略。摆在宏梦面前有两条路：做产业链的一环或者自己创造出一个产业链。前者师从日本，后者效仿美国。要做成日本那样产业链的一环，必须要有强大的消费群体和严格的知识产权保护制度。事实上，中国并没有一个完全的动漫产业链。因此，做其中一环，单独靠动画片赚钱很不现实，或者说很难发展壮大。这就逼迫宏梦必须自己建立一个完备的产业链，至于怎么建立产业链和构建业务系统，宏梦再次从迪士尼和hello kitty吸取了营养。

2. 业务系统

有了一个好的定位，一个结构合理、运转良好的业务系统是不可或缺的，这是定位的延续，也是关系到定位是否能够得到正确实施的环节。

和三辰的大包大揽不同，宏梦的步伐走得很稳健。在成立后的两年时间里，宏梦卡通先后组建了湖南宏梦银河传媒有限公司、湖南虹猫蓝兔医药有限公司和虹猫蓝兔卡通产业发展有限公司，并与英特尔联合组建湖南宏梦信息科技有限公司，与空中网合作启动了电信增值服务。把最专业、最核心的部分留给自己，剩下的给在该领域有比较优势的合作伙伴去做，这样既形成了产业链，又保持了核心竞争力，同样，也让合作伙伴赚到了钱，一举三得。这正是迪士尼告诉我们的经验，宏梦学得很到位。但是，宏梦也部分地移植了hello kitty的DNA。也许，图9-3可以让我们看得更清楚。

我们不是很严格地把上半部分划为模仿迪士尼的品牌授权，把下半部分划为模仿hello kitty的卡通产品零售。之所以说不是很严格，是因为衍生品的授权分为产品授权和渠道授权。在产品方面，宏梦走的是完全授权路线；而在渠道方面，宏梦是区别对待地采取了渠道授权和自建渠道两种方式。打个比方，假如屈臣氏要在店里卖宏梦的产品，就必须走授权的途径，购买宏梦的销售权，并从授权厂家拿到产品，这样屈臣氏才可以利用自己的渠道销售宏梦产品。除此之外，宏梦自己也建立了一站式儿童购物中心，专门销售宏梦的授权产品。前者类似于迪士尼的渠道授权，后者类似于 hello kitty 的渠道零售。

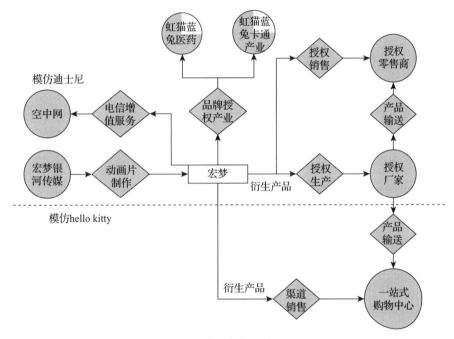

图 9-3　宏梦业务系统简图

从前面我们知道，在中国的现实条件下，自己建立一个完备的产业链是必需的，既然这样，我们要提出另外一个问题：宏梦在衍生品方面为什么不单独做授权？为什么还要做一个零售的渠道，节外生枝？品牌的单薄和产业链的缺失是问题的关键所在。

其实看看迪士尼的授权就可以知道，它的合作伙伴都是很著名的国际销售商，例如沃尔玛、屈臣氏。它们为什么愿意做迪士尼的授权，为迪士尼作嫁衣裳，很大的原因在于迪士尼本身有强大的品牌，这是一个双赢的结果。宏梦虽然已经靠着虹猫蓝兔打造了自己的品牌，但是在外国动漫品牌横行的市场环境下，想单独通过授权获利不大现实，因此只好双管齐下：自己有渠道并且愿意做授权的，或者自己没有渠道但愿意自建渠道做授权的，则授权，对于后者，宏梦会协助建立渠道；没有授权，宏梦就自己建立渠道（一站式儿童购物中心）做销售。而且，为了更好促进授权，宏梦还和授权商建立战略联盟，利用共同生意计划、贴片广告、以宏梦名义统一谈判获取渠道等方式为授权商建立渠道提供一系列的帮助。在宏梦品牌还很单薄、国外大零售商不感兴趣的情况下，宏梦的做法对于动漫渠道的建立和强化有很大的积极意义。

这就提出了另外一个问题：衍生品要么干脆就不做了，只做上面那部分的儿童医药、电信增值、传媒等的授权？这会产生三个问题：第一，光这部分的收入实际上并不多，之前我们说过，迪士尼很大的一部分收入来自于衍生品，这也是整个动漫行业的特征。第二，由于衍生品的流动性较大，因此对品牌的传递能力也是最强的，不做衍生品，等于自己放弃了最有效的一个品牌传播途径。第三，也是最重要的一点，在中国现有的条件下，产业链的发展很不足，宏梦这么做的很大一个原因是为了培育一个消费群体，催熟这个产业链的成长，而这恰恰是整个动漫业发展的原动力。

因此，我们可以看到，宏梦的整个业务系统既有其历史阶段性的条件所限，也有其发展战略的主动选择。接下来我们就说说支撑这个业务系统的几个关键能力。

3. 关键资源能力

动漫是一个文化产业，文化产业的特点就是品牌形象的重要性是第一位的。前文已经提到，宏梦的品牌形象虹猫、蓝兔在青少年中的知名度高达93.2%，这就为宏梦的发展奠定了一个很好的基础。这也是宏梦做授权的能力要求。

宏梦另外一个出色的地方就在于它的渠道，这是它除了品牌之外的第二个关键资源能力。

宏梦的渠道建设分两部分：自建渠道和授权渠道。宏梦的自建渠道是一站式的儿童购物中心，这是一个以儿童体验为中心的场所，充分提供了儿童和父母互动的一个空间。在动漫行业里面存在一个悖论：儿童是消费主体却没有消费能力；父母有消费能力却不是消费主体。宏梦很好地解决了这个问题。

宏梦的授权渠道主要是帮助授权商建立的，有三个特色：第一，充分利用《虹猫蓝兔七侠传》播放的 565 个电视频道中的贴片广告，为授权商免费打广告；第二，充分利用自身巨大的商业数据库和商业团队，为授权商提供全套的销售方案设计，为授权商提供详尽的咨询服务；第三，利用宏梦的整体品牌和销售商谈判，为授权商建立渠道。可见，在渠道建设上，宏梦也充分利用了品牌的优势，挖掘了品牌的内涵。

卖产品其实无非靠两个因素，一个是品牌，一个就是渠道。迪士尼占了第一个，是因为它有合作伙伴发达的销售渠道可以利用；hello kitty 占了后一个，是因为它的品牌已经使消费者的注意力从动漫形象转移到了具体的产品上。从另外一方面来说，迪士尼已经拥有了绝对强大的品牌，而hello kitty 已经拥有了发达的销售渠道，这就使得它们可以把握一个硬的关键资源能力，通过产品的循环去控制另外一个软的关键资源能力。

对于宏梦来说，品牌还不够强大，渠道也还不够发达，通过掌握一个控制另外一个是不现实的。最好就是两手都抓。

其实通过分析宏梦的团队我们也可以看出其中的奥妙。在团队的组建上，宏梦卡通有王宏领导的由著名编剧贺梦凡、著名作家余华、著名美术家韩美林组成的艺术团队，有红杉资本等加盟的资本运营团队，有王敬（华润万佳集团原首席执行官）在上海组建的产业团队。

显而易见，这个团队的关键人物是王宏和王敬，前者创立并强化了品牌，后者在产业运营和渠道建立方面具有很丰富的经验，正是这样的组成才造就了宏梦。投资宏梦的沈南鹏这么评价："卡通行业是一个飞速崛起的新兴产业，宏梦的管理层是一支被市场证明过的成功团队。"

而资本运营团队也是不可忽视的，我们提到，资本市场是美国商业帝国的强有力支撑。宏梦想要建立完备的产业链并发展壮大，融资能力极端重要，这也是宏梦和红杉资本相互青睐的原因所在。

品牌和渠道是驱动宏梦的两个风火轮，成功的团队组成则是驱动两个风火轮的原动力。

4. 盈利模式

宏梦最自豪的"迪士尼 +hello kitty"说白了就是迪士尼的商品授权和hello kitty 的零售结合体。这是宏梦商业模式中最精彩也是最危险的地方。

说它精彩，是因为它糅合了两个成功的盈利模式。我们知道，做衍生品不外乎两种模式：迪士尼的授权或者 hello kitty 的零售。宏梦的精彩就在于让这两种模式相互促进：零售做好了，会促进授权；同样，授权做大了，也会促进零售。其中的关键就在于品牌的互相强化。而且，现在的环境下，只做授权，不一定有人买你的账；只做零售，和儿童医药、电信增值业务等的授权结合不紧，为后期的转型埋下隐患。因此，主观上选择两个都做，客观上也只能两个都做。

精彩的另一点还在于它在不同行业采取了不同的盈利模式，适合授权的儿童医药、电信增值等就做授权，玩偶、文具等适合零售的就做零售。这也是它比蓝猫进化的一个地方。蓝猫涉足的行业存在很多的重复，在盈利模式上也没有一个太明确的分类对策，这才导致了品牌的稀释。宏梦则是行业少而精，并且很少重复，这就避免了品牌的稀释。而且，宏梦选择的行业都和儿童青少年或者动漫相关，避免了蓝猫的错误。

说它危险，正是授权和零售结合得不紧密的关系。回头看看宏梦的业务系统图我们可以发现，除了一站式儿童购物中心外，几乎和迪士尼没什么两样。这小小的一部分销售在宏梦的系统中显得很刺眼和另类。在典型的动漫业中，专门做渠道是吃力不讨好的，因为那毕竟不是你的相对优势。hello kitty 之所以做渠道，是因为从本质上它已经转型为零售企业了，动漫只不过是它的产品形象罢了，就好像一般的产品找明星代言一样，只是 hello kitty 有自己的明星而已，这也是它为什么不需要别人授权的原因。

存在危险的另外一个方面和宏梦选择催熟动漫产业链有关。前文提到，在动漫业不发达的条件下，宏梦要拓展市场，除了培育产业链外别无他路，这给宏梦同时带来了机遇和挑战。机遇在于，中国的市场很大，宏梦"先走一步"的优势有可能得到强化，成为"中国迪士尼"的美好愿望也有可能实现。这正是宏梦的愿景。但是，挑战也许是更大的，在催熟的早期，宏梦的唯一选择是拥有整个产业链，而到发展的中期和后期随着产业链的逐渐成熟才有可能跳出整个产业链，并把精力集中在最擅长和附加值最高的节点上，那么，何时转型？怎么转型？这是对宏梦的最大考验。一着不慎走错，其他企业就可以乘虚而入，在宏梦最薄弱的环节切入，利用宏梦培育起来的产业链发展起自己的商业帝国，若是这样，宏梦就纯粹为他人做嫁衣裳，这是宏梦不愿意看到的。那么，随着发展的不断深化，宏梦会沿着什么轨迹发展呢？其实，宏梦的未来无非有三：迪士尼式、hello kitty式、保留自己的宏梦模式。我们不妨挨个分析一下。

假如宏梦将来把零售卖出去，变成纯粹的迪士尼式，可能吗？分析一下宏梦的成长环境，我们发现，宏梦其实类似于迪士尼多过hello kitty：第一，中国的动漫还在发展初期，很难形成日本的产业链结构，这既是宏梦成为产业一环的制约条件，也是宏梦自己建立、培育产业链"先行一步"的历史机遇；第二，宏梦是从动画片统治消费市场起步的，在动画片制作和品牌建立上具备先天优势和继续发展的能力；第三，做零售只是宏梦在具体历史阶段的权宜之计，并不是宏梦主动选择的长远战略。当然，宏梦要进化成迪士尼，有两个条件是必不可少的：第一，品牌强大到足以吸引到优秀的零售合作伙伴，因此有可能进化；第二，自身的零售已经和授权到了水火不容、无法兼顾的地步，因此不得不进化。

假如进化成hello kitty呢？也就是说，宏梦本身的品牌形象已经深入人心，直接可以把形象剥离出来专门做相关衍生品的设计，占领整个儿童消费市场。中国每年2 000亿元人民币的市场也是很可观的。这也有几个条件：第一，中国的产业链已经很完备了，因此培育了很大的一个消费群体，这使得宏梦的衍生品可以大行其道；第二，宏梦本身的渠道建设取得了很大的成功，对授权渠道的依赖已经大大降低；最后，和上面类似，宏梦的销售和授权已经很难以同样的比例共存，或者说没有必要共存。

那么，有没有可能宏梦到最后谁也不是，就是内容、授权和销售三个方面仍然结合得很好，仍然保留自己独特的宏梦模式呢？我们认为，这种可能性很小。首先，我们说的将来，是建立在中国动漫产业链比较完备的情况下，这么大的市场，宏梦很难兼顾授权和销售；其次，当品牌发展壮大了，本身的渠道授权可以做得很大，宏梦没有必要继续拥有自己的渠道，当然，宏梦也可以模仿迪士尼做主题公园的销售，但这不是主要收入来源；最后一点，来自竞争对手的压力，其他企业可以抓住一点来攻击你的整个链条，这也是宏梦最大的威胁。如果非要同时保留授权和零售，也许把一站式儿童购物中心的零售从现在的直营进化成特许加盟店是一个相对合理的选择。这样，资金和管理投入都比较小，而且，由于加盟店是自负盈亏的，风险嫁接到了加盟商身上，也不存在激励的问题。这也许是宏梦保留自身模式唯一比较可行的路子。王敬在接受采访的时候曾经说过："如果这个品牌达到迪士尼的水平，那零售业务卖掉就完全可以了，如果说是十年以后，我的零售能力特别特别强，它就变成一个 hello kitty 了。"可见，宏梦也认为自己将来是不可能走第三条路的。

综上所述，我们倾向于认为第一种即宏梦将来进化成迪士尼的可能性比较大，当然，这取决于一系列的历史条件和环境。鉴于中国动漫业的美好前景和宏梦的优秀团队，我们对此抱谨慎的乐观。

5. 现金流结构

事实上，宏梦的盈利模式基本上很难发生现金流问题。我们从制作和衍生品两个阶段进行阐释。

动漫的制作阶段是"高投入，低回报"，衍生品阶段是"低投入，高回报"。这就是为什么很多动漫企业在拍片方面入不敷出：一来它们的动画片很难赢得市场，光收版权费和贴片广告费很难维持生存；二来由于没形成品牌，它们做不起衍生品，这又断了一条活路。

宏梦的动画片由于受到了观众的认可，光靠版权费和贴片广告费基本就可以收回成本，而品牌的传播又使得做衍生品成为可能。在做衍生品方面，宏梦除了建立渠道，支出是很少的，而渠道只要建立起来，以后的使用支出也极少。因此，在衍生品这部分，宏梦真的是一本万利。

当然，这两方面都离不开宏梦自身品牌的市场认可度，而宏梦恰恰是利用衍生品的获利增大拍片的力度，进一步强化了品牌。拍片，形成品牌，做衍生品，继续拍片，强化品牌，衍生品市场做大，品牌进一步成长……宏梦正是通过这样的良性循环使自己的现金流越聚越多，同时品牌也越做越好。

除了内部的现金流之外，宏梦的外来现金流入也是关键的因素。首先是国家在动漫行业的一系列优惠政策支持和政策性补贴，这是宏梦目前现金流来源之一；其次是国家为了支持动漫行业的优惠性批准用地，随着土地的升值，这将成为宏梦未来现金流的一个来源；最后，红杉资本对宏梦的不断注资，在宏梦上市之前，对宏梦的短期投资和长期融资都具有重要的战略意义。

按照宏梦对外公布的数据：2006年，其收入为2 751万元，2007年为1.3亿元。对于一家成立才5年的动漫企业，宏梦的发展无疑让人振奋，也让人看到了其商业模式成功的曙光。

6. 企业价值

在商业模式中，定位是起点，业务系统、关键资源能力、盈利模式和现金流结构是运营机制，是定位的实施和形象化，而企业价值是终点，也是评价企业的标准。

从上面的分析我们知道，作为一个新兴动漫市场的领军者，宏梦的发展其实是沿着迪士尼开创的轨迹走下去并有所发展和保留。而宏梦的发展目标也恰恰是做中国的迪士尼，目标远大，这也是红杉资本看中宏梦的一个方面。一个企业，没有远大的理想和价值观是注定走不长远的，光有理想而没有前面这些业务系统、盈利模式等内容的支撑，其理想也只是一句空话。我们在宏梦的网站上看到了它对自己愿景的明确追求，我们也从对宏梦的解构中看到了它整个商业模式的严谨、内洽和可成长性，这正是宏梦带给我们的期待，也正是宏梦的企业价值所在。

宏梦发展的有利条件是它在一个有着巨大发展空间和远大前景的市场；宏梦发展的不利条件是，产业结构不完整使得宏梦的每一步前进都较为困难。

9.7　中国的动漫业，路在何方

动漫行业在中国才刚起步，基础薄弱，有这样那样的先天不足，但不要忘了，我们也曾经有《小蝌蚪找妈妈》，也曾经有《大闹天宫》，事实证明，中国的本土文化也可以滋养动漫。而在动漫产业化方面，美国、日本都为我们提供了可资借鉴的例子，蓝猫和宏梦也给了我们一些有益的探索。我们相信这些都会给后来者一些启示，也希望后来的动漫企业能够寻找到适合自己的商业模式，我们和读者一起期待着中国迪士尼和 hello kitty 的出现。

第 10 章

透视中国线缆业的商业模式

———

20 世纪 90 年代以来，中国光电线缆制造业飞速发展，市场以每年 15% ～ 20% 的速度递增，业已成长为我国机械行业中仅次于汽车的第二大产业，同时中国也是仅次于美国的世界第二大光电线缆生产国。光电线缆业仅年用铜量就达到 240 万吨，已跃居世界第一。2006 年，电线电缆行业销售收入达 3 451.6 亿元，业内活跃的大小企业多达 9 800 余家，形成规模生产的也有 2 300 家左右。

当我们审视中国线缆产业的发展时，在绝大多数线缆企业经营者看来，成功与失败企业的运作方式如出一辙，只不过是执行力差别大小而已，但是如果站在商业模式的角度去分析，我们会发现彼此之间居然存在这么大的差别。现在以上上、宝胜、远东、津成四家企业为例分析。上上追求产品的专业化，宝胜注重产品研发，远东潜心构建营销体系，而津成讲究品牌打造。这种差异化的背后，隐含着什么样的逻辑呢？让我们回归商业模式的定义去解释这背后的逻辑。所谓商业模式，就是为了最大化企业价值而构建的为企业利益相关者提供服务的交易结构，解决战略确定后"怎么做"的问题。优秀企业就是通过对企业定位、业务系统、关键资源能力、盈利模式、自由现金流结构等方面的细心构建，优化企业主体在多方利益相关者之间的交易结构，提高议价能力、整合资源的能力，极大改善创造现金流的能力，从而构造其具有独特性的商业模式，奠定成为世界级优秀企业的基石。

　　面对未来线缆产业更加激烈的市场竞争，现在更多挣扎于生存边缘的企业将如何突破现有商业模式，构建新的交易结构、新的商业模式呢？现在让我们一起去细心体会上上、远东、宝胜和津成电缆四家国内优秀企业的商业模式，希望能对正在为生存而犯愁的企业顺利爬出生存的泥沼，提高创造现金流能力，提升企业整体价值有所启迪。

10.1　线缆产业世界级品牌的缔造者：远东

　　远东电缆在 2006 年线缆产业销售收入达到 80 亿元，利润 4 亿元，总资产 30 亿元左右。集团人员约 4 000 人左右，其中 3 000 余人主要从事线缆生产、销售工作。每年销售收入增长率保持在 80% 左右，创建了线缆产业企业发展的奇迹，远东电缆为什么如此成功？从商业模式角度来看，其独特的商业模式构建是促使其成功的关键动力。具体模式如图 10-1 所示。

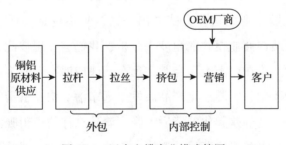

图 10-1　远东电缆商业模式简图

1.企业定位

　　远东电缆主要客户为电网公司、供电公司、重点工程、电源建设、经销商等，产品结构为交联电缆 60%，钢芯铝绞线 10%，建筑用线 10%，产品面兼顾广泛，专一两个层次，就广泛而言，产品比较丰富；就专一而言，产品所属种类专一。

2. 业务系统

远东电缆业务系统的特点反映在三个方面：

第一，充分利用宜兴地区良好的社会配套能力，舍弃了拉杆、拉丝工艺，与大量上游半成品供应商形成了较为紧密的战略联盟合作关系，缩短了自身经营的生产流程。

第二，与本地及外地成品生产制造商，建立了战略联盟关系，大力发展 OEM 业务，形成了以远东为核心的 OEM 经营体系。

第三，培育了由自身控制的庞大、复杂、高效、覆盖面广、渗透力强的市场营销网络，见图 10-2。

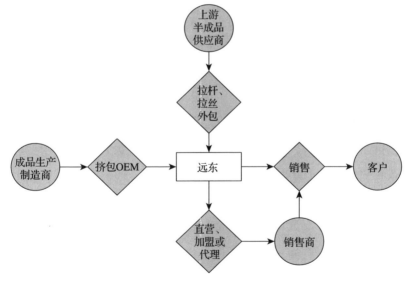

图 10-2　远东电缆业务系统

以下主要针对远东公司独特的营销系统进行分析，线缆产品涵盖面广、客户结构复杂，所以其市场销售成为经营管理的最为复杂之处。例如，在流通领域、建筑、普通家庭等市场具有民用品的特点，而在电力、交通、通信等市场又具有工业品的特点。不同客户群在市场需求特点、付款方式、购买行为等多方面都具有很大的差异性。为此，远东公司设计了满足多个市场需求的营销渠道，采取直销、代理商结合的多种经营方式，建立了三级市场营销体系，分别为公司——地区——销售员和代理商，拥有500多名销售人员，主要将市场集中在东部经济比较发达的地区，走产销分离道路，提高经营专业化水平。为了保证以上营销体系的高效运作，远东主要采取措施如下：①建立公司与销售员、代理商之间严格、明确的契约关系。该契约邀请专业法律机构结合企业营销管理过程所发生的问题和营销主导思想所制定，所以该契约内容涵盖非常全面、系统、精致，不但能够有效提高销售员的主动性和积极性，而且能够清晰界定企业和销售员（代理商）之间的权、责、利，提高运营效率。如该契约规定，销售人员作为独立经营、独立核算的经营主体，在利益方面和企业是单纯的市场买卖关系。销售人员自行承担项目周转的相关所有费用，企业不对此部分经营负有任何责任，即与其在经济上无任何关系。②采取了资产抵押和人员担保制度，抑制销售员（代理商）的投机行为，防止风险发生。为了控制应收账款，远东公司加强对源头（即销售员）的控制，要求销售人员按照自己的资金或者固定资产进行抵押。初步了解，一般根据代理商或者销售员自己需要销售产品的数量按比例界定，100万元左右的抵押很正常。如果在销售过程中发生呆坏账，相应风险完全由销售人员承担，并利用罚息来控制回款时间。在这种体制下，造成应收呆坏账将直接导致销售员和代理商资产全部亏光，使之控制风险的主动性大大提高，风险发生的概率大大下降，而对非现款现货按照罚息来控制回款时间。同时，针对任何一个加盟者，还必须要企业内部员工进行相应的担保。总体来看，这种体制增加了销售员或代理商的经营难度，经营不善者可能还会产生亏损，但是对于优秀者，这种体制起到了非常有效的激励作用。③强大的市场营销和品牌运作系统。

3. 关键资源能力

远东的关键资源能力主要在于两个方面。

（1）拥有低成本、快速反应的生产经营体系的创造和管理能力；远东生产经营体系由自有生产体系和OEM生产体系两部分组成，这两部分生产体系均有着低成本和快速反应的特点。

从远东自有体系来看，由于远东舍弃了拉杆、拉丝业务流程，其降低成本的原因在于：第一，减少了拉杆、拉丝环节的固定资产投资和人员；第二，减少了由于拉杆、拉丝环节设备未能充分利用和非专业化产生的高成本，尤其后者影响更大。其提升快速反应能力的原因在于缩短了生产周期50%以上，提高了对市场反应的速度。

从OEM生产体系来看，其对远东整体经营作用意义更大，主要原因在于首先解决了以下主要矛盾：第一，解决了远东销售产品数量、结构和自身生产产品数量、结构的不平衡性，缓解了生产组织的压力；第二，解决了市场需求增长速度和企业自身扩张速度之间的不平衡性；第三，解决了远离企业生产基地由于高成本运输产品所导致竞争力弱化的矛盾。第四，解决了企业自身生产未能快速反映客户需求的矛盾。

以下让我们再分析远东OEM体系如何降低生产成本和提高市场反应速度的能力。利于降低成本的原因在于：第一，能够充分利用外部社会资源和能力，减少了大量固定资产投资；第二，能够充分利用配套企业专业化生产能力所带来的低成本优势；第三，在远离生产基地的地方开拓市场，利用就地或者市场附近企业贴牌生产产品，能够免去长距离运输所带来的高运输费用；第四，充分发挥其营销网络优势，最大化发挥规模经济性，降低单位产品的营销成本；第五，保证远东自身生产产品结构和数量相对稳定，减少市场营销对自有生产体系组织生产的影响，提高了自身生产效率，降低了成本。

利于提高市场反应能力的主要原因在于：第一，在远东发展过程中，销售员所获得的订单数量经常超过自身生产能力，为了弥补这个差距，直接向 OEM 厂家下订单，能够很快解决这些矛盾；第二，销售员经常销售的产品，远东并不能及时生产或者生产该类产品成本很高，而通过向相关 OEM 厂家下订单，然后提供给客户，不仅能够降低成本，而且也提高了反应能力，提高了满足客户的能力；第三，针对远距离市场，通过 OEM 厂家提供产品，不仅降低了成本，而且也减少了路途运输时间，提高了市场反应能力。

（2）具有驾驭强大市场营销体系和市场营销的能力。远东当前已经拥有了国内规模最大的线缆营销体系，人均销售收入约 2 000 万元，应收账款周转速度超过 10，是国内大型线缆企业中成绩最优秀的企业，同时，采用信息化战略，建立了国内线缆产业信息化程度最高的网络。由此，通过信息化网络，直接提高了企业对市场信息的搜集、统计、分析、反应能力，能够围绕客户需求创造性地开发新产品；通过信息化网络，全方位掌握了客户资料和信用情况，不仅提高了企业针对客户开发产品、开拓市场的能力以及有效识别客户资信风险的能力，而且也防止了销售员独自控制客户资源的风险。同时，通过信息化网络，大幅度提升了企业和各个营销网点的结算速度和能力，提高了销售员的满意度，降低了结算成本。

4. 盈利模式

远东的盈利模式可以分成两个部分：①利润来源于自己生产产品所创造的价值，这部分盈利模式与大多数生产制造企业雷同；②利润来源于作为一个社会资源的组织者，通过贴牌获取客户价值。这部分利润的盈利模式已经与传统的制造企业有所不同，而这种不同已经蕴涵了质的飞跃。

5. 现金流结构

远东的现金流结构分别从投资和经营现金流两个方面描述。从投资角度来看，远东在固定资产方面的投资额相对较小，这为其将有关资金应用于经营创造了良好条件；从经营现金流角度来看，其现金流来源受到其独特的经营模式的影响，具体如图 10-3 所示。

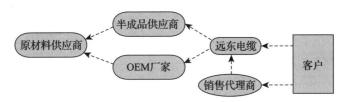

图 10-3　远东电缆现金流结构

从图 10-3 来看，远东的现金流结构相对较为复杂，主要原因在于其商业模式构造较为复杂。主要表现在：①客户资金支付分别通过直接支付给企业和由销售员（代理商）支付给企业两种模式。其中客户资金直接支付给企业的情况一般是由企业和客户直接签订的订单，此类订单的特点是数额较大、非现款现货方式，具有一定质保金。由销售员（代理商）支付给企业的方式一般都是通过销售员（代理商）进行交易的订单，数额一般较小，采用现款现货，没有质保金。相对而言，现款现货方式极大地降低了应收账款风险，改善了现金流的结构和质量。②大量的资金都用于向半成品厂商和 OEM 厂商支付，购买半成品或者成品。

10.2　轻资产运营先锋：津成电缆

天津津成电线电缆有限公司坐落在天津静海区，在近几年间迅速发展，销售收入超过 20 亿元，成为国内新的具有竞争力的电缆企业。综合分析，其商业模式和国内其他线缆企业相比具有较大的创新性，成为轻资产运营的先锋。由于津成电缆在全国各地主要按照地区划分，采取雷同的商业模式，现在以津成电缆在西安地区的情况分析，总结其商业模式，具体如图 10-4 所示。

1. 产品定位

津成电线电缆品种、规格繁多，主要提供常规、大众化的线缆产品满足零售民用市场的需要，其客户群主要定位于建筑客户、家庭等对质量敏感度较低的客户群。产品有裸电线、硅橡胶电缆、氟塑料电缆、分支电缆、橡套电缆、电气装备用线缆、电力电缆、35kV 及以下交联电缆、控制电缆、通信电缆、矿用电缆。

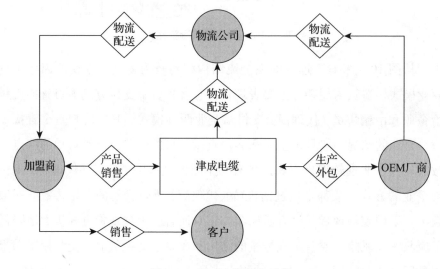

图 10-4 津成电缆业务系统

2. 业务系统

津成电缆主要定位于管理和培育营销网络、组织 OEM 厂家和物资配送三项关键职能。也就是说，津成电缆并不直接生产有关产品，大多数产品都由其所培育的 OEM 厂家提供；在营销环节，也没有自己的销售队伍，而是通过邀请特许加盟商加盟方式建立市场营销网络；在运输、仓储等环节，也主要是由外部物流公司，按照津成电缆公司的指令，进行存储、运输相关产品。

2006 年，津成线缆在昆明、长沙、成都、重庆、新疆、银川等地成立了新的销售公司，使津成产品遍及全国各地大中城市，见表 10-1。这些销售公司的建立，主要在于使生产更具规模化、产品更齐全，保证了津成线缆在市场上的货源充足，也使生产周期大大缩短。这样使大部分客户的需求得到了满足，在时间上赢得了便利，形成了真正意义上的前店后厂，一个世界著名品牌的雏形已形成。

表 10-1　津成招商——加盟条件及待遇

区域	省会城市		地级市		县级市	
投入资金	1 000 万元及以上		20 万～ 100 万元		5 万～ 10 万元	
级别待遇	甲级（省级独家总代理）		乙级		丙级	
销售年限	第一年	第二年	第一年	第二年	第一年	第二年
销售额	3 000 万元	6 000 万元	500 万元	800 万元	100 万元	160 万元
成功案例	陕西津成总代理		西安		商州	
	第一年　5 500 万元		第一年　800 万元		第一年　200 万元	
	第二年　9 600 万元		第二年　1 500 万元		第二年　260 万元	

3. 关键资源能力

津成电缆的关键资源能力在于其对整个市场网络体系建设、OEM 厂家组织与质量控制、物资配送、品牌运作方面的能力。最近几年，津成电缆的关键资源能力更加强大，同时，其品牌运作效应也大大加强，我们会发现大量的公交车上都遍布津成电缆的广告，给有关消费者强大的视觉刺激。在其网站上，也给予消费者大量的质量和售后服务承诺，让消费者更加认可津成所提供的产品。这都在多方面支持着津成电缆品牌的崛起。

4. 盈利模式

津成电缆的盈利模式非常独特，成为国内少数依靠品牌效益而获取客户价值的企业。归纳起来，津成电缆盈利来源于两个部分：第一，各个特许加盟商所缴纳的加盟费；第二，组织 OEM 产品生产、配送过程中向加盟商提供产品之间的差价。该差价我们可以认为是津成电缆公司提供的服务费和品牌的价值。

5. 现金流结构

津成电缆的现金流结构相对于上述三个企业具有非常大的不同，其现金流结构更好，主要表现在以下方面：第一，特许加盟费是提前支付给津成电缆公司的，那么津成电缆就具有了提前使用加盟商资金的权利，这是线缆产业绝无仅有的；第二，在特许加盟商、津成电缆、OEM 厂家之间完全采用现款现货方式进行交易，基本没有应收账款，极大地提升了其流动资产的周转速度；第三，从投资角度来看，津成电缆各地区公司几乎没有固定资产投入，也就意味着不需要现金投入，由此也优化了现金流的结构。

10.3　专而精、集而实的上上

上上公司成立于 1965 年，是中国当前线缆行业中少有的具有较长历史且宝刀未老的企业。2006 年销售额约 48 亿元，利润突破 2.5 亿元，人均生产效率约 300 万元，每年也是以 70% 以上的增长率迅速扩张，成为中国线缆业最具有竞争力的企业之一。从商业模式角度看，上上可谓是中国传统线缆产业经营模式的继承和发扬者，继承之处在于它包含了传统线缆企业经营模式所有的工序，发扬之处在于它从产品定位、业务系统构造等方面又进行了系统的梳理和构建，从而形成了"专而精、集而实"的模式，其具体模式如图 10-5 所示。

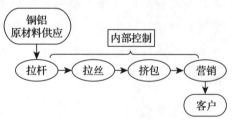

图 10-5　上上电缆商业模式简图

1. 企业定位

上上公司的定位特点是"专而精、集而实"，其目标客户群主要为供电公司、重点建筑工程、电源建设、交通等重要客户。经过多年生产经营，上上公司认为要在市场中立足，必须在特定的细分市场中将企业的"拳头"做硬，也就是主要致力于 35kV 及以下交联电缆和特种电缆的生产和研发，其中 35kV 及以下交联生产线占产品结构 60% 左右，特种电缆占 30% ～ 40%。

2. 业务系统

上上公司具有从拉杆、拉丝、挤压到销售比较完善的生产过程，但是由于其主要定位于35kV及以下交联电缆产品的生产，所拥有的设备基本类似，主要有数十条35kV及以下的交联电缆生产线。从以上可以看到，由于产品定位较为简单，其生产线也比较雷同，所需要的生产组织、技能、研发、原材料采购、销售等环节都相对比较简单，而且拥有10条以上的生产线（这在国内也是首屈一指的），具备了非常强的规模经济效应，最终其产品市场竞争力很强。上上电缆业务系统见图10-6。

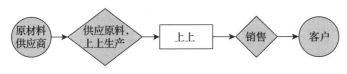

图 10-6 上上电缆业务系统

3. 关键资源能力

总结上上公司实现其经营模式所拥有的关键资源能力主要在于以下方面。①围绕产品定位，所拥有的系统、全面和精细化的生产系统配置、布局能力。从此方面分析来看，上上已经体现出一个非常清晰的生产战略思路，而该方面能力为其降低生产管理、市场营销的复杂程度，提高单类产品的规模经济性和降低产品成本能力创造了前提和基础。②生产组织和成本控制能力。上上在经营过程中，拥有良好的生产组织和成本控制能力被其自身认为这就是上上的核心竞争力。他们强调生产中采用高效率的设备，产品快进快出，生产周期短、流动资产周转快。该企业每年总资产周转速度保持在3.5次以上，流动资产周转速度达到了6次，远高于同行业其他竞争对手的水平。③均衡且满负荷生产的控制能力。由于上上在生产、营销等环节具有良好的管理控制能力，再加上行业内的品牌效应，生产线常年保持在90%以上的开机率，由于高开机率大幅度提升了设备、人工等多方面的利用效率，从而最大程度降低了固定费用的开销，有效降低了成本，提升了市场竞争力。

4.盈利模式

在该商业模式下，上上的盈利主要来源于产品销售收入，这方面与其他企业盈利模式雷同，但是由于其良好的成本控制能力和较高的资产利用效率，上上产品的销售利润率要高于普通线缆企业 2 个百分点左右。上上销售利润率保持在 4.7% 左右，而一般企业销售利润率仅有 2.5% ~ 3%。最终在净资产收益率方面，上上的净资产收益率达到了 40% 以上，成为行业的佼佼者。

5.现金流结构

从投资现金流角度来看，上上为了实现企业的扩张在固定资产方面投资相对较大，主要包括两个方面：第一，由于其生产流程较长，包含了从拉杆到成品的整个业务流程，配套产品供应商较少，由此需要投资的范围广、规模较大；第二，由于自己生产所有的产成品，没有从事贴牌生产，为了满足客户需要，推动企业扩张，必须要依托自身完成投资，所以固定资产投资较大。

从经营现金流结构来看，上上公司的现金流结构相对较为简单，如图 10-7 所示。

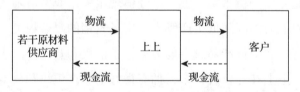

图 10-7　上上电缆现金流结构

由于上上在经营模式方面相对比较简单，所以其现金流结构也比较简单。主要表现在：客户直接按照合同将资金支付给上上，上上同样按照合同向原材料厂商支付有关资金。

10.4　洞悉产品发展动向的宝胜

宝胜公司位于江苏宝应县，销售收入达到了 40 亿元左右，当前不仅保持了较高的增长速度，而且产品盈利能力远高于一般电缆企业。现在从商业模式角度分析宝胜公司的商业模式构成。与上上、远东以及一般电缆企业相比，其商业模式特点主要集中于产品定位、业务系统两个方面。其商业模式如图 10-8 所示。

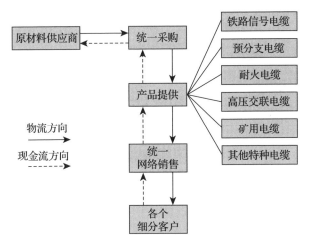

图 10-8　宝胜电缆商业模式简图

1. 产品定位

宝胜公司产品主要定位于为铁路、矿山、建筑、供电公司提供预分支电缆、矿用电缆、耐火电缆、66kV 以上交联电缆、特种电缆、铁路通信电缆等高附加值产品。通过此类产品定位，使宝胜公司规避了激烈的市场竞争，占有各个高端细分市场，提升了企业核心竞争力。

2. 业务系统

从生产流程来看，宝胜公司类似于上上，包含了从拉杆到挤包全部生产工艺，但是结合产品定位来看其生产系统，发现宝胜与所有的企业具有非常大的差异，主要表现为如下方面。①企业内部针对每个高端细分市场的需求，建设一个生产车间，成立一个分公司，按照每类产品规划，要求所建设的生产车间生产能力能够满足全国市场 60% 左右，如预分支电缆、耐火电缆、铁路信号电缆等都是如此。②在统一的采购、营销、产品研发方面，整个公司统一运作，每个分公司独立核算和运营。采用此种业务模式的战略思路在于：坚持将有关特种产品的差异化战略实施和规模经济性生产结合起来，创造若干单个产品的单打冠军。其业务系统如图 10-9所示。

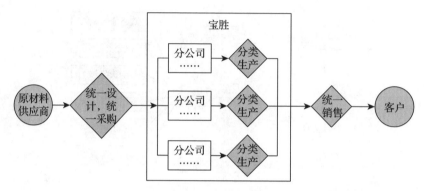

图 10-9　宝胜电缆业务系统

3. 关键资源能力

通过对宝胜的调研、分析，其关键资源能力主要在于能够深刻洞悉细分市场需求，把握世界技术和产品发展动向。同时，能够根据市场需求，快速开发高端产品的研发能力。宝胜公司具有直接从事科技研发的工程技术人员 150 人，通过实施科技引导市场的经营思路，已经逐步形成了一批企业自有核心制造技术，博士后科研工作站和国家级企业技术中心研制的无卤低烟辐照电缆料等新材料处于国内同行业领先水平，共有 29 个产品被评为国家级新产品，获得国家专利 49 项，参与编制了国家及行业标准 14 项，取得了 147 项省部级科研成果。在技术人员的数量和知识结构方面，成熟技术开发人员及技术工人占比率较高，对公司的技术发展所起的作用比较大。

4. 盈利模式

从盈利模式角度来看，宝胜与上上公司雷同，主要依靠销售产品而获取利润，只不过由于其产品定位于高端客户，面对的进入壁垒高、附加值高，从而其产品盈利能力很强。高端产品毛利润率能够保持在 30% 以上，相对于一般电缆产品 10% 左右的毛利率具有非常强的盈利能力。

5. 现金流结构

从现金流结构来看，也类似于上上，相对比较简单。

深入分析可以发现，上上与宝胜之间是有某些相似之处的。首先，在定位方面，上上产品特点是精与专，相对于产品营销以及原材料供应，它的策略更专注于生产制造，以质量取胜；而宝胜的产品种类丰富，决定其需要统筹兼顾原材料供给和产品销售网络的建设，从而提高效率。其次，两者在业务系统方面，生产工艺均比较全面，包含了从拉杆到挤包全部生产工艺，进而，两者的盈利模式和现金流结构也具有雷同性。一定程度上甚至可以说，宝胜是整合了数个产品专一的上上而构成的，整合之后，除了做好产品生产之外，更加注重原材料采购与销售网络建设，因此在关键资源能力上与上上表现出较大的差异性。

10.5　中国线缆业商业模式透视

同是线缆行业，四家代表性企业运用不同的商业模式打造了自己的特色盈利之路，并最终实现了商业价值——远东将部分业务外包，以低成本的自有生产体系以及 OEM 生产体系为基础，潜心构建营销体系；津成以轻资产运营取胜，讲究品牌打造；上上追求产品的专业化；宝胜根据产品种类全面的特点注重相互资源的整合。

同时，以上四个企业又都具有最根本的共同点，那就是都具有非常强的创造经营现金流的能力，即都拥有持续增长的经营现金流。经营现金流决定了企业的价值，好的经营现金流结构更容易受外部资本青睐，从而加快企业发展。为了获得持续增长的经营现金流，津成采用连锁加盟即区域总代理营销模式，通过采取品牌宣传和特许加盟经营方式，建立营销渠道，然后统一组织货源、配售，控制供应链物流系统，以销售 OEM 产品赚取差价为主，自己少量产品销售收入以及特许经营商上缴费用为辅，获得稳定且持续增长的经营现金流。上上以专业化为特色，追求在特定的细分市场中将企业的"拳头"做硬；强调生产中采用高效率的设备，快进快出，实现周期短、周转快；并且加强控制产品成本和质量环节，在较强的市场营销能力下，也获得了稳定且持续增长的经营现金流。宝胜追求产品的高质量和高附加值，实施科技引导市场的经营思路，通过技改引入了美国、欧洲、日本等国家和地区的先进设备、技术，再加上特种产品的规模化生产，强化了该公司特种产品类的市场竞争力和核心技术，最终获得稳定且持续增长的经营现金流。远东则走产销分离道路，提高经营专业化水平，设计满足多个市场需求的营销渠道，通过与上游供应链协作、OEM厂家合作、市场营销渠道控制和品牌运作，获得稳定且持续增长的经营现金流。

第 11 章

举重若轻：普洛斯和 AMB

——

11.1 行业背景介绍

11.1.1 房地产投资信托

房地产投资信托（Real Estate Investment Trusts，REITs）于 1960 年产生于美国，依照商业信托原理设计，是指信托机构面向公众公开发行或定向私募发行房地产投资信托受益凭证筹集资金，将其投向房地产项目、房地产相关权利或房地产证券等，投资所得利润按比例分配给投资者。

从 1960 年后的 25 年里，根据美国法律规定，REITs 必须将应税收入的 90% 分红，并只能拥有房地产资产，由第三方进行管理。1986 年美国税制改革法案改变了 REITs 的命运。利息、折旧大大减少，并允许 REITs 提供地产的常规服务，这样 REITs 可以经营管理所拥有的地产。尽管做出了这样大的改变，REITs 依旧没能完全发挥出其优势。20 世纪 80 年代后期，银行、保险公司、养老基金和国际投资者为房地产投资基金提供了大量资金，伴随着 20 世纪 90 年代前期地产的大面积低价收购，REITs 终于成为了主流投资选择，从 1993 年开始，大量房地产公司上市。

2009 年前后，美国 REITs 约有 300 个，管理资产总值超过 3 000 亿美元，约占纽约证券市场市值的 5%。当时，我国内地还没有 REITs 上市交易。

11.1.2　物流地产

工业地产是指用于工业生产、仓储、运输、配套等各种用途的房地产形式，包括厂房、仓储、工业配套等各种用途的房地产形式。

所谓物流地产，属于工业地产的范畴，是指由投资商选址投资开发物流设施，比如物流仓库、配送中心、分拨中心等后，再转租给制造商、零售商、物流公司等客户，并组织资产管理队伍进行物业管理，提供物业相关服务。这里的投资商可以是房地产开发商、物流商、专业投资商。现代物流地产的范畴包括物流园区、物流仓库、配送中心、分拨中心等物流业务的房地产载体。同传统的物流地产相比，它更强调管理的现代化、规模效应、协同效应。

物流地产的运营按照投资和管理的主体不同可有几种模式。

一是由地产商主导，租售给客户。在这种模式中，房地产开发商是开发投资的主体，开发商选地建成相关物流设施后，出租给客户并为其提供物业管理服务，但绝不参与客户的日常物流业务经营，收益来源于物流设施租金与管理费。

二是物流商自己经营管理自有地产。这里，物流企业是相关物流设施投资建设的主体，建成后自己经营，自己管理，如我国的上海百联集团、大商集团等。

三是地产、物流商直接合作经营。即物流商、地产商通过成立项目公司或协议、合同等其他契约方式共同出资、合作经营，各自发挥相关领域的优势，对于项目建成后的收益按照协议分享，同时共担风险。

四是由第三方牵头，联系物流商和地产商。第三方将物流商和地产商各自的资源进行整合，同时对物流商和地产商的资格、实力进行审查，确保强强联合。物业建成后由第三方中介组织负责对管理企业进行招标，而企业收益也由第三方代为审查并根据协议分配。

11.2 普洛斯

11.2.1 普洛斯概况

一家美国纽约证交所的上市公司，管理超过 3 700 万平方米的全球分销设施网络，为超过 4 000 家世界知名企业提供相关的物业和服务，其设施网络遍及北美、欧洲、亚洲等 80 多个市场，"世界 1000 强"中，超过半数的企业已成为其核心客户。

这就是全球最大的工业地产商、专业物流设施开发商——普洛斯（ProLogis）。

成立于 1991 年的普洛斯原名 Security Capital Industrial Trust（安全资本实业信托公司），是一家为满足客户对本地以及区域性物业与物流配送需求而创立的服务性公司，并从 1993 年开始购买地产。公司借助 1992 ～ 1993 年间席卷美国的 REITs 热潮飞速发展，1994 年在纽约证券交易所成功挂牌上市（纽约证交所代码：PLD），当时公司已在 16 个城市拥有 1 610 万平方英尺[⊖]工业地产。1998 年 7 月，公司改名为 ProLogis Trust（普洛斯信托公司），又于 2003 年 3 月简化为 ProLogis，代表 professional logistics（专业物流），希望更加准确地反映公司的全球业务增长，并在财富 1000 强的企业中建立强大的品牌知名度。

作为世界第一的物流配送设施开发商和服务商，普洛斯建立了全球第一个配送设施网络，大大提高了客户的关键供应链作业效率，从而为工业房地产行业的发展设立了全新的远景目标。

2003 年，普洛斯进入中国，在上海设立总部，其宗旨是创建中国一流的物业组织，提供国际标准的客户服务，专业开发、拥有与管理高质量的物流配送设施。

截至 2006 年 12 月 31 日，普洛斯拥有、管理和正在建设中的资产达到 267 亿美元，包括 2 466 处地产总计 4.22 亿平方英尺，其客户包括生

⊖ 1 平方英尺约等于 0.093 平方米。

产商、零售商、货运商、第三方物流提供商等各种具有大规模物流需求的企业。

美国《财富》杂志从全球近 3 000 家企业中评选出"2007 年度全美最受推崇的房地产企业",并根据产业分类,选出每个行业前 10 家公司进行评选,评选八个标准包括各个行业的创新、人力管理、公司资产使用、管理质量、财务稳定性、长期投资、社会责任等。普洛斯不仅在房地产行业内脱颖而出,荣列房地产行业的首位,并且在其中六项标准中拔得头筹。

11.2.2　普洛斯的定位

1. 选择物流地产

普洛斯作为全球最大的物流配送设施网络开发商与提供商,致力于为全球最具活力的制造商、零售商与第三方物流公司提供完整解决方案。因此,普洛斯具有明确的定位:物流地产开发商和服务商。

相对于物流园区来说,普洛斯所推行的物流地产,是一种特殊的工业地产,它通过建设物流设施和提供专业的物业管理服务,可以使制造商、零售商、物流公司等不必投入很大的资金于设施建设上,专心致志地做好主业。这样的业务设计使普洛斯与其他房地产商区分开来,在房地产这个传统行业中创造出了一片新天地并成为其中的领袖。

早在 20 世纪八九十年代,普洛斯的创立者们就发现,物流配送设施对许多公司产生了越来越大的影响,企业需要更大的适应性和灵活性来发展、经营全球化的生产配送设施网络,因此作为一个地产商,应该对物流配送如何影响企业的供应链具有清楚深刻的认识,而市场中也正缺乏提供此类业务服务的企业。普洛斯正是应这种需求而诞生的。

根据不同的经营模式,普洛斯可以选择不同的定位:主导型的地产商、一体化的物流商、纯粹的地产商或物流商,或是物流商与地产商的整合商。

做一体化的物流商虽然可以节省一部分租金,在物业的折旧费用上享受到税收减免的好处，但对于一个物流商来说，其核心业务是物流，地产管理水平低、建设专业化能力不足、运营成本高等缺点将使企业面临巨大的挑战，同时，对物流设施的资金投入太大，会影响其发展速度。做纯粹的地产商或物流商虽然可以增加专业化优势，如地产商在拿地、设施建设等方面的优势以及物流商在物流效率设计、物流运营方面的优势等，但在与对方合作时，前期将面临信用风险，而在后期将面临利益分配、风险分担等问题。做整合商虽然可以同时利用地产商与物流商的专业能力，降低信用风险，但对整合能力要求很高，而且要求中介市场有较高的行业自律，同时需要社会信用档案的支持。

于是，普洛斯选择了做一个主导型的地产商，这样的业务模式可以有效地帮助客户企业降低成本，提高客户企业的核心竞争力，而又无须参与物流业务经营，但这样做的缺点是购地和建设物流设施所需要的资金量极大，且利润回报周期非常长，一般在 10 年左右，更为重要的是物流地产将面临空置带来的风险。

这样的选择似乎有些大胆，但正是这样的定位以及进一步的"以客户为中心"的定位造就了普洛斯的成功，也决定了普洛斯的商业模式难以复制。

针对资金需求量大的特点，普洛斯采用了房地产投资信托的定位予以化解。作为一家房地产投资信托类公司，普洛斯拥有 80 亿美元的管理基金，同时还可以享受房地产投资信托所带来的税收优惠，加上普洛斯作为上市公司从资本市场上融资所得以及银行贷款所得，普洛斯的资金渠道问题迎刃而解。而这样雄厚的资金基础也为其扩张打下了良好的基础，公司5 年内在欧洲投资了 50 亿美元，每年在日本投资 0.7 亿美元，已投资了 2亿美元。而这样的资金投入也令许多意图效仿者望而却步。

针对回报周期长的特点，普洛斯的选择进入便已经甩掉了许多追求快速暴利的商业、住宅地产商，减少了许多竞争。同时，物流地产的最大优点在于稳定，由于租赁期相对较长，即使是在市场波动非常大的情况下，对租金收入的影响也相对比较小。普洛斯定位于此就如在波涛汹涌的房地产大潮中找到了一处徐缓之流。

2."以客户为中心"

针对空置的风险，普洛斯选择了"以客户为中心"的定位。就如普洛斯中国区董事总经理一再强调的那样：必须拥有强大的客户资源才能保持物流地产盈利。

成立之初的普洛斯定位于为客户提供美国国内区域性的物流配送业务，而公司也因这样的定位实现业务的差异化。随着客户海外扩张的需求日益增加，普洛斯也在客户的引导下，将业务逐渐扩展至全球，并由此开创了"以客户为中心"的运作方式。如后面将会介绍的那样，作为物流设施的长期业主，普洛斯不仅为客户提供新颖、灵活的租赁项目，还为客户提供整套的物流配送服务和解决方案，帮助客户应对诸如周期性变化、竞争性挑战等瞬息变化的环境。

"以客户为中心"使普洛斯品牌价值得到了迅速提升，并在全球化网络布局中产生了一呼百应的效果，客户借助普洛斯的网络，可以让货物在全球自由流转，而不必担心无处落脚。在国外，一个物流设施必须在5%的空置率下才能保持10%的回报，如果空置率达到15%，利润就会被全部淹没。2009年前后我国国内仓库的平均利用率只有60%～70%，而且大部分仓库都是建于20世纪七八十年代，设施状况符合国际标准的只占2%。而普洛斯的稳定组合[⊖]中的物流地产出租率2006年达到95.27%，而其所有物流地产总的出租率也达到了92.46%。不仅如此，普洛斯的客户回头率很高，其CDFS业务（公司物流配送设施服务和其他房地产开发业务）中2006年有52.4%的地产租给了回头客。另外，"以客户为中心"的定位也使普洛斯避免了盲目扩张，得以有的放矢，保证供有所需，这也是其能够保持如此高出租率的原因。这样看来，正确的定位确实给普洛斯带来了成功。

⊖　普洛斯将较为成熟的物流地产定义为稳定组合（Stabilized Portfolio），通常为投入使用期满12个月或不足12个月但出租率已达93%的地产。

11.2.3 普洛斯的业务系统

普洛斯的业务系统参见图 11-1。

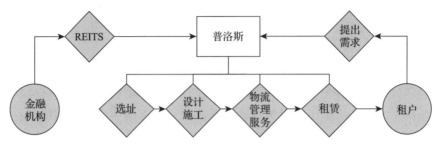

图 11-1 普洛斯的业务系统

1. 全面的服务

普洛斯的主要客户有三类：第三方物流公司、制造商和零售商。基于"以客户为中心的物流地产商"的定位，普洛斯建立了强大而完善的业务系统。公司向客户承诺将从普洛斯获得：物流配送网络的重置／拓展；高质量的仓储规格；便捷的位置（可便捷通往工厂、客户与进口／出口节点）；透明的过程（优质的客户服务）；及时的施工／交付。普洛斯率先提出物流一站式服务概念，客户只需一个接触点即可在世界各地设计、建立一个多市场物流配送网络，见图 11-2。

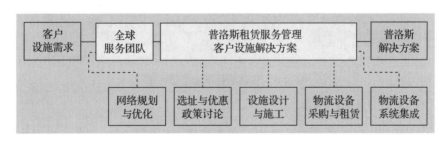

图 11-2 普洛斯一站式服务流程图

资料来源：普洛斯中文网站。

"以客户为中心"决定了普洛斯的业务将涵盖解决方案的方方面面，归结起来主要有四种：

- 物流园与标准物流设施开发；
- 定制开发；
- 收购与回租；
- 咨询服务。

　　一些客户需要在短时间内得到物流设施投入使用，并无特殊要求，且不愿支付过高的成本。针对这部分客户，普洛斯提供标准化设施，这是在市场调研、设计、施工和设施管理的基础上开发出的高质量的通用型物流仓储设施，具有便捷性和高性价比。这部分业务正是物流园与标准物流设施开发业务。根据经验，公司通常选取各国主要城市开发物流园区，且靠近机场、港口和主要公路网络，以满足客户对进出口物流、国内市场配送的需求。普洛斯标准业务流程如图 11-3 所示。

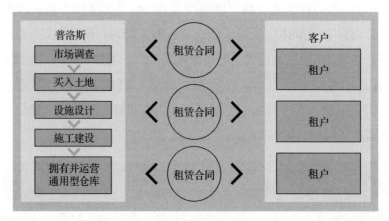

图 11-3　普洛斯标准业务流程图

资料来源：普洛斯中文网站。

　　针对一些有特殊要求的客户，普洛斯采用定制开发的业务，根据顾客的需求，运用本地与全球的专业技能选择合适的地点，开发建设、运营与管理专用物流设施，并与客户建立密切的合作关系，为其在合适的时间合适的地点提供合适的设施。普洛斯定制业务流程如图 11-4 所示。

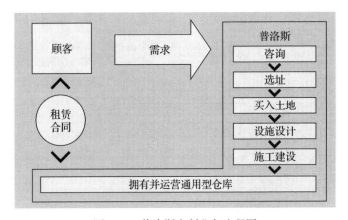

图 11-4　普洛斯定制业务流程图

资料来源：普洛斯中文网站。

　　一些客户自身拥有物流配送设施，但由于财务目标如提高资产回报率、减少负债等原因，希望削减固定资产。针对这些客户，普洛斯推出收购与回租业务，通过收购客户目前拥有的物流配送设施，再将其回租给客户的方式，有效地减少客户负担，精简其资产，提高其资产流动性，降低其债务，增加其流动资金，使客户能更好地将精力集中在核心业务上。普洛斯收购与回租业务流程如图 11-5 所示。

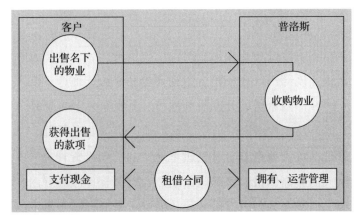

图 11-5　普洛斯收购与回租业务流程图

资料来源：普洛斯中文网站。

当然，普洛斯也做收购出租（而非回租）的业务，如图 11-6 所示。

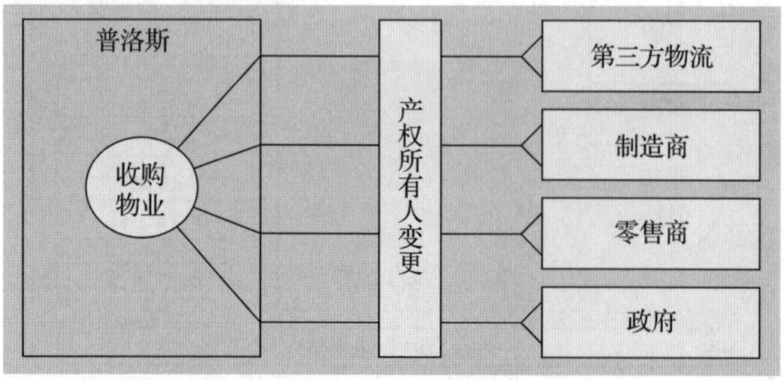

图 11-6　普洛斯收购出租业务流程图

资料来源：普洛斯中文网站。

此外，由于普洛斯拥有强大的专业团队，公司也提供物流地产相关的各种咨询服务，如为跨国经营的厂商和分销商提供咨询服务，帮助它们设计或改善客户供应链程序；或凭借其强大的资金来源与设施管理能力，向物流设施的拥有者与使用者提供高效的财务解决方案。

2. 运营部门

随着业务的不断增加与扩张，普洛斯将其主营业务分为三大部门来运营[⊖]：地产运营部、基金管理部、公司物流配送设施服务和其他房地产开发业务部（CDFS 业务部）。

地产运营部负责公司直接拥有的长期投资资产、工业物流和零售地产的管理和出租。该部门以客户租金为主要盈利来源，地产主要来自直接土地以及从 CDFS 部门获得的开发后的地产，其资金来源主要是该部门的运营现金流、债务及股权融资、信用融资、地产运营处理所得。

基金管理部负责地产基金及其旗下地产的长期投资管理，以期为公司和资金合伙人创造高回报。该部门以地产、财产管理服务费用和利息为主要盈利来源，以基金为公司提供多元化的资本来源，基金旗下的地产均由地产运营部负责管理，而地产主要来自于第三方或 CDFS 部门。

⊖　这三个部门是依法公开上报的部门，此外还有几个非公开上报的部门。

CDFS 业务部负责取得并开发地产，而后出售给地产基金或第三方，其资金来源包括地产出售、公共或私人借款、股权融资、信用融资等。

此外普洛斯还拥有一些非主营业务的部门不在公开的范围内，这些部门均来自于对 Catellus 的并购。

这样看来，普洛斯的主要运营方式可以概括为图 11-7。

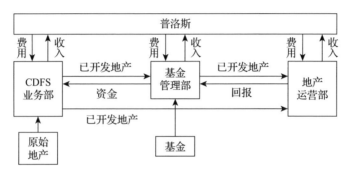

图 11-7　普洛斯业务关系图

3. 普洛斯运营系统

支持普洛斯各运营部门提供这样全面且高品质服务的是普洛斯运营系统提供的强大物流配送服务网络，涵盖物流设施的整个流程，包括策划、构建与设施管理，这是一个地产管理和客户服务系统，用以辅助专业管理团队向现有和潜在客户提供服务，拥有分布于全球的房地产专家以及其他专业物业管理人士共同为全球各地的客户提供服务。这一工具系统囊括了对内部流程和客户服务的所有管理，具体来说，该系统从分析客户的需求和选址入手，对施工过程进行严格的成本控制，对预算的管理以及施工建造过程管理都将其用于物流设施建设方面的成本降到最低。在物业交付使用后，系统还将进行客户管理和物业管理，将每个客户签的租约输入系统，在评估收益风险后签订租约，最大可能地保证投资的安全性。

可以说，普洛斯运营系统是支持公司一切业务的核心部分，通过对该系统的观察，可以看到普洛斯业务系统的精髓。

普洛斯运营系统十年一览如表 11-1 所示。

表 11-1 普洛斯运营系统十年一览[①]

年份	系统名称	服务范围	组成结构	业务介绍
1996	SCI 国内运营系统	美国国内，区域性	市场服务部	利用丰富的经验提供物流置地服务，辅助国内服务部辨识具有国内多市场需求的客户，维护与物流置地用户和工业经纪人的关系，进行产品营销，识别目标城市的并购等机会
			国内服务部	致力于向最重要的 1 000 个客户提供物流置地服务，使公司成为财富 1 000 强企业的首选物流置地供应商，辨识客户企业重组、扩张带来的新业务机会，调整服务
			国内发展部	研究开发行业领先、总体规划的物流园区、存货仓库和定制设施
1997	SCI 国际运营系统	国际、美国国内，区域性	市场服务部	基本同上年，但业务范围扩大至国际范围
			国际服务部	基本同上年，但业务范围扩大至国际范围
			国际发展部	基本同上年，但业务范围扩大至国际范围
1998	普洛斯运营系统	国际、美国国内，区域性	市场服务部	同上年
			国际服务部	同上年
			国际发展部	同上年
1999	普洛斯运营系统	国际、美国国内，区域性	市场服务部	
			国际服务部	
			国际发展部	
			综合解决部	
2000	普洛斯运营系统	国际、美国国内，区域性	市场服务部	提供地区市场相关的各种专业意见和技术，确保服务质量
			国际服务部	向世界最大的物流置地的使用客户提供普洛斯产品服务，向有物流设施需求的企业提供单接触点
			国际发展部	研究开发行业领先、总体规划的物流园区、存货仓库和定制设施
			综合解决部	普洛斯的专业人士以及外部合作者共同合作，提供包含咨询、技术、发展、物流等各种服务
2001	普洛斯运营系统	国际、美国国内，区域性	市场服务部	提供地区条件、基础设施、政府法规深刻认识理解

（续）

年份	系统名称	服务范围	组成结构	业务介绍
2001	普洛斯运营系统	国际、美国国内，区域性	国际服务部	致力于与全球物流置地最大的用户建立关系，将其他部门的资源整合，为客户的物流需求提供快捷、成本有效的解决方案
			国际发展部	为客户的特殊需求创造定制设施，开发行业领先、总体规划的物流园区
			普洛斯解决方案部	与合作者一起提供网络设计、最优化，选址和奖金的商议，内部设施规划和物料输送器材的取得和实施等服务
2002	普洛斯运营系统	国际、美国国内，区域性	市场服务部	提供地区的专业知识和意见，并负责日常客户响应工作
			国际服务部	致力于与全球物流置地最大的用户建立关系，将其他部门的资源整合，为客户的物流需求提供快捷、成本有效的解决方案
			国际发展部	为客户的特殊需求建造设施，并应市场需求建造新设施
			普洛斯解决方案部	与合作者一起提供分析、咨询和物料输送器材以帮助客户更有效地管理物流网络
2003	普洛斯运营系统	国际、美国国内，区域性	市场服务部	提供地区的专业知识和意见，并负责日常客户响应工作
			国际服务部	应客户和市场需求建造设施
			国际发展部	发展与全球物流地产最大的用户的关系，整合其他部门所需资源
			普洛斯解决方案部	提供咨询服务帮助客户设计有效的物流网络
2004	普洛斯运营系统	国际、美国国内，区域性	市场服务部	管理投资其市场的资本；建立并维持与已有、潜在客户以及工业经纪人的关系；出租普洛斯的地产；辨识市场中潜在的并购、发展机会
			国际服务部	向普洛斯认定为目标客户群体中最大的物流置地用户提供网络最优化工具、战略选址、业务定位、物料输送器材和设计咨询等服务，并使普洛斯成为它们的首选提供商

（续）

年份	系统名称	服务范围	组成结构	业务介绍
2004	普洛斯运营系统	国际、美国国内，区域性	国际发展部	整合关于建造设计和系统的技术，发展确保质量的标准和流程，创建总体规划的物流园区
			国际解决方案部	
2005	普洛斯运营系统	国际、美国国内，区域性	市场服务部	建立并维持与已有、潜在客户以及工业经纪人的关系；管理投资其市场的资本；出租普洛斯的地产；辨识市场中潜在的并购、发展机会
			国际服务部	
			国际发展部	整合关于建造设计和系统的技术，发展确保质量的标准和流程，创建总体规划的物流园区
			国际解决方案部	向普洛斯认定为目标客户群体中最大的物流置地用户提供服务，并使普洛斯成为它们的首选提供商，同时向客户提供网络最优化工具、战略选址、业务定位、物料输送器材和设计咨询等的外包选择

①整理自普洛斯历年年报，缺失单元格为年报未提供信息。

多部门的设立，体现了普洛斯既能够满足普通客户的标准化需求，又十分重视特殊客户定制服务的需求。从市场服务部的功能来看，普洛斯非常清楚客户关系对其所在的行业意味着什么，成立专门部门并以之为主要业务之一，足见其重视。

1996～1997年"国内"至"国际"一字的变动，标志着普洛斯向国际化发展迈开了第一步。1997年，普洛斯在墨西哥的雷诺萨和荷兰的阿姆斯特丹分别开发了物流仓储设施。从此，普洛斯开始了全球物流地产的征程。这是应客户需求扩张的结果，更是由地区物流地产供应商向国际物流地产供应商定位的调整。

1999年新部门的设立，表现了普洛斯围绕着为客户提供全面服务的宗旨所做的进一步努力，公司开始提供更广范围的业务。

2000 年单接触点的出现，体现了普洛斯开始更加重视客户使用服务的便捷性，而全面的服务与使用的便捷性也为普洛斯吸引并留住了大量的客户。

2005 年出现了外包选择概念，表现出普洛斯不仅满足于提供辅助性的服务，而希望将相关业务收归自身，更加方便客户的同时，也为自身创造了更多业务。

另外，该系统的专家人数从 1996 年的 184 人增长到 2009 年前后的超过 1 250 人，也从一个侧面反映了普洛斯服务业务的急速扩张。

11.2.4　普洛斯的关键资源能力

说到普洛斯的资源能力，当首推其庞大而紧密联系的全球物流地产网络。对于一个地产商来说，最重要且稀缺的莫过于土地等资源，普洛斯很早就意识到了这一点，而仅限于美国国内的业务不仅束缚了公司获得更广范围的资源，也无法满足客户的全球化需求。于是普洛斯不断进行全球布局，1997 年，在墨西哥的雷诺萨和荷兰的阿姆斯特丹分别开发了物流仓储设施，于 2001 年 7 月开始进军亚洲市场，首先登陆日本，随后于 2003 年 4 月进入中国市场，在上海成立了地区总部，之后短短几年间在大连、北京、天津、青岛、南京、无锡、苏州、上海、杭州、宁波、嘉兴、广州、佛山、深圳、武汉、成都、重庆、长沙等 18 个城市投资并开发了近 30 个物流园。这样的全球布局使得普洛斯能够方便地满足客户的扩张，从而更好地抓住客户，增加回头客。在自身逐步扩张的同时，普洛斯也通过收购更快地增强实力，于 1999 年 3 月收购 Meridian 实业信托公司，于 2004 年 8 月成功兼并 Keystone 地产信托公司，又于 2005 年 9 月兼并 Catellus 公司，每次收购都使公司实力大增，迅速成长为地产巨人。

但是应该看到，普洛斯从不盲目扩张，合理利用资源，保持高利用率，这不仅是由于"以客户为中心"的定位，更要归功于普洛斯卓越的市场分析能力。从普洛斯的地产布局来看，其投资建设的地产大都靠近港口且陆地运输也四通八达，世界前 75 大港口中有 18 个港口能找到普洛斯的身影，其中北美、欧洲和亚洲各 5 个。而从普洛斯在中国的布局来看，大都集中在渤海经济圈、长江三角洲和珠江三角洲等沿海地区，而所开发的物流园区也都靠近机场、海港和高速公路，从而形成一个物流配送网络。不仅在地域的选择上表现出了优秀的分析能力，普洛斯还密切关注互联网的发展，通过为 amazon.com、Barnesandnoble .com 等电子商务公司提供物流地产设施，公司将业务扩张到电子商务并获利颇丰。

当然，更为重要的是普洛斯优秀的管理能力。以普洛斯运营系统为核心，普洛斯所管理的全球客户网络与市场网络保证了销售员能以很快的速度找到好客户，把物业填满，以其认可的租金租出物业，并尽可能实现长期的租用。从选址的评估，法律、工程和投资回报的审慎调查，到与地方政府、客户租赁的谈判，再到设计规划的商讨，普洛斯有着极其严格但迅速的执行程序；而在施工过程中，普洛斯通过内部管理信息系统进行成本控制、预算管理以及建造过程的管理。

而这一切的能力为普洛斯带来的是最宝贵的资源——客户资源。普洛斯已与全球 4 000 多家企业建立了良好的合作，其中宝洁、通用汽车、联合利华、惠普及 UPS、联邦快递等全球四大物流公司及世界 1 000 强企业中近一半成为其客户。强大的客户资源不仅为普洛斯带来了可靠的业务收入，也为公司增添了招商引资的能力，各地政府为了吸引国际名企前来建厂，非常欢迎普洛斯在当地落户，公司获得土地变得十分容易，增强了其地产网络，从而吸引了更多的客户，这样的良性循环，普洛斯如何能不成功？

11.2.5 普洛斯的盈利模式

在美国，房地产投资信托的出现主要是为了解决房地产的资本流动性问题以及满足中小投资者对房地产高额投资回报的需求。因此，联邦法律规定，房地产投资信托可免缴公司所得税，但前提是收益必须主要来自物业的租金收益或是抵押贷款的利息收益。事实上，这也就规避了房地产市场的投机风险。普洛斯的主营业务收支结构见图 11-8 和图 11-9。

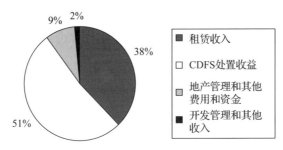

图 11-8　2006 年普洛斯主营业务收入结构图

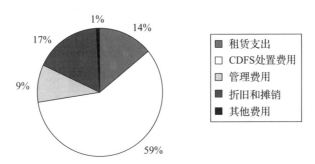

图 11-9　2006 年普洛斯主营业务支出结构图

可以看到，主营业务收入和支出的最大部分都源自 CDFS 业务，租赁收入仅占 38%，但要看到，CDFS 业务的盈利模式主要为开发、改造地产而后出售，收入高，但取得、开发地产的成本也高，由表 11-2 可以看到，租赁利润仍为主要盈利手段。

表 11-2　2006 年普洛斯主营业务利润构成

项目	数额（千美元）	增长率（%）
租赁利润	688 174	90
CDFS 业务利润	292 915	38
其他利润	−216 303	−28
主营业务利润	764 786	100

　　而从图 11-10 可以看到，租赁收入和利润几年来稳步上升，且在 2006 年有了较大的提高，分别增长了 54% 和 57%，这有两个原因。①虽然同期房地产资产投资净值只增长了 18%，但 2005 年底对 Catellus 的并购，为普洛斯增加了 101.26% 的房地产资产，大大增强了普洛斯的地产资源。②客户对物流地产的需求十分强劲，而普洛斯的营销也做得非常出色。

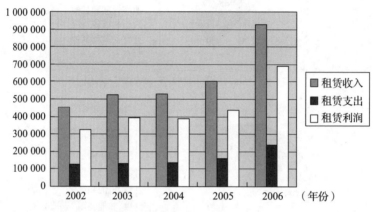

图 11-10　普洛斯租赁业务收支图（单位：千美元）

　　CDFS 业务的收支均有较大波动，但利润也一直稳步增长。正是这两项主营业务的发展保证了普洛斯净利润几年来的高速增长。具体见图 11-11 和图 11-12。

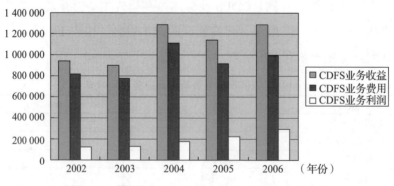

图 11-11　普洛斯 CDFS 业务收支图（单位：千美元）

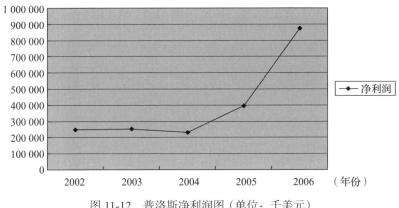

图 11-12 普洛斯净利润图 (单位: 千美元)

在普洛斯的费用中, 折旧和摊销占据了相当大的比重, 而几年来该项目的快速增长主要源自房地产资产的快速增长以及由于兼并 Catellus 等带来的大量房地产资产以及无形待摊资产, 而这些均由普洛斯近年的快速扩张发展所致, 待公司逐渐步入稳定增长期, 该项目比例将会有所降低。具体如图 11-13 所示。

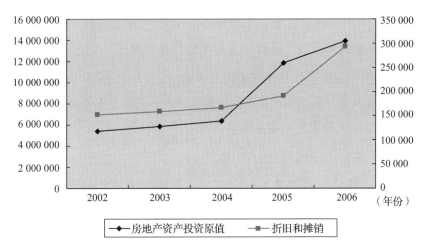

图 11-13 普洛斯房地产资产投资原值及折旧和摊销图 (单位: 千美元)

另一个数额较大的费用是利息费用, 几年间有较大的增长, 但考虑到普洛斯借债的不断攀升, 增长也就在情理之中了。这反映了普洛斯几年来由急速扩张所带来的资金需求。具体如图 11-14 所示。

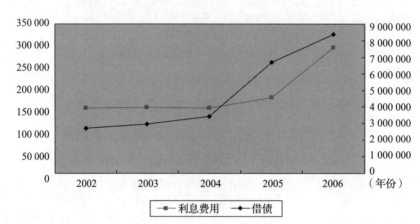

图 11-14 普洛斯利息费用与借债比较图（单位：千美元）

11.2.6 普洛斯的现金流结构

1. 现金投资与现金盈利

根据 Michael J. Mauboussin 和 Bob Hiler 在 *Cash Economics in the New Economy* 一文中以现金投资（Cash Investments）和现金盈利（Cash Earnings）来分析商业模式的方法，进行一定程度的简化与修改，令：

现金盈利 = EBIT − 所得税 + 折旧与摊销

现金投资 = 固定资产原值和长期投资增加值 + 营运资金增加值 + 并购现金

自由现金流 = 现金盈利 + 现金投资

根据上述公式得到表 11-3 和图 11-15。

表 11-3 普洛斯 2001 ~ 2006 年各财务年度现金分析表

（单位：千美元）

项目	2006 年	2005 年	2004 年	2003 年	2002 年	2001 年
EBIT	1 199 298	600 617	428 908	505 420	611 153	492 356
折旧和摊销	293 027	191 945	166 409	158 792	153 075	143 465
现金盈利	1 461 797	765 670	551 755	648 838	736 059	631 096
净营运资金增加值	210 340	113 888	−122 743	227 999	115 534	−36 185

（续）

项目	2006 年	2005 年	2004 年	2003 年	2002 年	2001 年
固定资产原值和长期投资增加值	2 328 823	1 160 168	584 304	314 382	318 030	–243 712
并购现金	0	1 292 644	333 454	0	0	0
现金投资	2 539 163	2 566 700	795 015	542 381	433 564	–279 897
现金投资流入	–2 539 163	–2 566 700	–795 015	–542 381	–433 564	279 897
现金盈利流入	1 461 797	765 670	551 755	648 838	736 059	631 096

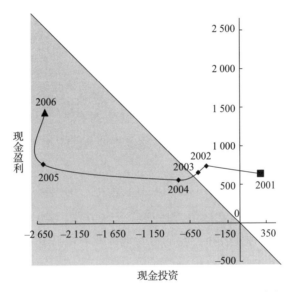

图 11-15　普洛斯 2001 ～ 2006 年各财务年度现金分析图（单位：千美元）

　　按照 *Cash Economics in the New Economy* 一文的分类，普洛斯被归入 Profitable Buildout（盈利扩展）一类，这类公司具有来自于盈利的现金流入和由于营运资金与固定资产增加等导致的现金流出。在 2001 年，普洛斯曾处于 Super Cash Flow（超级现金流）的象限，当时公司营运资金和房地产净值较上年均下降而导致现金投资为正。而之后的普洛斯现金投资迅速增加，并在接下来的 3 年内保持在相对稳定的位置，这主要是由于房地产的增加所致。其中 2003 年营运资金的增加主要是由现金及现金等价物大幅度增长导致的。2004 年和 2005 年的房地产净值增加值为调整后的数值，主要扣除了这两年分别对 Keystone 和 Catellus 的并购交易所获得的地产价值，交易所产生的现金流体现在了并购现金一项中。此外，2004 年营运资金的减少主要由于应付账款的 64% 的增长，这主要也是伴随并购产生的。从公司 2005 年和 2006 年两个年度在图 11-15 上的位置可以清楚地看到普洛斯的扩张，而其总现金投资的增加绝大部分是由房地产的增加导致的。这样持续高增长的地产投资是由普洛斯的行业特性所决定的，对于物流地产商而言，土地和服务是根本，服务是可改进的，但土地资源是不可再生、数量有限的，普洛斯的选择很明智。相比之下，2001 ～ 2005 年几年间的现金盈利的增长就显得十分缓慢了，这与普洛斯以租赁为主营收入，其回报期长有关，且物流地产从获得到盈利需要经过开发建设、招商入户等漫长的时间。2006 年现金盈利的大幅度提高体现了大量新获得的地产开始盈利，相信在接下来的几年中依然会保持这种势头。

2. 融资现金结构

以基金为后盾，普洛斯不用担心其物流地产的出路，但身处这样一个行业，地产开发周期长，且作为房地产投资信托，公司必须将 90% 以上的应税所得分红，另外公司自身的自营地产业务也需要大量资金，因此普洛斯仍需不断进行股权、债权融资。

我们选取普洛斯 1992 ～ 2006 年股权、债权融资的现金流入（不扣除当年偿还金额及股权回购），得到图 11-16。

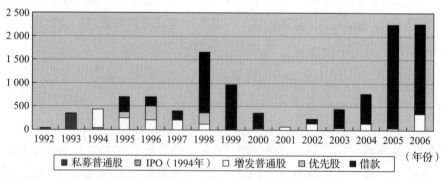

图 11-16 普洛斯 1992 ～ 2006 年融资结构图（单位：百万美元）

可以看到，公司早期以股权融资为主，而从 1998 年开始转而以债权融资为主，且之后几年来由于公司扩张幅度增大，借债数量也大幅度上升。

而图 11-17 也清晰地表现出公司以借债为主要融资手段的现状，伴随而来的则是普洛斯不断攀升的负债水平，见图 11-18。

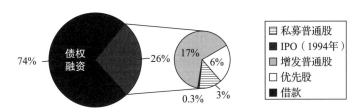

图 11-17 普洛斯 2006 年累计融资结构图

注：图中数据存在四舍五入。

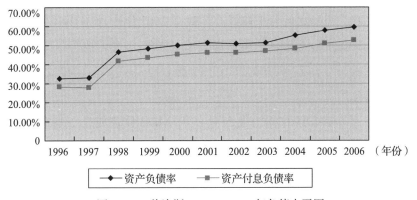

图 11-18 普洛斯 1996 ～ 2006 年负债水平图

值得注意的是，普洛斯的负债水平虽然不断上升，但年增幅除 1997 ～ 1998 年外并不大，且 2006 年资产负债率和资产付息负债率分别为 59.44% 和 52.74%，并非特别高，与上文统计的累计融资中债权融资率 74% 相比低了许多，说明公司进行了有效的债务控制。

从资产负债率的绝对值来看，AMB 公司 2006 年为 51.20%，FR 公司为 63.41%，而北美房地产投资信托平均负债率约为 57.3%，因此普洛斯的负债率仍处于正常范围内，但需要加以重视和控制。

11.3　AMB

11.3.1　AMB 概况

AMB 是仅次于普洛斯的世界第二大工业地产商，全名 AMB Property Corporation（AMB 置业有限公司），公司名字的三个字母取自其三位主要创始人 Douglas D. Abbey，Hamid R. Moghadam 和 T. Robert Burke 姓的首字母。该公司成立于 1983 年，原名 AMB Institutional Realty Advisors，于 1997 年首次公开发售股票（纽约证交所代码：AMB），这也使公司成为了房地产投资信托历史上第一家将分散管理的私人资产组合打包然后进行上市融资的公司，第一次将私人资本引入房地产投资信托产业。

与普洛斯一样，AMB 也是一家马里兰州的房地产投资信托公司，其主营业务是获取、开发和运营工业地产。截至 2007 年 3 月 31 日，AMB 的业务遍及北美、欧洲和亚洲的 13 个国家、40 个市场，独资或合资拥有、投资或开发运营共计 1.28 亿平方英尺地产以及 1 125 座建筑，为超过 2 700 个企业客户服务。

其地产之中，1.03 亿平方英尺地产由 AMB 独资或合资拥有并管理，1 470 万平方英尺工业地产处于开发阶段，300 万平方英尺已完成开发的地产项目待售，740 万平方英尺为合资地产，AMB 并不直接管理。

作为长期投资商，AMB 力求通过购置或开发的方式取得稳定持续的回报。公司的战略重点放在那些能从宏观经济和长期发展中获利的投资项目。

AMB 选择服务于那些有国际贸易需求的客户，公司通过一家控股 95% 的子公司 AMB Property 运营主要业务。

在 AMB 提供的各种工业设施中，高吞吐量物流设施是其核心设施。这种设施的主要功能是为客户产品提供快速便捷的物流而非货物储存。

AMB 还是全球最大的空港物流设施的第三方拥有者和运营商，公司在世界上最繁忙的货运空港为客户提供机场货栈及与之比邻的物业设施。

截至 2007 年 3 月，AMB 在中国已落成及开发中的用地达到 140 万平方英尺，主要面向上海、北京及珠江三角洲市场，其中国区总部设在上海，在北京设有一家区域办事处。AMB 在中国有 22 名专业人员，其中有 19 名是本地员工；而在全亚洲已拥有超过 850 万平方英尺的已落成及开发中用地，支持全球供应链的运作，加速产品流通。

11.3.2 AMB 的定位

1. 选择长期投资

AMB 的首要定位是做长期投资商。在 AMB 的宗旨中非常明确地指出其目标是为投资者创造超群的长期回报。而这也决定了公司在选择市场时更注重辨识那些对其客户来说最具有长期发展价值的市场，在收购和发展资产时也更倾向于选择能提供长期稳定回报的资产，而公司的战略重点也因此放在了能够从宏观经济以及长期发展趋势中获利的地产投资。以此为指导思想，运用经验和研究，公司通过投资、撤资的调整来尽可能地降低工业地产乃至整个房地产行业的周期性动态影响。

2. 选择物流地产

以长期投资为首要定位，AMB 进而选择了以租赁为主要业务的物流地产业务。当然，这样的选择更源自于 AMB 人对于市场的认知。公司有着十分明确的客户与产品服务定位：只重点为那些具有高效物流配送需求的客户，如第三方物流提供商、货运公司和综合货运商等提供最优选址的功能性设施产品。

近几十年来，存货占 GDP 的比例逐渐降低，商业运作中存货也日趋减少。对于许多工业用户，存货变得越来越贵，而存储业务也变得越来越不重要。自 1950 年以来，平均存货与最终销售额之比降低了约 50%。在交通运输不断革新，高速公路系统不断完善，科技不断进步的今天，存储业务日渐衰落，而货物的再配送和快速运输却变得愈发重要。而这种趋势也直接导致了物流配送服务业的爆炸式发展，成为今天美国工业中成长最快的行业之一。

AMB 正是抓住了这样的机遇，选择了供应链中物流部分的业务，目标定位于世界上最具战略意义的物流市场——具有完善的基础设施和人力资源的国际货运机场、码头以及主要公路系统附近区域，提升供应链的效率。如今，AMB 99.6% 的地产位于其目标市场中，而其中大部分市场均遭遇了供应瓶颈，需要相关的设施服务，而这类地产的稀缺性也给试图进入的竞争者设置了难以逾越的壁垒。出色的定位使 AMB 占据了天时、地利、人和。

但实际上，AMB 并非从一开始便选择物流地产。公司创建之初，AMB 是一家投资管理公司，向养老基金、捐赠资金和基金会等提供房地产投资咨询服务，并逐渐开始代客理财，重点投资于办公地产和社区购物中心。公司于 1987 年退出办公地产领域，并将重点放在仓库和社区购物中心的地产上，因为公司的领导者认为，无论在什么样的经济条件下，仓库储存和日常购物的需求都是十分稳定的。在 1999 年，AMB 决定卖出所有购物中心资产并将重点放在为电子商务公司开发物流设施，从此，AMB 确立了其物流地产的定位。

3. 选择房地产投资信托

不像普洛斯那样从建立之初便选择了房地产投资信托的形态，AMB 一直坚持以私人和机构投资者为重点，因此没有像许多其他公司那样在 1993 年和 1994 年的房地产投资信托热潮中转换成房地产投资信托所有权形式。但是越来越多的机构投资者希望获得更具流动性的所有权，AMB 的以咨询为基础的方式被房地产投资信托模式取代逐渐成为大势所趋，在 AMB 说服其客户组建一家房地产投资信托后，AMB Property Corporation 在 1997 年成立，并以其股票置换了 AMB Institutional Realty Advisors 的合并资产，至此 AMB 成为房地产投资信托中的一员。

4. 选择高吞吐量物流

在明确了物流地产的定位后，AMB 进一步细分市场，将重点放在高吞吐量物流（High Throughput Distribution, HTD）设施上。所谓HTD设施，是指那些为推动客户高速配送货物而非储存货物而设计的建筑设施。

AMB清楚地认识到，速度对于现代商业变得越发重要，已经成为企业竞争的关键驱动因素。为了满足适应越发高效的配送流程，工业建筑设施的设计和用途也在不断变化。传统的高屋顶、大而深、配有长期存储之用的昂贵的货架系统的仓库，正在逐渐让位于宽而浅的新型建筑，这种建筑拥有数量众多的门以供装卸，特别适用于交叉码头和货物的即时转运。传统物流建筑设施与HTD的对比见表11-4。

表 11-4　传统物流建筑设施与HTD的对比

对比内容	传统物流建筑设施	HTD
建筑高度	高	矮
建筑深度	深	浅
门和通道的数量	少	多
货车、拖车的停车空间	小	大
长期存储的货架系统	有	无
主要功能	存储	流通

在公司的早期，AMB就观察到，其客户通过提高生产货运流程速度以及向大规模人口市场的延伸获得快速发展，于是开始收购开发一种特殊的地产来适应这种高效配送的长期趋势。HTD正是为适应货物的高效流动而设计建造的，其选址均为全球化的物流配送市场，特别是那些遭遇供应瓶颈而又靠近机场、码头和主要公路枢纽的市场。

5. 选择外包与合作

当许多公司才刚刚认识并开展外包业务的时候，AMB已经是运用外包的老手了。AMB定位于做细做精，因此公司并不像许多其他公司那样将所有相关业务尽数收入囊中，而是选择了尽可能地外包与合作的模式，极大地利用合伙人的资源优势弥补自身的不足，拓展自身的业务。与这种定位相配套的是AMB称为战略联盟计划（Strategic Alliance Program）的业务系统。该计划下包含5个子计划，分别是开发联盟计划（Development

Alliance Program）、管理联盟计划（Management Alliance Program）、经纪联盟计划（Broker Alliance Program）、机构联盟计划（Institutional Alliance Program）、UPREIT 联盟计划（UPREIT Alliance Program）。这些计划从公司发展的方方面面制定了外包与合作的细节，使 AMB 全球平台的房地产、投资、财务、研究等专家与合伙人当地市场的专家在发展服务、地产管理和经纪服务等方面有机融合、合作，具体业务形式会在下文业务系统中详细介绍、分析。

同时，通过这种联盟化的模式，AMB 将自己定位成了地区地产商的合伙人而非竞争者，降低了进入壁垒，减少了竞争，并达到了双赢的效果。AMB 的定位可谓高明。

6. 选择以客户需求为驱动力

当许多公司选择投资全世界各地的地产，或是在新兴市场上进行短期投资时，AMB 选择了根据客户需求投资开发，绝不盲从。根据 AMB 客户的贸易和物流配送需求，公司逐渐将业务拓展至墨西哥、欧洲和亚洲。AMB 以出色的产品和服务吸引并留住客户，当一些客户希望开拓全球业务时，自然希望选择一个自己熟悉、有密切业务关系的地产商为其服务，于是 AMB 应需而供，创造了自 1997 年上市以来季度末平均出租率达 95% 的佳绩。

以客户需求为驱动力的定位也体现在当目前地产设施无法满足客户时 AMB 的适应力上。有时，即使是大规模、跨国型的地产组合也无法完全满足某个特定客户，这有两种可能，或是因为客户所需并非 AMB 的标准供给类型，或是因为高出租率使得理想的置地已被其他客户抢先占据。而配合以客户需求为驱动力的定位的业务设计使得 AMB 能灵活应对各种情形，这在下文业务系统中会详细介绍、分析。

11.3.3 AMB 的业务系统

AMB 的业务系统如图 11-19 所示。

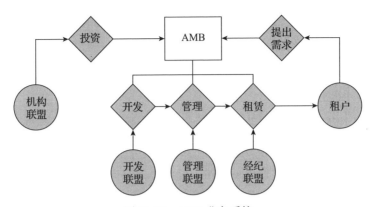

图 11-19　AMB 业务系统

1. AMB 的战略联盟计划

（1）开发联盟计划。AMB 通过开发联盟计划在具有战略意义的市场上为客户提供艺术级的物流设施。公司还量体裁衣，满足特定客户需求，包括从平地起开发设施、翻修升级近期内购得的建筑、功能性重配置荒废的地产等。

当然，该计划最大的特色在于 AMB 与目标市场上的开发商合作开发地产。AMB 选择那些在识别地产升值潜力方面很有经验、技术的开发商，而这些合伙人还必须能够快速高效地执行地产的翻修和开发项目。这些合伙人对于地区市场的经验知识以及公共关系为 AMB 增添了不可或缺的成功因素。同时，这些开发合伙人还使得 AMB 能够在规避许多不必要的风险的同时拓展盈利空间，还可省去大量的人头费和管理费用。

AMB 的开发联盟合伙人见表 11-5。

表 11-5　AMB 的开发联盟合伙人一览

AFCO, Inc.	G. Acción, S.A. de C.V.	National Development
AMB-Blackpine	Gottesman Company	Orchard Properties
AMB International Airport Centers	Hamilton Partners	Overton Moore Properties
Binswanger Klatsin	Legacy Partners	The Codina Group
Boustead Singapore Ltd.	Lincoln Property Company	Seefried Properties
Campanelli Companies	Majestic Realty Company	SIRIUS L'Immobilier D'Entreprise
Dienna Nelson Augustine Company	Mar Ventures, Inc.	Trammell Crow Company

（2）管理联盟计划。对于 AMB 来说，使客户满意最重要的两点莫过于：提供客户所需的设施和提供优秀的管理服务。后者甚至比前者更为重要，建筑设施的维护、客户新需求的快速反应解决，都是决定地产设施出租率的重要因素。

相对于办公地产、零售地产和公寓地产等，工业地产建筑需要较少的日常维护，因此如果能选择适当的代理管理者，公司便可省去许多不必要的麻烦，而 AMB 正是这样做的。公司选择各市场当地优秀的地产管理公司为代理，并与之密切配合，来保证最优的效率、质量控制和客户满意度。为了获得更好的管理效果，AMB 引入竞争，在每个市场上选择多个管理商共同合作，可谓用心良苦。

这样的管理合作不仅为 AMB 增加了灵活性，减少了管理成本，提升了客户服务水平，还帮助公司建立了强大的基层关系网，在稳固已有客户群体的同时发展新客户，AMB 一举两得。

管理联盟合伙人见表 11-6。

表 11-6　AMB 的管理联盟合伙人一览

美国	AFCO, Inc.	Cushman & Wakefield	Mid-America Asset Mgmt. Co.
	AMB International Airport Centers	Hamilton Partners	National Development of NE
	Binswanger Klatskin	KLNB	Orchard Commercial
	Bridgewater Properties	Legacy Partners	Overton Moore Properties
	CB Richard Ellis	Lincoln Property Company	R.J. Hallissey
	Campanelli Companies	MMI Realty Services, Inc.	Seefried Properties
	Codina Real Estate Management, Inc.	Majestic Realty	Sudberry Properties, Inc.
	Colliers, Turley, Martins & Tucker	Manekin LLC	Trammell Crow Company
	Continental Real Estate Companies	Matrix Development Group	Welsh Companies
日本	AMB-Blackpine		
墨西哥	G. Acción		

（3）经纪联盟计划。在经纪联盟计划中，AMB 与其市场中顶尖的地区性租赁投资公司合作，利用其强大的租赁团队资源吸引快速成长、中小规模的客户。

　　实际上，这些经纪合伙人已经成为 AMB 在各个市场中的主要信息源和销售力；而 AMB 也通过其高速支付计划（rapid-pay program）向这些合伙人提供高回报以确保高效运作并巩固合作关系。

　　通过这样的合作模式，AMB 在业务流程中还获得了极大的灵活性，可以迅速高效地进入或撤出各种市场。同时，面对客户各种物业需求，AMB 可以快速响应而又不必耗费时间与财力重新部署人力物力。

　　如今，AMB 与各地区经纪商成功地在超过 1 100 处工业仓库和物流中心合作，而 AMB 也承诺 48 小时内付款等优惠条件。

　　经纪联盟合伙人见表 11-7。

表 11-7　AMB 的经纪联盟合伙人一览

AFCO, Inc.	G. Accion	Matrix Development Group
Alliance Commercial	Gottesman Company	Mid America Asset Management
Binswanger Klatsin	Grubb & Ellis	MMI Realty Services, Inc.
Bridgewater Properties	Hamilton Partners	NAI Hiffman
BT Commercial	Insignia/ESG, Inc.	OM Colliers
Campanelli Companies	James Otto & Company	Orchard Properties
CB Richard Ellis	Jones Lang LaSalle	Overton Moore Properties
Codina Realty Services	Keystone Partners	National Development of NE
Colliers Parish	KLNB	Podolsky Northstar
Colliers Pinkard	The Klabin Company	Puget Sound Properties
Colliers, Bennett & Kahnweiler	Lee & Associates	R.J. Hallissey
Continental Real Estate Companies	Legacy Partners	Robert Lynn Co.
Cornish & Carey	Lincoln Property Company	Ryan Commercial
Commercial Property Services (CPS)	Majestic Realty	SBWE, Inc.
Cushman & Wakefield	Manekin LLC	Seefried Properties
Darwin Realty	Mar Ventures	Trammell Crow Company
Epic / Savage Realty Partners	Masi-Boyle Associates	The Voit Companies
		Welsh Companies

　　（4）机构联盟计划。通过机构联盟计划，AMB 与其投资者合作，将资本投入于公司投资的每个项目中，使得机构联盟合伙人将其投资目标与 AMB 融合一致，从而确保了公司融资业务正常运转。

　　对于像 AMB 这样资本密集型的地产企业来说，融资业务与其主营业务具有同等重要的地位。自 1983 年成立以来，公司便确立了明确的融资战略：重点吸引私人资本如养老基金、基金会资金以及捐赠资金等。而公司也一直维持着与私人投资者之间良好的关系。

如今，AMB 通过下属机构 AMB 资本合伙人（AMB Capital Partners）来延续巩固这种关系。通过 AMB 资本合伙人，公司与私人资本合伙人进行紧密合作，参股 20%～51% 不等，成为这些私人投资者的重要伙伴。而正是这种合作模式，使得 AMB 与其合伙人利益一致，目标一致，能够更快速有效地实施融资策略，达到共赢。

AMB 通过广阔的投资平台和高速的资金部署来吸引私人投资者，公司确保对于资金的快速使用，同时通过事先规定大部分资金的使用条款，使得投资者可以避免盲目投资。

同时，AMB 的股权投资者也能够从私人资本的利用中获利。由于将融资重点放在私人资本上，公司并不依赖于普通股权的融资，这避免了因不断增发而导致的股权收益稀释现象，从而使得股权投资者的每股收益最大化。

这样，通过 AMB 资本合伙人，公司为两种投资者提供了双赢的机会，使得 AMB 拥有了更强的融资能力，极大地便利了其融资业务的开展。

AMB 资本合伙人模式与其他模式的比较见表 11-8。

表 11-8 AMB 资本合伙人模式与其他模式比较

比较内容	传统模式	机会基金	AMB 资本合伙人
利益相关性	无合资	合资部分一般占 1%～5%	合资部分至少占 20%
	靠所管理的资产产生激励		由净营运收入产生激励
客户竞争情况	有许多互相竞争的基金和专账投资者	一般只有一个基金	有限个数的合伙人
资产使用情况/投资时机	不明晰的资产使用情况	不明晰的资产使用情况	明确的投资方向，且所投资产绝不标高价格
	扩大化的营销和投资内容	宽泛的投资标准	一部分资金立即进行投资
透明度	有限的公开度	有限的公开度	公开度大，且接受美国证监会的审查

（续）

比较内容	传统模式	机会基金	AMB 资本合伙人
投资策略	多种地产类型	在地产类型和地理位置上扩散资产组合	集中投资于 HTD 地产
	可能有多种投资策略：公开/私人；债务/股权	有限的投资标准；大比例的国际组成部分	集中投资于遭遇供应瓶颈的地区

可以看到，AMB 通过大比例的合资投入保证与投资者的利益一致性，增强各方的合作激励，减少内部无谓竞争；通过明确的资金使用情况和较大的使用透明度令投资者放心；通过集中定向的投资策略使资金利用更加高效、专业化。这样明显的优势如何能不吸引投资者蜂拥而至？

（5）UPREIT 联盟计划。UPREIT 联盟计划是针对那些追求长期流动性和投资避税的地产拥有者而设计的。AMB 将这些地产拥有者的资产纳入旗下，并给予相应的股权，但这种股权是以营运合伙人股份单位（operating partnership units，OP 单位）的形式给予的，考虑到房地产投资信托所享受的税收优惠，这种结构对于地产所有者和开发商都具有很强的吸引力。

2. 地产收购选择和执行标准

遵照 AMB 的业务市场定位，配合各种联盟计划的实施，公司制定了一整套选择收购地产及执行时的参考标准，如表 11-9 所示。

表 11-9 AMB 的主要选择执行标准

AMB 最注重的因素	具体特征/形式
最希望得到的建筑特征	为物流或货运而建的仓库结构
	足够多的装卸码头
	方便卡车的交接口
	具有服务中心和轻工业制造的特征
最希望所处的地址	遭遇供应瓶颈的枢纽关口市场，位于北美、欧洲或亚洲，与高速公路、机场或码头相连接
最希望具有的所有权形式	100% 费用收益
	租赁
	已有票据
	无债务
可使用的投资结构	合资

（续）

AMB 最注重的因素	具体特征 / 形式
可使用的投资结构	预售
	UPREIT/ 发售 OP 单位
	股票—地产交换
	客户驱动开发
	售后回租

可以看到，AMB 在选择地产时便极力与其定位保持一致，为方便构建其 HTD 的主营业务，其选择的地产建筑便能够很好地适应高速物流的操作。而其所选的地产地址也保证了交通的便利性和客户发展的方便度。从所有权形式的选择来看，AMB 倾向于选择所有权结构较为简单、便于进行合资、操作较为容易的形式。当然，在执行收购时，AMB 为地产主提供了各种交易方式，满足不同需求。

3. 针对客户的服务计划

（1）客户联盟计划（Customer Alliance Program）。AMB 建立客户联盟计划的目标客户是那些在地理位置和运营流程上需要 HTD 设施，业务不断变化发展的客户。对于这些客户联盟合伙人，公司在再配置、扩张和合同签署等方面提供高效的服务，同时，公司承诺做到：单接触点、快速进入市场、高度灵活性。

所谓单接触点是指对于每一个客户，AMB 从其客户联盟组（Customer Alliances group）委派一名专家为代表负责。这名代表与公司的开发、交易、资产管理组一起工作，共同完成解决方案。

所谓快速进入市场是指公司与其联盟合伙人一起实施标准化流程，简化手续，加速租赁业务的办理，使客户能在最短的时间内进驻开业。

所谓灵活性是指 AMB 通过其地产网络以及与联盟合伙人的良好合作关系，使客户能灵活地进出各地区，减少摩擦。

（2）客户帮助计划（Customer Assist Program）。当一个客户第一次与 AMB 签约租赁后，便可申请使用客户帮助计划。通过该计划，客户可以获得由大卖家提供的优惠价格和利益。AMB与对用户来说最有用的包括管理、设施、原材料加工和运输四类服务商和卖家进行专门商谈，为客户提供优惠。而客户只需提交一份申请便可获得这种服务。

4. 以客户需求为驱动的服务

运用详细严格的选择标准和各种服务计划，AMB的专家们能高效地为常规客户提供高质量的物流置地。除此之外，针对一些客户的特别需求和情况，AMB也提供各种专门服务。

针对客户的全球扩张需求，AMB运用其得天独厚的全球战略市场部署，随客户市场需求的变化而迅速匹配选址。通常，租户在向新市场扩张时，遇到的难题之一就是针对货运合同中重新布置、提前终止等条款变化的谈判。于是AMB与空运、海运、物流等行业的主要企业合作、联盟，共同协调解决客户的问题。

针对有空中货运需求的客户，AMB提供一站式服务，为客户提供开展业务最有力的机场选址。客户只需向AMB的机场设施组（Airport Facilities group）打一个电话，就可以进行AMB世界范围内地产的扩张、再配置、新开发的任何选择。由于AMB拥有其目标市场中大量靠近机场的工业地产，当机场货栈没有空位时，公司甚至可以将客户临时安置在附近的设施中进行过渡。

针对已有地产设施无法满足某个客户的情况，AMB提供被其称为客户驱动开发的服务。在该服务中，AMB从一开始便与客户建立紧密的工作关系，在每一步流程上为客户降低风险。公司运用其强大的联盟合伙人网络来迅速捕捉新的地产收购机会，甚至常常在该地产被投入市场之前便由AMB及其合伙人收购。同时，公司向客户提供实时的地产资源信息，保持密切联系。一旦客户选择了自定义的开发方式，AMB的专家们立即帮助客户设计建立物流、建筑、发展战略。在开发过程中，公司向客户提供临时地产用以过渡。

5. AMB 的业务网络

根据 AMB 的各种计划的业务流程，可以将其主要业务系统归纳为图 11-20。

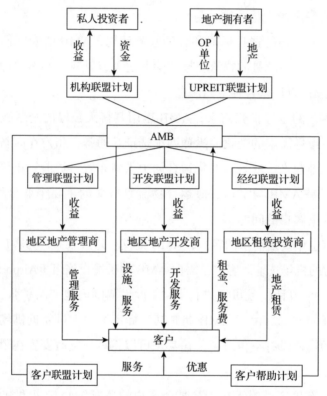

图 11-20　AMB 主要业务系统流程图

11.3.4　AMB 的资源能力分布

AMB 最重要的资源是其逐渐建立起来的世界范围的地产资源。公司并不推崇盲目收购，而是经过精心挑选后收购具有战略意义的地产。可以说，AMB 更为看重的是地产所处的市场和附近交通的情况，而非地产本身。

AMB 地产资源分布见表 11-10。

表 11-10　AMB 地产资源分布一览

市场		国家	城市（地区、市场）
美国枢纽关口市场		美国	亚特兰大
			芝加哥
			达拉斯 – 福特沃斯国际机场
			洛杉矶
			迈阿密
			北新泽西 / 纽约市
			机场货栈（多个市场）
			旧金山海湾地区
			西雅图
美国目标市场			奥斯汀
			巴尔的摩 / 华盛顿
			波士顿
			明尼阿波利斯
其他美国市场			哥伦布
			休斯敦
			新奥尔良
			奥兰多
非美国目标市场	北美洲	墨西哥	瓜达拉哈拉、墨西哥城、克雷塔罗
	欧洲	荷兰	阿姆斯特丹、鹿特丹
		德国	法兰克福、汉堡
		法国	里昂、巴黎
		西班牙	马德里
		意大利	米兰
		比利时	布鲁塞尔
	亚洲	中国	上海
		新加坡	新加坡市
		日本	大阪、东京

　　可以看到，AMB 的地产所在市场中一半左右为港口城市，其余内陆城市多为各地区政治经济中心，且大部分城市拥有机场。这样的地产资源网使 AMB 能够更好地满足客户的国际贸易运输需求。此外，地理上的优势使得公司可以从容应对因物流设施需求改变而引起的 HTD 业务的衰落，因为即使设施过时了，其所处地址的交通便利等优势依然存在。

　　AMB 另外一个重要的资源是其强大的合伙人资源，这是以其外包与合作的定位为基础，由一系列的联盟计划所建立起来的。公司通过这些合作伙伴延伸自身的业务的同时节省了开支，同时依靠由此建设起来的关系网而吸引更多的客户。另外，这种资源使得 AMB 获得了许多普通地产公司所不具备的能力，如在客户帮助计划中，客户所获得的折扣、优惠等便是普通地产公司无法给予的，而 AMB 通过合作伙伴将能力范围拓展至其他行业，公司实力因此倍增。

　　在 AMB 的诸多地产设施资源中，最突出的当属其机场设施。公司从1997 年起便拥有一支团队专门负责开发、收购并运营机场货栈设施。如今，AMB 已经成为全球最大的空港物流设施的第三方拥有者和运营商。同时公司的机场设施组中强大专家团队和在全空运行业内建立起来的关系网可以为客户提供最新、最先进的设施设计。

11.3.5　AMB 的盈利模式

　　作为一家房地产投资信托，AMB 也同样被要求收益必须主要来自物业的租金收益或是抵押贷款的利息收益。

　　如图 11-21 和图 11-22 所示，AMB 几乎所有的主营业务收入均来自租赁收入，仅有的一点私人资本收入主要来自于 AMB 资本合伙人从合资项目和客户那里赚取的收购、开发、资产管理费等。可以说，AMB 是一家很纯粹的工业地产开发服务商。

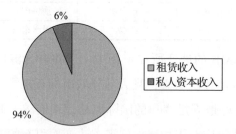

图 11-21　2006 年 AMB 主营业务收入结构图

　　从收入看，租赁收入的增长十分缓慢，只在 2004 年和 2006 年有一定

的增幅，而私人资本收入有较大的增长，2005 年较 2004 年增长了 2.4 倍
之多，可见与私人资本的合作确实成为 AMB 增长的重要驱动力。

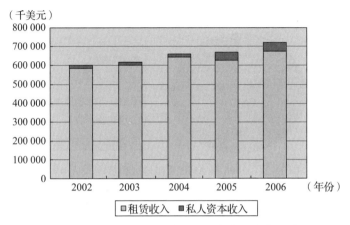

图 11-22　2002 ～ 2006 年 AMB 主营业务收入图

　　剖析 AMB 的租赁业务收入，可以看到，由于 AMB 以客户需求为驱
动的扩张方式以及严格谨慎的选址标准，使得其海外业务收入仍然很少，
仅占 9% 左右，绝大部分收入仍来自美国。而美国国内收入中，同店收入
占绝大部分，其他工业地产收入是指来自合资地产的租赁收入，开发收入
指已开发到一定运营阶段但还不足以归入同店范围的项目收入，剩余部分
为近两年所收购的地产创造的收入。具体如图 11-23 和图 11-24 所示。

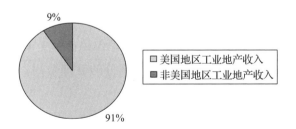

图 11-23　2006 年 AMB 租赁业务收入结构图

　　尽管 AMB 海外地区收入占比很小，但要看到，随着 AMB 不断进行
海外业务扩展，海外收入飞速增长，相较而言，其美国国内收入增长却十

分缓慢，一定程度上说明了 AMB 美国国内业务趋于饱和，因而努力尝试
向国外发展。具体如图 11-25 所示。

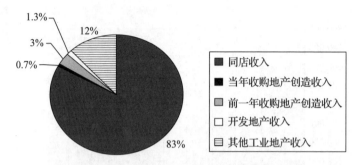

图 11-24 2006 年 AMB 美国地区租赁收入结构图

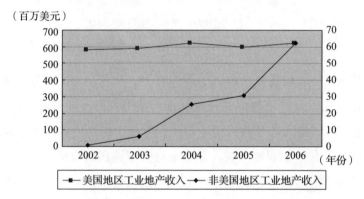

图 11-25 2002～2006 年 AMB 美国与其他地区收入对比图

在费用方面，AMB 最大的主营业务费用是折旧与摊销，管理费用、
地产运营费用分列二、三位，此外，房地产税也占据了 16%。最少的是基
金成本，即 AMB 支付给第三方的合资部分的管理费用。具体如图 11-26
所示。

观察各种费用的占比，也可以看出 AMB 的主营业务费用均主要由四
部分构成：折旧与摊销、管理费用、地产运营费用和房地产税。其中，折
旧与摊销占比一直最大，这主要是由 AMB 所处行业资产重的特点决定
的，房地产税占比较大也是这个原因。具体如图 11-27 所示。

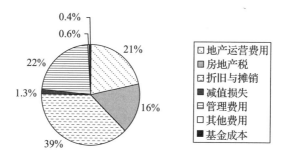

图 11-26 2006 年 AMB 主营业务费用结构图

注：图中数据存在四舍五入。

（千美元）

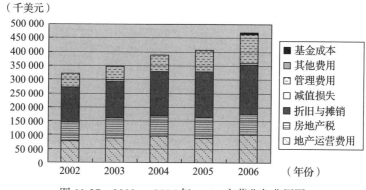

图 11-27 2002～2006 年 AMB 主营业务费用图

进一步观察这四种费用的增长，可以发现折旧与摊销和管理费用在几年间高速增长，如图 11-28 所示。

（千美元）

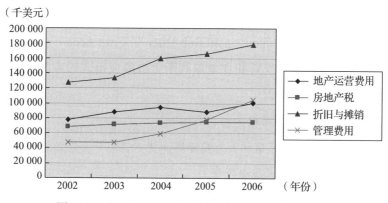

图 11-28 2002～2006 年 AMB 主要主营业务费用图

其中，折旧与摊销的高增长是伴随着公司房地产资产投资原值前几年的快速增加而产生的，尤其是在 2004 年，公司增加了 11.1 亿美元房地产资产投资原值。而管理费用的增加主要是由于公司近年海外扩张导致的新办公人员、设施的增加，以及公司实施股权激励计划的费用。具体见图 11-29。

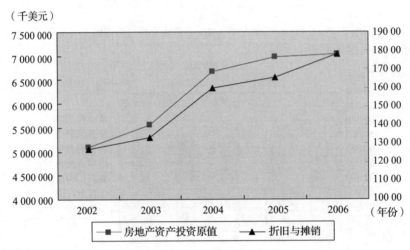

图 11-29　2002 ～ 2006 年 AMB 折旧与摊销和房地产资产投资原值对比图

11.3.6　AMB 的现金流结构

1. 现金投资与现金盈利

根据 Michael J. Mauboussin 和 Bob Hiler 在 *Cash Economics in the New Economy* 一文中以现金投资和现金盈利来分析商业模式的方法，进行一定程度的简化与修改，令：

现金盈利＝EBIT－所得税＋折旧与摊销

现金投资＝固定资产原值和长期投资增加值＋营运资金增加值＋并购现金

自由现金流＝现金盈利＋现金投资

根据上述公式得到表 11-11 和图 11-30。

表 11-11　AMB 2001 ~ 2006 年各财务年度现金分析表[⊖]

（单位：千美元）

项目	2006 年	2005 年	2004 年	2003 年	2002 年	2001 年
EBIT	374 650	399 911	276 192	268 380	263 254	254 038
折旧与摊销	177 824	165 438	160 026	133 514	127 160	111 414
现金盈利	552 474	565 349	436 218	401 894	390 414	365 452
净营运资金增加值	−127 049	196 719	−94 092	78 327	−78 301	19 616
固定资产原值和长期投资增加值	57 428	298 988	1 113 183	457 186	339 299	454 807
现金投资	−69 621	495 707	1 019 091	535 513	260 998	474 423
现金投资流入	69 621	−495 707	−1 019 091	−535 513	−260 998	−474 423
现金盈利流入	552 474	565 349	436 218	401 894	390 414	365 452

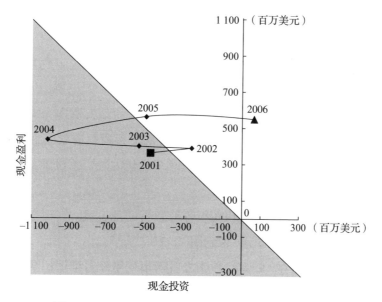

图 11-30　AMB 2001 ~ 2006 年各财务年度现金分析图

一个近似"C"字的环形轨迹，正是 AMB 2001 ~ 2006 年间曲折的现金流表现。从 2001 年在零自由现金流的边缘，到 2002 年正向移动，再到 2003 年和 2004 年现金盈利的微弱增长与现金投资的大幅提升，最后

⊖　由于 AMB 2001 ~ 2006 年并购现金为 0，因此未在表中列出。

在 2005 年和 2006 年漂亮地正向移动，AMB 经历了从第二象限盈利扩展型公司向超级现金流型公司的转变。公司从 2001 年到 2006 年的现金投资增长了 51%，年均 8.6% 的增长率体现了 AMB 虽不算高速但较为稳定的盈利能力。现金投资 2003 年和 2004 年急速的增长主要源于该时期公司较大规模的地产收购与开发。2005 年降低了地产收购，同时开发增值部分大量减少导致现金投资大幅减少。2006 年在地产增加值大幅减少的同时，营运资金也较上年大幅降低，其中现金和应收账款的降低起了主要作用。总的说来，AMB 近年来在扩张的同时较好地控制了现金流的走向，尤其是近两年在现金投资方面控制得较为出色。实际上，公司 2007 ~ 2009 年的地产收购额分别为 6.95 亿美元、5.55 亿美元和 8.34 亿美元，说明公司在大规模扩张，但依然能够通过控制营运资金和开发现金支出等手段减少现金流出，AMB 确实做得出色。

2. 融资现金结构

AMB 虽有完善的合伙人合资制度以及强大的私人资本为支持，但作为房地产投资信托，公司必须将 90% 以上的应税所得分红，而工业地产行业中资产的特性也决定了公司必须依靠多样化的融资手段维持业务所需的大量现金流。

我们选取 AMB 1997 ~ 2006 年各种融资的现金流入（不扣除当年偿还金额及股权回购，以下同），得到图 11-31。

可以看到，公司在 1997 年 IPO 之后就很少增发普通股，虽在之后几年增发有所增加，也主要是用于股权激励计划。这也是公司为保护股东权益，减少股东利益稀释所采取的策略，也是 AMB 股票吸引人的重要原因之一。在股权融资中，公司一直更多地使用合伙人股的融资，这得益于公司合资的定位与其特有的合伙人合资制度。此外，公司也不时地采用优先股进行融资。当然，AMB 最重要的融资手段，还数各种债权的融资，而其重要性显得越发明显。这与公司当时的扩张和融资理念有关，AMB 一般采用 50% ~ 65% 的抵押借款来为其合资部分融资，而随着公司合资的增加，大量借款也逐渐产生。

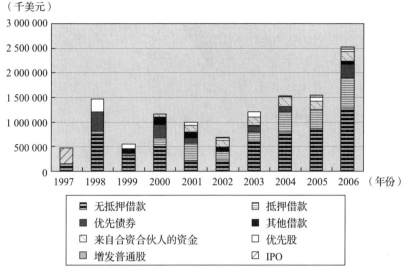

图 11-31 AMB 1997 ～ 2006 年融资现金流入组成图 I

我们将公司这些年的融资现金流入进行累加，可以看到，占最大份额的前三位均为借款和债券，如图 11-32 所示。

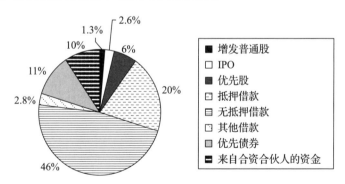

图 11-32 AMB 1997 ～ 2006 年累计融资现金流入组成图 II

注：图中数据存在四舍五入。

对其稍加归类整理，可以看到债券融资占到80%之多，而在股权融资中最重要的是合伙人股的融资方式，这也正符合了公司兼顾股东权益最大化和吸收私人资本进入的经营理念。具体如图 11-33 所示。

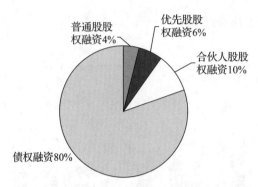

图 11-33　AMB 1997 ～ 2006 年累计融资现金流入组成图 III

　　大量的债权融资导致了公司不断高涨的负债率，且负债中绝大部分是付息负债。但公司很好地控制了这种上升趋势，尤其是后两年，负债率几乎未变，主要是公司较好地控制了借款的偿还力度，同时也保持了流动负债的低增长率。公司 2006 年的资产负债率为 55.3%，相比于同行业普遍的 50% ～ 70% 的负债率来讲，在比较正常合理的位置。具体见图 11-34。

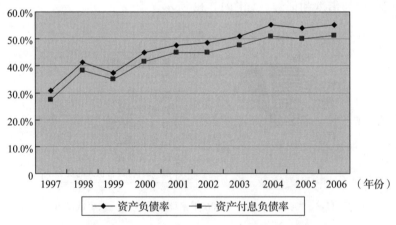

图 11-34　AMB 1997 ～ 2006 年负债率增长图

　　公司一直以来都遵循"市值借款率"低于 45% 的理念，其计算方法为：

市值借款率 = 借款 /（借款 + 优先股 + 流通股市场价值）

而 AMB 也确实通过负债控制和提升股价做到了这一点，将该比率一直维持在 40% 以下，并保持相对平稳性。具体如图 11-35 所示。

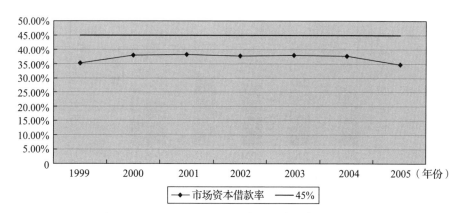

图 11-35　AMB 1999 ～ 2006 年市场资本借款率增长图

按 AMB 近年来借款的不同到期时间来划分，得到图 11-36 和图 11-37。一个明显的趋势是，公司在逐渐减少长期借款，增加中期借款的比例，这使得公司可以更容易地控制负债水平，调整资本结构。

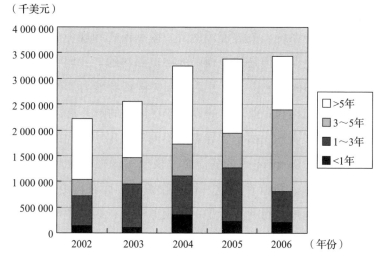

图 11-36　AMB 2002 ～ 2006 年借款期限结构图（绝对值）

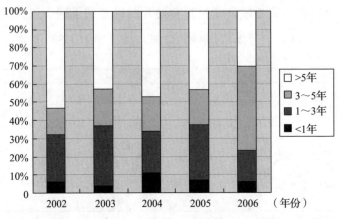

图 11-37 AMB 2002 ～ 2006 年借款期限结构图（百分比）

11.4 普洛斯与 AMB 的对比

11.4.1 公司主要商业模式因素对比

一个完整的商业模式包括定位、业务系统、关键资源能力、盈利模式和现金流结构等部分，并最终形成企业的价值。其中，定位是商业模式的起点和基础，业务系统、关键资源能力、盈利模式和现金流结构是商业模式的运营机制，企业价值是商业模式的终点和目的。我们将在本小节重点分析普洛斯与 AMB 在定位、业务系统和关键资源能力上的异同，而将盈利模式、现金流结构和企业价值的分析放在后面的财务指标部分。

两家公司的经营理念由于领导者的不同表现出了迥异的风格。普洛斯的创始人 William Sanders 一直坚信通过规模实现杠杆效应。他相信，通过将公司规模做大，可以在借款、租赁收费等方面获得更大优势。同时，普洛斯认为，工业地产行业实际是一种服务业务，因此地域上的规模和扩张可以吸引更多的跨国客户。AMB 虽然也在不断扩张，但明显更加保守且更专注于重点地产设施，同时更倾向于做研究型的投资管理者，因此希望将地产管理和开发进行外包。

在公司定位方面，普洛斯和 AMB 都同样选择了工业地产，并都进一步选择了物流地产。这是个年轻的行业，但拥有巨大的发展潜力，而两家公司均洞悉到了物流地产的价值，先后进入并成为该行业的领导者，可谓是英雄所见略同。

从发展定位来看，二者均选择了以客户需求为中心进行发展扩张的战略，正如前文所分析的那样，这是十分明智的抉择。但从扩张的速度、范围来看，普洛斯更为激进，通过不断地兼并收购，普洛斯的扩张速度远高于 AMB。虽然普洛斯的成立时间比 AMB 晚了 8 年，但却比对手早 5 年进入国际市场，1997 年普洛斯进入欧洲市场，仅两年时间便成为该市场上的领导者，这很大程度上是由于当时欧洲客户比美国客户更倾向于将物流进行外包。从数据来看，2001 年普洛斯的总资产是 AMB 的 1.17 倍，而到了 2006 年已是其 2.37 倍，反映了普洛斯快速做大、以规模制胜的发展思想。相较而言，AMB 则选择了较为保守的发展道路，这也反映了公司谨慎求精的发展方式。

从业务定位来看，二者虽都以物流地产的开发服务为主要业务，但普洛斯选择了全面包容式的业务定位，尽可能将所有相关业务收入囊中。而AMB 虽然也选择了多样化、全方位的业务定位，但公司更多地借助外包与合作，通过各种合作伙伴为客户提供尽可能全面的服务，达到与普洛斯同样甚至超出的全面程度。

当然，在重点业务的选择上，两家公司存在一定差别。普洛斯依然遵循其做大做全的作风，大力开发各种物流地产设施。而 AMB 明确选择了HTD 设施，选择高速高吞吐量的物流设施，并且将重点放在机场货栈的开发上。在业务种类上，两家公司均提供标准设施和定制开发服务，但普洛斯业务范围更广，AMB 主要靠合作伙伴弥补自身业务的空白部分。

在业务系统方面，两家公司存在明显的差别，这和它们在业务定位上的差别是对应的。普洛斯定位为全业务和"以客户为中心"，因此，根据不同用户的需求开发了标准化业务系统和定制业务系统，前者针对短时间内想得到物流设施投入使用、无特殊要求且不愿支付过高的成本的用户，后者则针对有特殊要求的用户，为其在合适的时间合适的地点提供合适的设施。同时，为了适应全业务的发展，普洛斯建立了多部门，并通过普洛斯运营系统把这些部门组织在一起。多部门的设立，体现了普洛斯既能够满足普通客户的标准化需求，又十分重视特殊客户的定制服务的需求。而通过普洛斯运营系统的组织则体现了在业务系统上的严谨和紧密。

AMB 也以客户为导向，但是其业务定位更多地借助外包和合作，因此在其业务系统中，存在两类主体：合作伙伴和客户。AMB 采取的策略是针对不同层次、不同门类的合作伙伴和客户建立不同的战略计划。例如，为开发商合伙人建立开发联盟计划，为地产管理合伙人建立管理联盟计划，而针对客户的服务计划则有客户联盟计划和客户帮助计划，等等。正是通过这些周密的战略计划，AMB 把合作伙伴和客户紧紧地结合在一起，从上而下构建起了一张庞大却又结构严谨的大网。

在关键资源能力方面，二者均具有全球的地产网络资源，但普洛斯的地产网络更为广泛，这不仅得益于其更为快速的扩张速度，也得益于公司的几笔重大并购。而 AMB 所独有的是其跨行业跨地域的合作伙伴网络，帮助公司在广度和深度上延伸业务。当然，二者均在选址等方面有独到的分析能力。同时，两家公司优秀的管理和营销能力，配合其出色的设施和服务，均使各自的出租率维持在高水平。

当然，普洛斯拥有更丰富的客户资源，而 AMB 则拥有强大的合伙人资源，考虑到二者在定位和业务系统上的区别，这并不难理解。

关于盈利模式和现金流结构，我们可以通过主要财务指标的对比看得比较清楚。

11.4.2 主要财务指标对比

1.盈利性数据对比

我们主要选取 2002 ～ 2006 这 5 年间普洛斯与 AMB 的收入、利润，并围绕这几个核心因素进行对比。

在主营业务收入方面，由于规模的差距，AMB与普洛斯的绝对数量相差数倍，没有可比性，但从该期间的增长趋势来看，AMB的增幅远不如普洛斯。5年复合年均增长率普洛斯为13%，而AMB只有5%，尤其是在2006年，普洛斯的主营业务收入增长了34%，而同期AMB只增长了8%。可见这几年间普洛斯的主营业务盈利能力强于AMB。具体见图11-38。

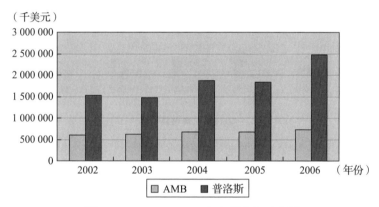

图11-38　2002～2006年主营业务对比图

即便消除规模影响，运用总资产周转率（主营业务收入/年平均总资产）来对比两家公司，也可以得到相同的结论。具体见图11-39。

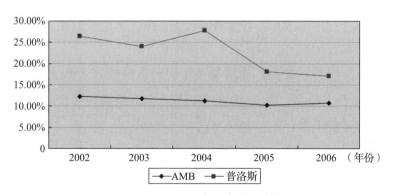

图11-39　2002～2006年总资产周转率对比图

　　可以看到，普洛斯的总资产周转率近年来一直高于 AMB，虽然由于期间急速扩张导致持续的下降，但依然保持相对于 AMB 的优势。

　　当然，也应该注意到，二者的主营业务构成有很大差别。与普洛斯相比，AMB 的业务显得更为单一、传统，正如前文所提到的那样，其主营业务收入几乎全部为租赁收入。具体见图 11-40。

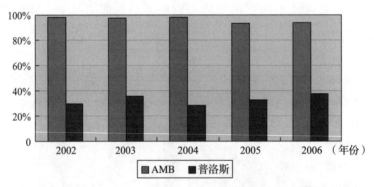

图 11-40　2002 ～ 2006 年租赁收入占主营业务收入百分比对比图

　　可以看到，AMB 租赁收入占比一直在 90% 以上，而普洛斯虽在后两年有所提升，但也在 40% 以下。正如前文所分析的，普洛斯的 CDFS 业务收入也占据了很大的比重，而 AMB 除了租赁收入之外，只有少量私人资本收入。而正是这样的业务上的差别，导致了两家公司在缴纳所得税上有很大不同，AMB 似乎更为接近纯粹的房地产投资信托，因为其年报中公司所得税一项一直为零，而普洛斯由于 CDFS 业务中的部分业务不符合房地产投资信托的规定，因此被归为应税业务。

　　从图 11-41 可以看到，普洛斯几年间的租赁收入不断上升，并且在 2006 年有了很大提高，而 AMB 的租赁收入只有微弱的增长，也直接导致其主营业务走势平缓。

　　在主营业务利润方面，AMB 与普洛斯的差距在几年间逐渐增加，尤其是在后两年，在普洛斯主营业务利润大幅上升时，AMB 却在不断下降，结合二者的主营业务收入的状况，不难看出普洛斯在成本控制上比 AMB

更胜一筹。具体见图 11-42。

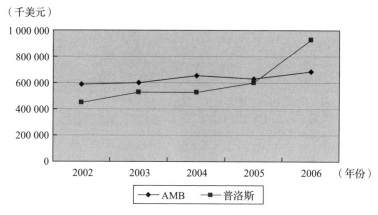

（千美元）

图 11-41　2002～2006年租赁收入对比图

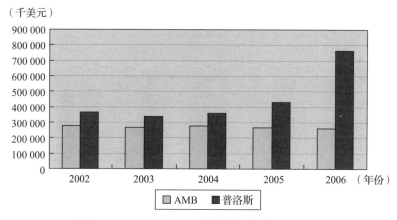

（千美元）

图 11-42　2002～2006年主营业务利润对比图

　　由图 11-43 可以看出二者几年间盈利能力的不断分化，虽然普洛斯的主营业务利润率低于 AMB，但这是由于普洛斯的业务中 CDFS 占很大比例，而如前文所分析的那样，CDFS 业务的特性决定了其利润率较低，但即使这样，2006 年普洛斯的利润率已与 AMB 十分接近了。而如果将普洛斯的租赁业务单独计算，利润率则远高于 AMB。这样看来，普洛斯的主营业务盈利能力确实高于 AMB。

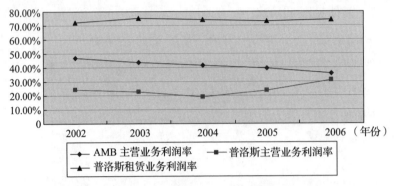

图 11-43　2002～2006 年主营业务利润率对比图

在净利润的表现上，普洛斯一直表现出优势，尤其是 2005 年和 2006年 93.8% 的增长率令 AMB 望尘莫及。但值得注意的是，AMB 在 2005 年净利润增长了 111.6%，这主要是由于公司在当年出售了大量地产和非主营业务利润增加所致，而并非主营业务利润的提高。具体见图 11-44。

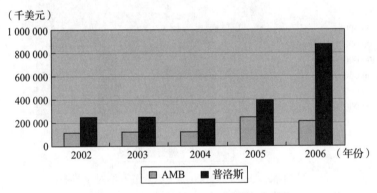

图 11-44　2002～2006 年净利润对比图

即便扣除了规模的因素，普洛斯依然表现得更为出色，总资产回报率一直高于对方。AMB 虽然在 2005 年由于净利润大幅增长而接近普洛斯，但 2006 年却转而下降 0.7%，而同时，普洛斯上升了 2.1%，见图 11-45。

从两公司的净资产回报率水平来看，2002～2004 年二者差距不大，2005 年 AMB 净利润的增长一度超过普洛斯，但却是非正常收入所致，而2006 年二者差距突然拉开，确是由于二者主营业务盈利能力差距的体现。

具体见图 11-46。

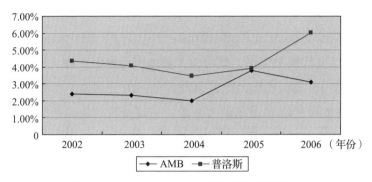

图 11-45 2002～2006 年总资产回报率对比图

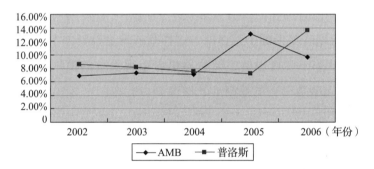

图 11-46 2002～2006 年净资产回报率对比图

而投资回报率的表现却正好相反，AMB 一直保持领先，这一定程度
上又增强了 AMB 对于投资者的吸引力。具体见图 11-47。

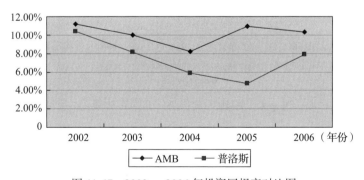

图 11-47 2002～2006 年投资回报率对比图

2. 现金流结构的对比

图 11-48 是 2006 年普洛斯、AMB 与几家同属工业地产的公司的对比，其中 PR 为 First Industrial Realty Trust，PSB 为 PS Business Parks，均为美国房地产投资信托类公司，且均为工业地产开发服务商（PSB 也运营办公地产等业务）。可以看到，除普洛斯外的三家公司基本都处于正自由现金流区域，FR 和 PSB 虽处于第二象限，但现金投资流出也非常少。这主要是由于三家公司较上一年营运资金都有大幅度减少，且同期固定资产增加幅度也很小，而普洛斯在两方面均有较大幅度上升。其中现金及现金等价物一项起了很大作用，普洛斯该项目增长了 1 倍以上，而其他三家公司均大幅度减少，而现金的持有量取决于公司对未来短期内现金需求的预测，考虑到近期普洛斯的扩张速度，这样高的现金投资并不能说明公司运营上的明显缺陷，尚可理解，但公司仍需重视现金的使用效率。总的来说，AMB 在现金流结构的控制上表现得更为出色。

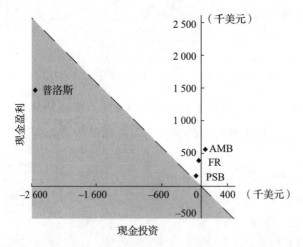

图 11-48　普洛斯、AMB 与同行业公司 2006 年现金结构对比图

3. 市场价值对比

在市值方面，我们选取 2002～2006 年各年度 12 月 31 日的股价乘以总股数进行对比，普洛斯由 2002 年不到 AMB 2 倍的市值成长为 2006 年

AMB 的近 3 倍，自身的市值增长了 2.4 倍。具体见图 11-49。

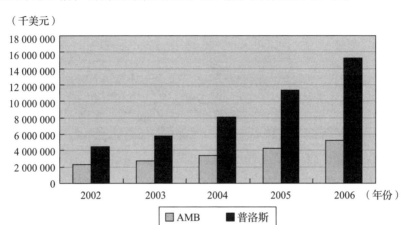

（千美元）

图 11-49　2002 ~ 2006 年各年年末市值对比图

图 11-50 和图 11-51 为普洛斯和 AMB 2002 ~ 2007 年和 2005 ~ 2007 年的股价走势图[⊖]，其中黑线为普洛斯已调整相对股价，深灰线为 AMB 已调整相对股价，灰线为 S&P 指数已调整相对股价（以下简称为 S&P）。所谓已调整股价，即已按派息和拆股调整后的收盘价，再分别以各图第一天为基准值得到以后各天与该基准值的比值，作为相对股价。可以看到，由于同处工业地产行业，且为行业第一、第二，主营业务也十分相近，普洛斯和 AMB 的股价波动及增长十分相似，2002 ~ 2007 年相关系数达到了 0.994 1。从 2002 年开始，二者股价大幅攀升，逐渐远超 S&P，可见市场对于工业地产行业尤其是对这两家公司的看好。而从二者之间的关系来看，普洛斯的股价从 2002 年下半年起增幅一直高于 AMB，并不断拉大差距，尤其从 2006 年起，普洛斯的优势快速增大，愈发明显，这也体现了市场对于普洛斯几年间大幅扩张、盈利大幅增长的肯定。

总的看来，在与 AMB 的比较中，普洛斯表现出了更为抢眼的盈利能力，尤其是几年间公司的大幅飞跃使普洛斯更加巩固了其工业地产第一的地位并获得了市场的肯定。

⊖ 截至 2007 年 5 月 4 日。

图 11-50　2002 ～ 2007 年股价增长对比图

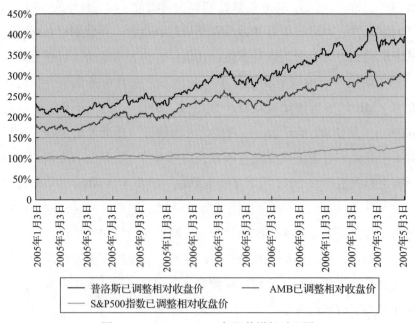

图 11-51　2005 ～ 2007 年股价增长对比图

11.4.3 小结

由表 11-12 可以看出，普洛斯的规模在行业内首屈一指，AMB 虽与普洛斯有较大差距，但其规模在行业中也位居前列。同时，二者的盈利能力在行业内也属于佼佼者。

表 11-12 普洛斯、AMB 与行业对比一览

	普洛斯	AMB	FR	PSB	行业平均[①]
市值	171.68 亿美元	59.74 亿美元	20.22 亿美元	14.67 亿美元	18.60 亿美元
员工数	1270	416	500	144	500
收入（TTM）[②]	29.79 亿美元	7.45 亿美元	4.64 亿美元	2.49 亿美元	2.49 亿美元
毛利率（TTM）	0.5159	0.8645	0.6737	0.6904	0.728
EBITDA（TTM）	13.47 亿美元	4.79 亿美元	1.98 亿美元	1.67 亿美元	1.67 亿美元
营运利润率（TTM）	0.3523%	0.3756%	0.1651%	0.3118%	0.3296%
净利润（TTM）	7.62 亿美元	1.65 亿美元	−7 808.40 万美元	1 591.90 万美元	6 685.40 万美元
EPS（TTM）	3.491	2.25	2.31	0.809	0.81
P/E（TTM）	19.19	26.73	19.49	85.01	29.53
P/S（TTM）	5.81	8.13	4.35	5.91	6.34

①行业指美国的 REIT 工业地产行业。
②TTM 指中间价。
资料来源：雅虎财经，数据取自 2007 年 5 月 4 日。

从普洛斯与 AMB 方方面面的对比来看，由于二者选择了不同的商业模式和不同的经营理念，而导致了从 2002 年开始迥异的盈利表现，而这也在市场价值中体现了出来。

当然，我们不能仅凭此便断定二者商业模式孰优孰劣，公司各有其独特的发展方式，尽管普洛斯如今表现得更胜一筹，但究竟未来如何还需拭目以待。

第 12 章

做一个轻服装企业：美特斯·邦威

—

"不走寻常路"的美特斯·邦威于 2008 年上市了！据当时估计，其市值达到 200 亿元。那么，美特斯·邦威凭什么估值这么高？凭优异的商业模式！营业利润从 2005 年的百万级到 2007 年的亿万级，美特斯·邦威仅仅用了三年时间就走过了国内很多企业几十年才走得完的路，这种成就绝不是侥幸。

美特斯·邦威到底有什么过人之处，又有什么地方是值得我们借鉴的呢？在讲述上市前后两三年发生的故事之前，让我们回过头来，看看 2005 年之前的美特斯·邦威。

12.1 十年磨一剑：从传统服装生产企业到经营服装服饰品牌的现代企业

1994 年，美特斯·邦威服饰有限公司在温州成立。

1995 年，退出竞争激烈的西服正装市场，进入休闲服装领域；同年，第一家美特斯·邦威专卖店在温州开业。

1996 年，开始与广东和上海等地的服装生产企业合作，利用其过剩产能实现虚拟制造；建立信息管理系统，加强对供应链的管理。

1998 年，在上海成立设计中心，并聘请法国设计师担任总监；开始将专卖店中的收银系统升级为业务系统和管理系统。

2001 年，加大品牌投入，聘请某明星担任品牌形象代言人；连续两年跻身"中国服装行业百强企业"。

2003 年，继续坚持品牌经营的路线，聘请新一代偶像担任品牌形象代言人；美特斯·邦威羊毛衫获得"中国名牌"称号。

2005 年，在广东、上海、江苏、山东和浙江等地有 250 多家企业为其定牌生产，形成了年产休闲服装 3 000 万件 / 套的生产基地；全国美特斯·邦威专卖店和加盟店发展到 1 500 多家，年销售额近 30 亿元；位列中国企业联合会和中国企业家协会评选的"中国制造企业 500 强"。

经过十几年的积淀，现在的美特斯·邦威形成了如图 12-1 所示的业务系统。

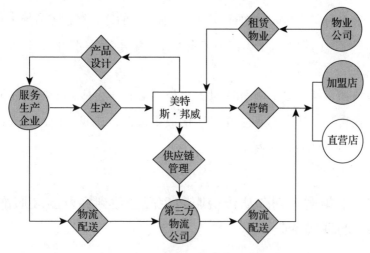

图 12-1　美特斯·邦威业务系统

在业务系统图中，我们把属于企业内部的主体表示为白色，例如图中的直营店；而把企业外部的主体表示为阴影，例如加盟店。我们看到业务系统图中绝大部分的主体都是阴影，而且掌控的都是关键的环节。这恰恰是轻企业的特点：抓住一点，剩下的环节都交给合作伙伴，自己主要做资源整合工作。

　　整合分两种类型：轻整合和重整合。前者是用合约规定和管理企业与外部利益相关者的交易关系，后者则是直接把外部利益相关者内部化了。因此，我们得出一个结论：现在的美特斯·邦威是一个轻企业，属于轻整合。那么，美特斯·邦威是如何做一个轻服装企业的？其成功背后又有什么关键资源能力支撑呢？

12.2　轻企业的手法之一：生产外包

　　截至 2008 年 3 月 31 日，美特斯·邦威共有登记在册面料供应商 96 家、辅料供应商 84 家、成衣供应厂 310 家。其中根据过往采购量而确定的核心面料供应商 8 家，核心辅料供应商 15 家，根据绩效评估情况而确定的核心成衣供应厂有 31 家。

　　美特斯·邦威自己不拥有生产线有以下两个考虑：

　　第一，不值得。服装是一个典型的符合"微笑曲线"的行业，即开始的设计和后面销售（或者说品牌管理）环节附加值比较高，而中间的生产环节附加值最低。拥有生产线，虽然生产计划可控性强，管理难度小，却因此加重了资产。

　　第二，没必要。服装在珠三角、长三角区域已经是一个产能过剩的产业，市场上已经存在很多优秀的服装生产厂家。充分利用它们产能的规模优势，互惠互利，何乐而不为？

　　但是，生产外包是一把双刃剑。一方面可以举重若轻，提高企业的运营效率和资本利用效率；另一方面，也提高了产品质量的不确定性，给销售环节增加了摩擦的可能，因此对管理提出的要求自然也更高。

　　美特斯·邦威是如何解决这些矛盾的呢？

　　美特斯·邦威通过流程和制度设计、合同条款设计、供应商选择、生产流程跟踪及产品质量检测五大方面对面、辅料和成衣质量实行全面监控，对生产进度和生产成本实行严格控制。

为了使生产更加具有可预测性，美特斯·邦威设计了两种订货模式：订货会模式和现货模式。

订货会模式主要针对每年四个销售季节中相对固定的货品种类需求。这部分的产品，美特斯·邦威可以提前 10 个月左右进行相应的商品企划工作，提前 8 个月左右进行产品设计。

现货模式则应对市场在夏季、冬季以及农历新年对新款服饰的需求，以及不时发生的重大公众事件所产生的对新款服饰的市场需求。这部分产品，美特斯·邦威要提前 2 个月左右进行商品企划工作，提前 1.5 ～ 2 个月开始产品设计。

以往的经验数据表明，一般订货会模式每年平均远期订货量约占全年销售额的 70% 左右，而现货模式则只占 30% 左右。也就是说，通过提前远期订货，美特斯·邦威锁定了大部分的生产计划，对没有工厂的美特斯·邦威来说，这无疑具有重大的战略意义。反应机制灵活的现货模式则弥补了订货会模式死板、反应迟钝的缺点，起到了很好的互补作用。

生产具有可预测性，对供应商又有一套严格、行之有效的甄选和绩效考核规则体系，美特斯·邦威的生产外包模式是支撑整个美特斯·邦威体系最坚实的一块砖石。

12.3　轻企业的手法之二：用渠道特许连锁经营做品牌管理

截至 2008 年 3 月 31 日，美特斯·邦威拥有门店 2 211 家，其中加盟店 1 927 家，直营店 284 家，加盟店占了近 90%。

在加盟店和直营店的定位上，美特斯·邦威是有明确区分的。直营店的经营区域为 21 个核心城市（包括 4 个直辖市、15 个重点省会城市、1 个计划单列市和 1 个地级市），而加盟店则主要负责核心城市的偏远地区或者其他地区。

　　为了促进加盟店的成长，美特斯·邦威一律不收取加盟费用，而且在选址、资金和人员培训等方面为其提供全方位的支持。根据加盟店铺所在地的习惯和品牌运作的要求，对加盟店铺进行制度化建设。因地制宜地满足加盟店铺管理的需求，使加盟店铺的制度适应品牌运作发展的要求。根据加盟商事业发展的不同程度，对其专卖运作体系进行组织体系的建设，并根据各时段的区别建立不同的员工薪酬制度，让加盟商和加盟商的员工团队一起壮大、成长。此外，根据加盟商以往的信誉情况，美特斯·邦威还对优质加盟商给予一定的赊款提货额度。

　　加盟店的蓬勃发展和美特斯·邦威的品牌战略不无关系。美特斯·邦威的品牌运作除了打广告，最重要的一块就是门店建设。通过轻整合的手法快速发展加盟店，可以达到短期内加速扩散品牌的效果，对提高品牌知名度和顾客忠诚度都有立竿见影的效果。

　　加盟店在快速渗透市场、提高销售业绩和提升品牌管理诸方面均具备不可低估的战略意义，但是直营店也同样不可或缺。事实上，直营店的扩张速度比加盟店还快。自2001年至2007年，美特斯·邦威全国店铺数量的年复合增长率为30.37%，其中直营店的年复合增长率为33.44%，加盟店的年复合增长率为29.95%。

　　美特斯·邦威发展的早期只有加盟店，后来随着业务的发展，美特斯·邦威意识到了直营店的重要性，这才逐步发展起了直营体系。与加盟店相比，直营店对企业贡献的利润更多，对企业价值的贡献也更大。从美特斯·邦威的销售业绩看，直营店远远优于加盟店。2008年1～3月、2007年、2006年和2005年，直营店销售额占主营业务收入比分别为37.78%、33.54%、30.08%和5.92%。直营店对主营业务收入的贡献呈现逐期增加之势。

　　利用加盟店渗透二、三线城市和偏远地区，降低运营风险，减少投入资本，提升品牌形象；利用直营店提高渠道控制力度，攫取更多利润，提升企业价值。美特斯·邦威在多年的发展中，一直保持着这样的审慎平衡。

12.4　轻企业的手法之三：第三方物流

生产外包，解决了产品的问题；渠道特许加盟，解决了终端和品牌的问题。但是，还有一个连接两者之间的环节，就是物流配送。

由于市场已经存在很多专业化运营的物流公司，它们管理先进，具备规模经济；而建立一个完整的物流体系需要很大资金、人力物力的投入。因此，和生产外包一样，第三方物流已经成为广泛接受的一种运营模式。

在生产环节中，第三方物流企业参与面、辅料的运输，及成衣至配送中心或销售子公司仓库的运输。在销售环节中，第三方物流企业参与成衣从成衣厂到配送中心的运输，从销售子公司仓库到直营店或加盟店的配送，或从成衣厂直接到直营店或加盟店的运输。美特斯·邦威的少数自有车辆也承担货品的部分市内配送任务。

第三方物流公司的引进，进一步降低了美特斯·邦威资产的重量。

12.5　轻企业的手法之四：店面租赁

作为所有权和经营权分离的先进物业模式，租赁的优势在于不需要一次性投入过多的资金，也不用承担该资产贬值、折旧等市场风险，和连续拥有资产不一样，租赁可以不连续地使用资产，进入和退出都很自由。劣势同样也是明显的：与自有资产相比，很容易受到租约的约束，在合约到期的时候有可能造成一定的摩擦，需要承担这部分的市场风险。

截止到 2008 年 3 月 31 日，美特斯·邦威及控股子公司租赁的物业面积合计约 177 716.91 平方米，用于商业、办公和仓储。与此形成鲜明对比的是，投资性物业的建筑面积仅有 1 011.55 平方米。

为了规避风险，美特斯·邦威在进行店铺租赁时，尽可能签订租赁期限较长且有续租优先权的租赁协议，以确保店铺稳定。同时，对于各城市黄金商业地段的优质店铺资源，还通过购置方式保证营业场所的稳定性。

事实上，以上手法大家都不陌生，但是采用同样的手法做轻企业，有的企业一飞冲天，有的企业却一败涂地。为什么？因为它们具备的关键资源能力有着本质的差距。同样的招式，不同的内功，打出来的威力自然不可同日而语。

12.6 轻企业关键资源能力之一：品牌管理能力

品牌的重要性体现在以下三个方面：

第一，消费者价值。品牌是消费者价值的一部分，而在休闲服装行业，更是消费者价值中最大的一部分。

第二，加盟商价值。加盟商之所以可以被吸引到特许经营的体系，很大的原因就在于这个品牌有生命力，有市场，否则加盟商或者可以单干或者选择别的品牌。强大、正面的品牌是吸引加盟商的主要原因。

第三，区别于生产企业的价值。服装行业产能过剩是一个共识，但是为什么还有那么多的厂商呢？原因很简单，没有独立、强大的品牌，因此才不得不为他人做嫁衣裳。从这点来说，品牌是美特斯·邦威能够实现虚拟经营的一个基点，失去这个，整个体系就无法运行。

美特斯·邦威紧密围绕 18～25 岁的年轻消费群体，以"年轻活力的领导品牌、流行时尚的产品、大众化的价格"为品牌定位，把产品分为"都市"和"校园"两个系列，并分别聘请著名华语流行音乐明星代言。在对代言人的选择上，美特斯·邦威充分考虑到了明星本人的气质与美特斯·邦威的品牌个性及两大产品系列所要突出的产品特征的吻合程度。美特斯·邦威代言人的转变体现了其对品牌定位的进一步明确和对品牌内涵的进一步深化阐释。

形成品牌后，美特斯·邦威通过统一设计门店形象、赞助选秀、举行营销策划等活动，进一步扩散品牌，提升品牌知名度和消费者对品牌的认可度、忠诚度。

买服装就是买品牌，品牌对于服装企业的意义怎么强调都不过分，对于轻资产运营的美特斯·邦威来说更是如此。美特斯·邦威显然很清楚这个道理。

12.7　轻企业关键资源能力之二：资源整合能力

品牌把利益相关者紧紧地吸引在轻企业周围，但是，如何协调好这些利益主体，使大家的资源能力形成一股合力，这同样重要，或者说更为重要。这就要求轻企业必须具备过人的资源整合能力。

供应链涉及上游、中游、下游的各种主体，交易的内容主要有四个层次：商务流、信息流、资金流和产品流。如何协调好这些不同主体之间的不同交易内容，美特斯·邦威给出了答案：硬件和软件相结合，线上和线下相结合。因此，对于美特斯·邦威来说，资源整合包括两个层面的措施：硬件的物流网络、软件的信息系统。

先说硬件。美特斯·邦威建立了一个覆盖全国的物流网络，并以上海、温州和沈阳三个配送中心作为最重要节点，以此为基础辐射全国。这个网络为美特斯·邦威提高适应当季市场需求的现货产品的销售比例提供了有效支持，实现了成衣厂到店铺的物流一体化，缩短了运输时间，提升了运输效率。同时，美特斯·邦威建立了上海六灶主配送中心，成为其全新国内配送网络结构提升的起点，较大幅度地提升货品在全国范围内的配送效率。

公司把物流中心作为连锁经营正常运作的关键来抓。通过完善计算机、扩大仓储、增加交通工具等设施，促进准确、快速的配送及货区之间的调运。根据不同地区的气候、穿着习惯及销售进度，各季在品种、数量上及时调进调出，使货源合理调配，将库存量降到最低限度。

这个物流网络将美特斯·邦威、服装生产企业、第三方物流公司、加盟店和销售子公司有机地联结到了一起。

再说软件。美特斯·邦威的信息管理系统是在以生产外包、直营销售和特许加盟相结合的商业模式下，实现"连锁经营、集中管理、实时反应"的一个供应链资源整合平台，拥有 4 000 多个客户端，遍布全国 1 000 多个城市，涵盖公司总部、供应商、子公司、加盟商、门店等所有业务范围内的数据，且实现了人脑与电脑持续互动。通过信息管理系统，总部能随时查阅每个专卖店的销售业绩，快速、全面、准确地掌握各种进、销、存数据，进行经营分析，及时做出促销、配货、调货的经营决策。

所有专卖店纳入公司内部计算机网络，实现了包括新产品信息发布系统（MIS）、电子订货系统（EOS）、销售时点系统（POS）资讯网络的构建和正常运作。全自动的计算机化管理取代了手工操作，工作效率大大提高。

信息管理系统的建立和完善，不但方便美特斯·邦威对整个体系、各个环节、多个层次的监控和管理，也取信了合作伙伴——因为所有的交易活动都可以在这个信息系统上查询，信息的发布和交流公开、透明、可视。通过计算机和信息网络，信息流通速度大大加快，使总公司能及时发布各种信息，传达指令。远在千里之外的专卖店，可从计算机上查看实物，可快速订货。

此外，美特斯·邦威还可以从这个系统得到关于市场的分析数据，作为以后商业策划的支撑。合作伙伴也可以根据这个系统的信息调整自己的各种生产、销售计划。

美特斯·邦威信息管理系统的强大，在业内鲜有出其右者，其对信息管理系统的重视程度在行业内也罕有匹敌者。随着美特斯·邦威的产业越做越大，信息管理系统的地位变得比以往任何时候都更加重要。

参 考 文 献

——

[1]　孙犁，朱武祥. 轻资产运营：以价值为驱动的资本战略 [M]. 北京：中国社会
科学出版社，2003.

[2]　孙犁，朱武祥. 轻是美好的：一流企业的轻资产运营模式 [M]. 北京：中国社
会科学出版社，2003.

[3]　马卡德. 战略定位 [M]. 周伟，译. 北京：机械工业出版社，2003.

[4]　切萨布鲁夫. 开放式创新 [M]. 北京：清华大学出版社，2005.

[5]　利丰研究中心. 供应链管理：香港利丰集团的实践 [M]. 北京：中国人民大学
出版社，2003.

后　记

———

　　本书是我们多年来，对商业模式研究所获得的初步成果。随着对商业模式的观察、研究和教学，我们日益感到，商业模式对企业发展至关重要。在EMBA、企业高层管理者的培训中，有关商业模式的内容深受企业家的青睐。据不完全统计，这两年来听过我们讲授商业模式课程的企业家近1万人次。这些企业家来自全国各地。我们也曾经到新加坡、马来西亚、中国台湾等地给当地的企业家讲学，商业模式概念特别能令企业家兴奋。

　　我们两人都没有上佳的口才，我们相信是商业模式的内容吸引了这些企业家。这是我们从事管理和公司金融教学近十多年来所没有见过的景象。还没有哪种管理理论能如此激发起企业家们的一致兴趣，引发他们如此深入的思考。

　　2008年以来，能源、资源及原材料价格持续上涨；《劳动合同法》实施、劳动力短缺，推动劳动力成本上升；环保和土地新政，导致土地和环保投资的增加，企业的成本费用持续上涨；而国内需求和外部需求双双下降，企业产品滞销压力增加，现金流和利润率显著下降；加上货币政策紧缩，大多数企业置身于严峻的商业环境之中。浙江、江苏、广东等沿海经济发达省市的一大批中小制造型企业陷入困境。

　　为此，从中央政府到地方政府都在积极应对，采取一系列举措帮助企业渡过难关。例如，开辟多样化的中小企业融资渠道，完善中小企业融资体系，包括试点小额贷款公司、民间融资合法化。

　　需要指出的是，中国本轮经济周期和商业环境变化中，包含了一些不可逆转的结构性演进因素，比如能源（资源）、劳动力成本、环保标准等，使得企业以往长期所处的资源、劳动力等关键要素低成本的商业环境已经一去不复返了。

　　这意味着简单地放松银根，难以从根本上化解企业的发展难题。一些不适应新的商业环境的企业不可避免要被关停并转。原因在于，追求低风险、高收益的商业资本在当前众多不利因素下，不会轻易给陷入经营和财务危机的企业提供融资支持。实际上，即使是一些优秀的民营企业，通过民间举债，也只能暂时缓解资金压力，随后往往是加速财务危机。

　　正当大量传统中小企业日益陷入困境之时，一批技术创新和商业模式创新的企业深受日益活跃的风险投资的青睐。中国企业可谓冰火两重天。

　　货币政策从紧，商业环境的变化，意味着企业必须调整发展模式、优化商业模式，包括在传统行业设计新商业模式，以及在新市场机会实施新商业模式。

　　本书的写作历时两年，特别要感谢以下朋友。如果没有他们的支持，本书可能需要更长的时间才能面世。

　　首先，感谢《创富志》总编张信东先生。我们完全是机缘巧合走在了一起。他敏锐地发现了企业家对商业模式的兴趣，创办了国内（也应该是全球范围内）第一本定位于商业模式的杂志《创富志》。通过陈志武教授推荐，我们从第一期开始就有幸成为《创富志》的专栏作者。开始的半年，对于我们两个不太喜欢被约束的人来说，对每月要限期交"作业"非常不适应。张信东先生执着、专注、认真，富有智慧，督促我们完成"作业"，帮助我们润色文章。我们每次在深圳与张信东先生讨论，总能形成思想共鸣，产生思想火花，坚定了对商业模式研究和推广的信心。

感谢实践家知识管理集团的林伟贤董事长。两年来，他为我们提供了与众多企业家交流和探讨商业模式的机会，并慷慨解囊，资助北京大学汇丰商学院成立了"实践家商业模式研究中心"。林伟贤先生是我们见到过的学习能力最强、反应速度最快、精力超级旺盛的企业家和培训师。

感谢居泰隆公司总裁。他是一位少见的对商业模式理解深刻的企业家。就是他自己公司的商业模式启发了我们，令我们后来深入关注这个领域。我们经常与他讨论某个具体企业的商业模式设计问题。他总是能提出真知灼见，令棘手的问题迎刃而解。

感谢实践家商业模式研究中心的助研、北京大学汇丰商学院 2006 级硕士研究生林桂平同学，他完成了第 9 章案例的写作并且协助我们整理书稿。

感谢北京大学原副校长、北京大学汇丰商学院原院长海闻教授。他的宽容、胸怀和远见让我们两人能长期合作，致力于商业模式的研究。

最后，感谢所有我们曾经调研过的企业和在本书写作过程中帮助过我们的朋友。祝你们心想事成，每个人、每个企业都能找到自己的好的商业模式！

魏朱商业模式系列

ISBN：978-7-111-74722-2

ISBN：978-7-111-74715-4

ISBN：978-7-111-74693-5

ISBN：978-7-111-74692-8

ISBN：978-7-111-74909-7

ISBN：978-7-111-74677-5